LAZOS Y CORBATAS, *cosas de la vida...*

Amaya Morera

LAZOS
Y CORBATAS,
cosas de la vida...

Amaya Morera

Calle Bretón de los Herreros, 20 3º E
28003 Madrid
www.ipuntoediciones.com - info@ipuntoediciones.com

ISBN: 978-84-937629-5-7
Déposito legal:

Diseño y maquetación: www.produccioneditorial.com
Fotografias de portada: Guillermo de Rueda (escalera), Istockphoto
Impreso por:

Impreso en España

Para Carlos, mi Leopold, con quien desde que salté del puente, vivo felizmente en Brooklyn...

AGRADECIMIENTOS

Comentar conmigo misma las cosas de la vida que me sorprenden, entristecen o divierten, seguiría siendo otra más de mis múltiples rarezas, si no fuera por la confianza de "Leopold" en que me decidiera a plasmar esos comentarios por escrito.

El ojo crítico y experto de Felipe Monge me ha resultado de enorme ayuda y la apuesta personal de Concha Calleja en la edición de este libro merece mi mayor gratitud. Gracias a ella ha nacido, además de Jimena, una bonita amistad que espero perdure durante el resto de mi vida en Brooklyn.

Guillermo de Rueda confirma que una de las cosas de la vida que merecen la pena es, precisamente, tener amigos. Del mismo modo, tengo que agradecer a Paloma Zaldo y a Marta Martín el entusiasmo que han mostrado en esta novela.

Aunque lo que más agradezco, es que mi madre haya conseguido, por fin, que su Mantokiki lleve lazos...

Todo el mundo trata de realizar algo grande,
sin darse cuenta de que la vida
se compone de cosas pequeñas.

(Frank Clark)

I

En mi vida había dos personas importantes: mi hija Eugenia y mi padre. Ahora ya sólo queda una. Mi padre ha muerto y yo soy incapaz de imaginarme un mundo del que él ya no forme parte.

Se fue sin avisar. Estábamos tranquilamente comentando nuestra partida de golf matutina y, de repente, sus ojos comenzaron a dar vueltas. Parecía que se le iban a salir de las órbitas.

—Papá, por Dios, deja de hacer el tonto. Tampoco fue un *approach*[1] tan malo—, comenté riendo, pensando que se burlaba de mi juego. Pero no se estaba jactando. Había dejado caer su vaso de whisky y se agarraba el pecho.

—Papá, ¿qué te pasa?

Me abalancé sobre él intentando controlar sus ojos para que recobraran su usual serenidad.

---

[1] Nota de la Autora: en golf, se trata de un golpe corto de aproximación a la bandera.

—¡Papá, papá!

Mis gritos, cada vez más altos, terminaron por hacer venir corriendo a Anita, la filipina que llevaba más de veinte años al servicio de mi padre.

—¿Qué pasar señorita? ¿Por qué gritar?

Entró asustada agitando un trapo de cocina, al tiempo que yo me preguntaba cuándo aprendería a hablar castellano correctamente. Hace unos años conseguimos que dejara de mezclar aleatoriamente el inglés y el castellano que confundía a Eugenia. Pero nunca conseguimos que conjugara nuestros verbos. Y ahí estaba ahora. Parecía un sioux. Con gusto me hubiera vuelto, como hacía tan a menudo, y le habría contestado cariñosamente: "Anita, señorita querer agua". Porque, con sus cosas, Anita llevaba tantos años con papá que era de la familia y aceptaba mis bromas de buen grado. Y al final, ¡qué más daba! Si no quería conjugar, pues que no conjugara.

—Anita, llama corriendo al Dr. Llanos, al SAMUR o a quien quieras, pero llama a alguien, que a papá le pasa algo y no es nada bueno.

Intentaba aflojarle el nudo de la corbata a mi padre y mantener una cierta calma para que Anita marcara los números que acababa de indicarle. ¡Qué manía con llevar corbata todos los días! Con los nervios me estaba hasta haciendo daño en los dedos. ¡Mira que era tozudo! Ni en pleno agosto, como ahora, conseguía convencer a papá de que aligerara su atuendo. Así le habían educado y así moriría según él; con corbata... Sus palabras parecían un mal presagio. ¡Maldita sea! No conseguía deshacerle el nudo. Peor todavía; lo estaba liando cada vez más. Ya no le daban vueltas los ojos. Tampoco se agarraba el pecho. ¿Le estaría ahogando?

—Venga, papá, que me estás dando un susto de muerte y, además, mira, se me acaba de romper una uña. No uses tu humor negro conmigo. Te he dicho mil veces que no me gusta. —Los sollozos de Anita me interrumpieron.

—¿Y a ti se puede saber qué te pasa? —le increpé— ¿Por qué lloras?

—¡Ay Dios! Señor morir. Marchar al *heaven*[2] —ya estaba otra vez mezclando idiomas.

—Pero, ¡qué estupidez! Se ha desmayado. Vete a llamar, que yo le desabrocho la camisa y le abanico un poco. Aquí hace un calor de espanto.

¡Vaya día me estaban dando entre los dos! Volví mis ojos hacia mi padre y me recorrió un escalofrío inmenso. El color de su piel era diferente. Más que pálido, estaba cetrino. No cerraba la boca del todo. Su cabeza caía hacia un lado. Sus brazos se desplomaban inertes. Anita tenía razón. Papá se había ido.

Recuerdo el resto del día en una especie de nebulosa, al mejor estilo kafkiano. Vino Diego, el médico. Casi al mismo tiempo acudieron los del SAMUR. Diego confirmó mis peores temores. Papá había fallecido de un infarto.

—No ha sufrido nada, Jimena. No te atormentes. Apenas ha debido de sentir un pinchazo agudo en el pecho, y ya.

—¿Cómo que ya? ¿Qué es eso de "ya"? La semana pasada pasó su chequeo anual y estaba como una rosa. Tú me

[2] Voz inglesa para "cielo".

dijiste que estaba como una rosa —dirigía contra Diego la rabia que se estaba agolpando en mi interior. Y como era el más cercano, a él le tocó soportar mi diatriba.

—Jimena, la medicina no es una ciencia exacta. La semana pasada estaba bien. Hoy no.

—Y tanto que hoy no; ¡como que se acaba de morir! —le espeté de malos modos para disculparme en seguida.

—No te preocupes —replicó—. A mí me desconcierta este final tanto como a ti. Jamás lo hubiera esperado tras los resultados de la semana pasada. No sé qué decirte. —Lo cierto es que también él estaba enfadado. "Puta medicina", había exclamado cuando, tras sus intentos fallidos de reanimar a papá con un masaje cardíaco, comprobó que sus esfuerzos eran vanos.

—Doctor, perdone que le interrumpa. Si usted firma la defunción y no hay más por su parte, nosotros nos vamos, que nos han avisado de otra urgencia. —Se iban los del SAMUR. Para ellos ésta no dejaba de ser otra de tantas visitas domiciliarias que tenían a lo largo del día. Si aquí dejaban un médico a cargo, empaquetarían sus cosas y continuarían con su ronda.

—Le acompañamos en el sentimiento, señorita —me dijeron. Tras estrechar mi mano, se fueron.

Poco a poco empezó a llegar gente. No mucha. Un cuentagotas de vecinos que quedaban en Madrid en este caluroso puente de agosto. Supongo que fue Anita la que se encargó de avisar a unos y otros. No quería que me quedara sola. Pero yo quería estar sola y abrazar a papá. Quería estar a solas con él. Entre Diego, Anita y yo, le habíamos llevado hasta su cama, y ahí seguía. Parecía dormir. Me obsesionaba rehacerle el nudo de la corbata, aquel que hacía sólo unos instantes me había empeñado en deshacer. Paradojas de la vida. Ahora era yo la que quería que papá llevara corbata. Todo mi afán consistía en que le vieran como a él le hubiera gustado: arreglado. Y el de los demás, en sacarme del dormitorio y que volviera al salón; que comiera algo, que me iba a sentar bien. Estaban obsesionados por la idea de que comiera. ¿Por qué en España parece que todo se arregla comiendo? Cualquier tristeza es más llevadera con comida. Sin embargo, yo empezaba a notar un nudo en la garganta, y sólo de pensar en comer, me entraban arcadas.

—Anda, hija, ven a la sala. He traído unos dulces de la Virgen.

¡Otra vez la dichosa comida! Esta vez era Leonor de Quiroga, la vecina del quinto. Desde que hace años se convenciera de que, por muchos trapicheos y estrategias femeninas que empleara, papá no tenía la menor intención de casarse ni con ella, ni con ninguna otra, se convirtió en una querida amiga de la familia.

—No, Leonor. Gracias —contesté—. Tengo que avisar a Tomás.

Don Tomás, el párroco de Santa Isabel era, además de cura, contertuliano de papá. Era una figura constante en la familia Grau Solé. Había casado a mis padres. Había oficiado el funeral por mi madre. También me casó a mí, y a mi lado estuvo en el Tribunal de La Rota cuando mi matrimonio acabó en el desastre que todos, menos yo, habían previsto. Y, naturalmente, había bautizado a Eugenia.

—Ya lo he hecho yo, nena. Espero que no te importe. Estará a punto de llegar —contestó Leonor.

—Jimena, querida niña... —Tomás se fundió conmigo en un cariñoso abrazo cuando llegó.

—Se ha ido, Tomás —balbucí—, nos ha dejado. Estábamos tomando el aperitivo y... —No pude continuar. Tomás me acunó y me acarició el pelo como cuando era una cría.

—Venga, venga jovencita. Que tu padre te sigue cuidando desde el cielo. Da gracias a Dios de que no haya sufrido. Se ha ido como siempre quiso. Sin ruido, sin molestar, y sin ser una carga para ti.

—¿Para mí? —pregunté incrédula—. Yo le hubiera cuidado toda la vida.

—Precisamente por eso, hija, porque lo sabía, quería irse antes de convertirse en una carga. Que tú bastante tienes con sacar adelante una hija sin nadie que te ayude. Deja de llorar. Tienes que ser fuerte. Piensa que tu padre, por fin, se ha reunido con tu madre, que ambos están en Gracia de Dios.

—¿Qué más le daba a Dios habérmelo dejado otro poquito? Él ya tiene mucha gente a su lado y a mí me ha dejado sola. Menudo egoísta. —Ya me estaba volviendo a enfadar. O me enfadaba con Diego, o lo hacía con Dios; y ahora le tocaba a Dios.

—No digas esas cosas. —Tomás me seguía acunando. Pero sus desvelos no me ayudaban gran cosa—. Anda Jimena, serénate, que tienes que arreglar lo del entierro.

—¿Qué entierro? ¿Qué quieres que arregle Tomás? —pregunté sorprendida al pobre sacerdote.

—Pues lo de siempre. Si quieres que le incineren; dónde quieres que le entierren; cuándo quieres el funeral. Esas cosas, hija. Ahora te toca decidir a ti.

I

Me quedé perpleja. ¿Yo tenía que decidir todo eso? Esas son las cosas que arreglan los padres; que nunca sabes cómo, pero siempre salen bien. Como cuando murió tía Isabel. Había flores y recordatorios. Mis primas leyeron unas lecturas preciosas y sonó una música encantadora que nos emocionó a todos. ¿Todo eso lo tenía que hacer yo? ¿Pero de qué me estaba hablando el cura?

—Jimena, mira, te he traído el teléfono del Tanatorio de Los Dolores, donde enterramos a mi hermana la semana pasada. ¿Te acuerdas?

Era Leonor. Parece las páginas amarillas. Tiene el teléfono adecuado para cualquier ocasión. Si necesitas alguien que pasee al perro dos días por semana, ella te recomienda al amigo del sobrino de su prima Juana, un chico muy responsable y amante de los animales, que anda justo de dinero. Si buscas un catering para una cena que parezca casera, ella conoce precisamente a la hija de una sobrina de su cuñada que acaba de montar un negocio. Si necesitas darle un baño de plata al juego de café de la abuela, pues allá junto a la Estación de Atocha, al lado del Convento de Santa Isabel, hay un platero de los antiguos que sale muy económico. Y ahora resultaba que también sabía de entierros. A lo mejor hizo mal papá y se debería haber casado con este pozo sin fondo de sabiduría.

—¿A ti qué te parece, Leonor?

Me importaba su opinión. Habían sido muchos años de amistad y su mera presencia lo demostraba. Había cancelado un viaje a Sevilla en cuanto se enteró de lo sucedido y se presentó en casa para hacer lo que ella siempre hacía: ayudar a los demás. Todas las hijas sin madre deberían contar con una Leonor de confianza. La vida con ellas es más llevadera.

—Por lo que yo he hablado con tu padre en alguna ocasión, sé que quería que le incineraran y que fuera enterrado en Barcelona, junto a tu madre.

Eso también lo sabía yo. Papá no dejaba de repetírmelo a la menor ocasión, aunque cada vez que sacaba el tema, le mandaba callar: "Déjame en paz", le había dicho no hace mucho. "Me vas a enterrar tú a mí. Verás lo complicado que te lo pongo como se me ocurra mandaros a esparcir mis cenizas en el mar, y me dé por morirme en pleno mes de enero". Nunca había querido prestar mucha atención a esas recomendaciones porque nunca me había interesado la realidad que en ellas subyacía: que mi padre era mortal y que, por ley natural, moriría antes que yo. Papá no comprendía. Se morían los padres de los demás. Los nuestros carecen, en nuestro entendimiento humano, la condición de mortalidad porque, si pensáramos en ello, enloqueceríamos de miedo. Pero yo ya no hablo de un futurible, sino de una certeza aterradora. Papá ya no está. Él tenía razón y la que no había comprendido era yo. La casa huele a él, pero él yace inerte en su cama a la espera de mis decisiones. Y lo malo es, que no quiero decidir. Quiero que venga él a solucionarme la papeleta. Aunque eso ya no ocurrirá más. En dos minutos la vida me ha arrojado a primera línea del frente de batalla. Ya no me protegen. Ahora soy yo la que protejo a Eugenia y, desde ahora, seguiré el camino en soledad.

—Vale, Leonor. Dame el teléfono, que llamo.

Al tiempo que hablaba con una señorita muy amable, le daba mis datos y quedaba con dos de sus comerciales, descubrí a Anita sentada en la cocina junto a Paco, el fiel chófer de mi padre. Ambos ahogaban sus penas en unos bizcochos con chocolate. La eterna cantinela española, que las penas con pan son menos penas. Estaba a punto de hacerme la loca y no entrar, pero, ¿cómo no iba a entrar a darle un abrazo a Paco?

Mientras mis amigas habían tenido tatas, yo tuve a Paco y a la filipina de turno pero, sobre todo, tuve a Paco. Mientras mis amigas aprendían con sus tatas a coser y a hacer bizcochos, yo acompañaba a Paco los domingos al fútbol. Su amigo Antonio era acomodador del Bernabéu y siempre nos colaba. De niña aprendí lo que era un fuera de juego o un córner antes que a saltar a la goma. Los viernes rellenábamos la quiniela tomando una Mirinda en el Parque del Retiro, y los lunes comparábamos juntos los resultados en el Marca. Nunca ganamos, claro. Aunque eso era lo de menos. Lo de más, era la ilusión de hacernos millonarios y soñar cómo emplearíamos tantos millones. Paco se haría una finca de caza en Toledo. Yo compraría regalos para papá, y para mí la colección completa de la Mariquita Pérez con sus vestidos a juego con los míos. Cuando el calendario escolar lo permitía, acompañaba a papá en sus viajes de trabajo y, siempre con Paco, esperábamos que terminara sus largas jornadas laborales para cenar los tres juntos. Con Paco di de comer a las palomas en el Parque de María Luisa cuando íbamos a Sevilla. Con Paco me dejé hechizar por el botafumeiro cuando tocaba visitar Santiago de Compostela. Toda la geografía española la conocí de mano de este fiel amigo de mi padre que, con seguridad, recibía precisas instrucciones sobre en qué entretenerme en cada ciudad. Lo que nunca llegó a saber papá, es que mi primer cigarrillo lo fumé con Paco; un Bisonte sin filtro que casi me ahoga en un bar del casco antiguo de San Sebastián.

—Jimena. —Paco me había visto. Se levantó de la mesa con pocas fuerzas. "A ver si éste me da un susto también", pensé apurada, "uno al día vale". Su cara, antes siempre risueña, estaba ahora desencajada por el dolor de la noticia—. Hija. —No decía ninguna frase completa. Sólo repetía mi nombre y me abrazaba, como si tocándome a mí mantuviera el contacto con papá—. ¿Qué vamos a hacer sin él? —me preguntaba sollozando.

¡Pues sí que tenía gracia la cosa! A pesar de que era yo la que me acababa de quedar huérfana, terminé por ser yo la que consolara a aquel hombre casi anciano cuya lealtad hacia mi padre había sido incondicional. La última vez que lo había visto llorar, fue durante mi separación. Entonces también le tuve que consolar yo a él. En su momento no me sorprendió tanto como ahora, porque entonces yo tenía a papá que me protegía, pero ahora ya no tenía nadie. ¿Iba a tener que consolar a más gente?

—No te preocupes, cielo. Todo seguirá igual. Deja de llorar, que me vas a hacer llorar a mí y yo tengo muchas cosas que hacer.

No dejaba de gemir y, como era de la antigua escuela (por mucho que me hubiera criado), si no me sentaba yo, tampoco lo haría él. Así que terminé sentándome en la cocina, mojando, también yo, bizcochos en chocolate que me iban a sentar fatal. Nunca más los he probado. Su mero olor me sigue persiguiendo con los recuerdos de ese día.

Y llegaron los de la funeraria. Dos chicos altos y guapetones perfectamente encorbatados que parecían vendedores de coches. Aunque no vendían coches. Vendían ataúdes y coronas de flores y recordatorios y coros de música. Tras darme la mano y el protocolario pésame, sacaron de sus maletines todo tipo de catálogos, folletos y trípticos ¡Era alucinante! Parecía una de esas compras por catálogo que tanto nos gustan a mis amigas y a mí. Sólo que en este caso, en vez de encargar ropa premamá, medias, juguetes de Navidad o cremas para adelgazar, se trataba de encargar el "ajuar del difunto".

—Respecto a los ataúdes, hay algunas propuestas interesantes. Tenemos un modelo nuevo, el Évora, de nogal barnizado y forrado enteramente en seda. La seda, a su gusto; puede ser roja, ocre o blanca aunque yo le recomiendo el rojo porque realza el color de la piel —decía uno de ellos.

—Pues yo opino que el modelo Nevada, de pino, es más majestuoso. Cualquiera de ellas, según sus creencias, puede rematarse con una cruz, con una estrella de David o con lo que usted quiera —recomendó el otro.

¿Qué quería que pusiera este cretino? ¿Un murciélago? Empezaba a notar un clavo en el ojo izquierdo perforándome el cerebro hasta la nuca. ¿Cuánto iba a durar esto? Decidí que la caja fuera de nogal, lisa, lo más sencilla posible, con una cruz y forrada en seda blanca.

—Buena elección. Su padre estará muy cómodo —contestó el de más edad. "¡Este tío me toma el pelo!", pensé, pero no; estaba de lo más serio, muy en su papel.

—Pasemos a las flores —señaló el otro—. ¿Cuántas coronas quiere?

Más catálogos. ¡Qué horror! Todo eran claveles y gladiolos. Papá y yo los odiábamos. Así que ni claveles, ni gladiolos.

—Miren, eso sí que lo tengo claro —dije—. Quiero un solo centro de gardenias blancas con una banda que ponga "Tu hija y tu nieta". Ni claveles ni gladiolos.

—Señorita, ocurre que, al no estar en el catálogo, las gardenias son más caras.

—Pues que lo sean. Ustedes vayan sumando.

Y fueron sumando. No quise recordatorios. Papá no se podía reducir a un mero tarjetón. Tampoco quería al sacerdote del tanatorio. La misa la oficiaría Tomás. Ni música, ni cuarteto de violines, ni banda de jazz. ¡Si quisiera un funeral a ritmo de salsa, también lo ofrecían! "Desde luego, la gente está como una puta cabra", pensé en aquel momento. Tampoco habría piano, ni coro.

—No es una boda —dije con lágrimas en los ojos—. Es la despedida de mi padre. Quiero que sea como fue él: discreta e íntima, ¿me comprenden?

Lo cierto es que comprendían más bien poco. A ellos lo que les interesaba, como es lógico, era facturar. Yo no pretendía escatimar en gastos, pero tenía muy claro que en el adiós sólo iban a formar parte los más allegados. No quería ningún circo y, desde luego, no lo iba a haber. Acordamos los últimos detalles, rellenaron las casillas correspondientes y me indicaron dónde debía firmar.

—Se paga por adelantado —dijeron—. Ya nos hemos llevado más de una sorpresa, y desde hace un año todas las facturas se pagan antes de que vengan nuestros chicos a organizarlo todo. —Cogí el bolso y firmé un talón, deseando que se fueran. Aunque a diferencia de las compras por catálogo, ¿qué pasa si no quedas satisfecho? ¿Se reclaman las incineraciones? ¡Dios! El dolor de cabeza era magistral y el bizcocho me había sentado de pena.

—Señorita, tomar más bizcocho. Tomar, por favor. Señorita tener mala cara.

Anita me perseguía. Apenas me quedaban fuerzas y todavía tenía que hablar con Tomás de la misa, del tanatorio y del entierro. Daba por supuesto que él oficiaría todos ellos, pero Santa Isabel es una parroquia muy concurrida y Tomás tiene mucho trabajo.

—Ahora no Anita, gracias. Traer aspirinas, por favor. Ofrecer bebidas en la sala —mientras repetía estas palabras, no dejaba de pensar que terminaría, yo también, por emplear sólo el infinitivo. Al menos, de esta forma daba a Anita instrucciones precisas y cortas, y no la aturullaba a la pobre.

Asomé la cabeza al salón. ¿De dónde había salido tanta gente? Con la compra compulsiva del catálogo funerario a domicilio no había oído el timbre. La casa se estaba llenando de amigos de papá. Conocía a todos ellos. Unos eran compañeros de golf; otros, inseparables contertulianos; otros, antiguos colaboradores de trabajo. Por supuesto, también había llegado Félix, el amigo de la infancia de mi madre que papá adoptó como propio tras enviudar y que siempre había avanzado a nuestro lado. Fue el primero en verme y en acudir a mi encuentro.

—¡Cómo le voy a echar de menos! —rompió a llorar de manera desconsolada.

"Ya estamos", pensé para mis adentros, "ya me toca consolar a otro más". Me dieron ganas de gritar, y como no había motivo aparente para rebuznar, opté por zafarme del abrazo y excusarme mascullando algo sobre un tema pendiente con Tomás.

—Dime si quieres que te ayude en algo querida —se ofreció Félix en un intento de mantenerme a su lado.

"Pues consuélame, leche. Dime que todo se va arreglar. Que esto es una pesadilla. Miénteme. Dime que papá va a volver". Todo eso estuve a punto de replicar, aunque se impuso la prudencia, y callé.

—Tu padre está en el cielo —continuó Félix.

¡Y dale con el cielo! ¿Se pensará esta gente que me imagino a mi padre dando tumbos por las nubes? ¿Qué narices iba a hacer mi padre así, si con lo torpe que era, ni siquiera sabía saltar?

—Dale gracias a Dios que se lo ha llevado sin sufrir — siguió Félix—, así me gustaría morir a mí.

Ni le doy gracias, ni creo que se las vaya a dar en mucho tiempo. ¿Qué jugarreta es ésta de mangarte una persona que quieres y luego ir de bueno por la eternidad? A mí que me lo expliquen ¡Como alguien más me intente convencer de la bondad de la muerte de papá, me va a oír! No es que no crea en la otra vida. Por supuesto que lo hago. No sé si pegamos esos botes, o si se supone que todos nos fundimos en la inmensa bondad divina. A mí me gusta pensar que el cielo es como una plaza de toros: en la arena estaría Dios lidiando el toro; en barrera los santos y beatos. Yo prefiero entonces estar en el tendido alto. Estás en la plaza, pero con aquellos que, siendo buenos, tuvieron su gracia. Los de barrera, con tanta bondad, deben ser aburridísimos. ¡Vaya chorradas que me había dado por pensar! Ni sé cómo es el cielo, ni me importa. No sabía nada y entonces menos que nada. Lo que sabía, es que quería que me dejaran en paz.

Me escabullí y, sin que nadie se diera cuenta, entré en la habitación de papá. Tomás rezaba en una butaca que hay junto a la ventana, y a sus pies vi acurrucada a la pequeña Isoldita, una bull dog francesa que papá regaló a Eugenia hace dos años. Como buen animal intuía la tragedia y estaba tiritando. Ni siquiera se levantó cuando me vio. La acaricié y le susurré unas palabras al oído. Me volví hacia papá y comprobé que el nudo de su corbata seguía flojo.

—Anda, Tomás, ayúdame a hacerle el nudo de la corbata a papa.

—No te molestes, Jimena. Los de la funeraria están al caer.

—¡Que me ayudes, te digo! —Tomás, que es un buenazo, cedió a mis ruegos, y entre los dos lo conseguimos. Me dejé caer en el suelo, apoyé mi cabeza sobre el pecho de papá y rompí a llorar. Isoldita se sentó sobre mi pierna. Tomás nos contemplaba y continuaba con sus oraciones. Pero la paz fue momentánea.

—Señorita, llegar los de la funeraria. —Anita invadió mi espacio con lo que di por seguro que iba a ser otro mal rollo.

Y ahí estaban. Tres hombrecitos, porque eso eran con su altura de apenas un metro y medio: unos hombrecitos. Los tres con traje gris, camisa blanca, corbata negra, idéntico corte de pelo e idéntico bigote. Apenas pude contener lo que anticipaba un ataque de risa histérica.

—¿Vienen de la funeraria? —pregunté.

—Sí, señorita. Venimos a arreglar al difunto con el permiso de usted. Y extendiéndole nuestras más sentidas condolencias.

—Gracias —balbucí.

¡Esto no me está pasando a mí! Me vino a la memoria el libro de Michael Ende que había leído de niña. Estos tres señores parecían los hombrecitos grises que quieren robarle el tiempo a Momo. ¿Qué pensaban hacer conmigo? No tardé en averiguarlo. Con un "allá vamos" de uno de ellos, abrieron sus maletas y empezaron a sacar de todo: una sábana blanca, un kit de maquillaje que hubiera hecho las delicias de mi hija unas brochas de afeitar e, incluso, un secador.

—¿De qué va esto? —pregunté.

—Primero aseamos a su padre, porque ¿es su padre verdad? Luego le afeitamos. A continuación, le haremos el sudario y finalmente, le maquillamos. Es el proceso que seguimos habitualmente y nuestros clientes quedan muy satisfechos. Nunca hemos obtenido ni la menor queja.

—¿Es que alguno de sus clientes podía hablar? ¿No estaban todos muertos? —me salió del alma, aunque por sus caras intuí que no entendían lo macabro de la situación.

Tomás sí que vio venir la tempestad y tomó cartas en el asunto.

—Vamos Jimena, sal de aquí —me dijo—. No hace falta que te quedes. Ya me ocupo yo y te llamo cuando terminemos para que lo revises todo. Vete a comer algo.

—Pero qué perra tenéis todos con que me vaya a comer… A ver si os enteráis de que no tengo hambre. Y de lo de irme, ni lo sueñes. Me quedo porque estos mamarrachos van a dejar a papá hecho un Cristo.

—Sin faltar señorita, que nosotros cumplimos con nuestro trabajo y somos excelentes profesionales.

—Pues a ver si vamos a acabar como el rosario de la aurora, porque ustedes a mi padre no le van a vestir con una sábana. Que no estamos en el siglo XVII y lo del hábito de San Francisco ya no se lleva.

Me miraron boquiabiertos. Seguro que pensaban que estaba chiflada. ¿Cómo podían ellos imaginar que, por mi trabajo, había leído cientos de testamentos barrocos en los que los difuntos dejaban instrucciones para ser enterrados con el hábito de alguna orden?

—A mi padre no le visten como un santón. Ya les saco yo un traje —les dije. Me giré hacia el armario dispuesta a elegir el atuendo que consideraba apropiado.

—¿Estás segura? —preguntó dulcemente Tomás.

—¡Y tanto que lo estoy! Paso por lo de que le aseen y afeiten. Pero a papá le vestimos de traje y del maquillaje ni hablamos. Está muerto, ¿no? Pues ¿cómo va a tener buena cara? Ya lo dice el refrán: "estás más blanco que la muerte".

Los hombrecitos grises me miraban perplejos. A saber lo que pensarían de mí, pero supuse que, como había un sacerdote presente, por prudencia esperaron y callaron.

—Está bien, Jimena ¿qué traje quieres?

Tomás sabía que en este tema no había negociaciones, así que optó por lo más sensato: seguirme la corriente. Isoldita, sin embargo, se había despertado de su letargo nostálgico e, intuyendo que los hombrecitos grises me estaban molestando, empezó a encararse con uno de ellos, gruñéndole como nunca antes había hecho con nadie. El hombrecito pegó un respingo.

—¿No me irá a morder el perro? Porque eso sí que no está en el contrato.

—¡Pero bueno!, que es un bull dog, no un rottweiler —¡Menudo gilipollas!— Isolda, no muerdas a este señor que tiene malas pulgas.

Sabiendo que hablábamos de ella, la perra se puso de pie y, con gran desdén, mostró sus reales posaderas al hombrecito que a punto estaba de perder la paciencia.

—Venga, Jimena, no entretengas a estos señores. Dime qué traje quieres y ya seguimos nosotros —dijo suavemente Tomás.

Abrí la puerta del armario de papa y escogí un traje de verano azul marino que habíamos encargado este verano. A juego, una camisa de rayas azules, también nueva, y, por último, una corbata de seda. Tal vez era una de las que menos se ponía, pero era una de las que más quería porque la había elegido Eugenia: naranja y con patitos verdes. Desde luego, no era muy del estilo de papá, pero la niña estaba intentando modernizar a su abuelo y éste, con tal de agradar a su nieta, se hubiera puesto una escafandra colo rada. Saqué del zapatero unos mocasines negros, cinturón, calcetines y, finalmente, unos gemelos de oro. Doblé todo cuidadosamente sobre la cama y me volví hacia Tomás:

—Quiero que lleve esto.

—Que no va de boda, señorita. Es una pena enterrar al difunto con un traje tan bueno que no le va a servir de nada —exclamó uno de los hombrecitos.

—¿Y a usted qué leches le importa? —le increpé iracunda.

—Basta ya. —Tomás se puso serio—. Anita, lleve usted a la señorita a la cocina y que se tome una tila, por favor. Y que no vuelva al cuarto hasta que yo la avise.

Anita, que había presenciado la escena mirándome como si no me reconociera, no paraba de decir, "Si, señor. Sí, señor. Sí, señor. Yo decir. Señorita tener que comer".

Ya estábamos a vueltas con la comida. Mientras pensaba en que lo que me iba a tomar era un vodka doble, consentí que Anita me guiara a la cocina. Me desplomé en una silla junto a Paco. Isoldita, a nuestros pies. No hablamos. No hacía falta. Cada uno se refugiaba en su propio silencio; cada uno rememoraba situaciones vividas con papá. Estaba ahí sentada cuando sonó el timbre de la puerta.

—¿Y ahora quién viene? —pregunté por preguntar. Anita se dispuso a levantarse, pero la paré—. Deja, Anita, ya voy yo.

—¡Hola guapísima! ¿Cómo estás? Por tu cara diría que llevas todo el día enfrascada en tu doctorado ¿Terminas ya? ¿Y tu padre dónde anda? He quedado con él para comentar este libro y darnos luego un paseo hasta el café Gijón.

Me había olvidado por completo de Pedro. Papá me había comentado el plan al mediodía. Sabía que le esperaba, pero se me había olvidado por completo.

—Hola Pedro. Mira, no vais a poder comentar el libro hoy.

—¿Qué pasa? ¿Le ha salido un plan de faldas a Don Jaime?

—¡Qué cosas tienes! Papá no sabe ni el largo de falda que se lleva. Es que, bueno, verás...

—Vale Jimena, dime ya qué pasa. ¿Estáis de fiesta, que oigo voces en el salón?

En ese momento se abrió la puerta del dormitorio de papá. Tomás venía a buscarme para consultarme algo sobre su peinado.

—Hombre, Tomás, a ti te quería yo ver. ¡Menudo rollo nos soltaste el domingo!

De repente, Pedro se dio cuenta que había algo raro en el rostro de Tomás. Se volvió hacia mí y, de nuevo, hacia el sacerdote.

—¿Me queréis decir qué coño pasa?

—Pedro —dijo Tomás—, Jaime ha fallecido apenas hace tres horas. Estaba con Jimena y ha sufrido un infarto. Fulminante. No ha sufrido nada. Pasa al salón, si quieres, que en cuanto termine con los de la funeraria rezaremos un responso...

Prácticamente no le dio tiempo de acabar. Pedro empezó a ponerse colorado. Balbucía, pero era incapaz de articular palabra.

“Ay Dios” pensé “otro que se nos va”.

—¡Diego!, ¡Diego! —grité. Se había quedado por si hacía falta. En cuanto vio a Pedro, le soltó el nudo de la corbata. "¿Por qué hoy llevan todos corbata?", me pregunté extasiada. Si me vuelvo a casar, no dejaré que mi marido lleve corbata. Me sorprendí a mí misma con un nuevo pensamiento absurdo, pero, para mí, corbatas y bizcochos con chocolate quedarían dentro del recuerdo de este día que estaba cobrando visos de surrealismo.

—Dame un poco de agua con azúcar y llama al SAMUR. Creo que le está dando una subida de tensión —me pidió Diego.

—¡Ja, ja, ja, ja!... —Me había dado un ataque de risa histérica. Los sucesos de las últimas horas me estaban pasando factura. Rompí a carcajada limpia, incluso llorando de risa. "Otro muerto más; así aprovechamos la sábana de papá y los de la funeraria nos hacen un dos por uno, como en el Carrefour. ¡Ay, que me parto!"

Diego optó por lo más sensato: me cruzó la cara de un bofetón. La bofetada la vi venir a cámara lenta y sentí su impacto más en el alma que en la cara. No era Diego quien me sacudía en mi subconsciente. La bofetada me la daba la vida misma, que en uno de sus reveses se había llevado a mi padre.

II

Las últimas 48 horas han cambiado mi vida. Acabo de llegar a Barcelona para el entierro y le he pedido a Paco que me diera una vuelta por la ciudad antes de entrar en el cementerio de Les Corts.

A Pedro, finalmente, no le pasó nada. Con un poco de azúcar, y tras unas horas de descanso, se recuperó del susto y pudo llegar tranquilamente de vuelta a su casa. En la de papá quedamos pocos: Anita, Leonor, Paco y algunos de los más íntimos que nos reunimos en el dormitorio para escuchar el responso de Tomás. La caja estaba abierta por la mitad. Papá dormía en un sueño de infinita paz. "¿Habrá llegado al cielo?" me pregunté. "¿Estás todavía por aquí? Estoy muy enfadada contigo. No te has despedido de mí. No he podido decirte lo mucho que te quiero y lo mucho que te quiere Eugenia". Las lágrimas empañaban mi vista mientras tapaban la caja para llevarse el ataúd al tanatorio.

El Tanatorio de Los Dolores parece un macrocine, tipo Kinnepolis. El césped de la entrada está perfecto. Las puertas acristaladas se abren y desde dentro nos recibe una bocanada de aire fresco que se agradece en este tórrido día de agosto. Al cruzar la puerta, la sensación que percibes, es la de estar entrando en una de esas salas de proyecciones modernas. Hay un largo mostrador desde el que nos reciben amables señoritas uniformadas de rojo. Les faltan las viseras con el anagrama de la multinacional cinematográfica correspondiente. Sobre ellas cuelgan enormes pantallas que parecen estar anunciando los estrenos de las diferentes salas: 11.00 h Don Jaime Grau Solé Sala 3; 12.30 h Doña Enriqueta Jiménez Díaz Sala 1; 14.00 h Doña Julia Fernández Zuribeta Sala 4; 15.30 h Don Julián Pérez Ulloa Sala 9. Así sucesivamente, a intervalos de hora y media, anuncian las representaciones y sus artistas principales. Sólo faltan las luces verdes o rojas que inviten a pasar o a esperar y, por supuesto, las palomitas y la coca cola.

La humanidad brilla por su ausencia. En la Sala 3, que era la que nos correspondía, nos recibió otra sonriente señorita de rojo que, al verme, y antes de darme ni siquiera el pésame, me dijo:

—Señorita, aquí no están permitidos los animales.

Llevaba a Isolda en brazos y ni se me había pasado por la imaginación que la perra no me pudiera acompañar en este momento. Nadie me había siquiera sugerido que la dejara en casa. ¿Cómo no iba a estar en el funeral de papá? En mi mente rápidamente se formó un nuevo grupo de enemigos: las "señoritas coloradas". Ya me habían dejado de gustar estas pánfilas ¡A qué venían esas sonrisitas! "¿Qué quiere que haga con el perro?" me dieron ganas de preguntarle. Pero no me quedaban ganas de pelea. Salí de nuevo al tórrido calor estival y allí, junto a lo que dentro de cincuenta años será un chopo majestuoso y hoy es un mero palo mal plantado, dejé atada a la perra que me miraba desconsolada.

Volví al interior. La "señorita colorada" se vio en la obligación de pedirme disculpas. Posiblemente, alguien le dijo que yo era el pariente más cercano del difunto de esa sala, la huérfana vaya. "Huérfana" es una palabra horrible. Suena fatal: tienes que poner la boca en forma de u, vocalizas desde la garganta y mascullas un sonido gutural que culmina en una palabra asonante de significado trágico. "¿De dónde vendrá esta palabra?", me cuestioné. Se lo preguntaré a papá. Casi sin terminar el pensamiento al que me llevaba mi subconsciente, me di cuenta de que nunca más podría plantear estas cuestiones a mi padre.

La capilla del tanatorio es fría, impersonal. "Le faltan trescientos años", dirían mis compañeras cuando no entienden este arte contemporáneo que amenaza con destruir nuestro patrimonio cultural. Yo diría que la capilla de Los Dolores no la arreglamos ni con trescientos años. El Cristo que corona el altar ni siquiera tiene cara. Carece de rasgos y su cuerpo está más cercano al de un atleta de los Juegos Olímpicos que a la de una persona que ha sufrido un martirio. ¿Y qué de los mosaicos de las falsas cristaleras? Más vale no decir nada.

Como somos tan pocos, nos perdemos entre los innumerables bancos. Menos mal que en lo alto del altar está Tomás con su mirada profunda. Ha podido encontrar sustitutos para oficiar las misas diarias de Santa Isabel y nos acompañará todo el día de hoy en Madrid, además de venir mañana a Barcelona.

Al tiempo que comienza la liturgia, se descorre por arte de magia una cortina verde de un lateral del altar desde el que se asoma un ataúd. Supongo que será el de papá. La caja está cerrada y, salvo que haya habido equivocaciones con lo de las pantallas, aquella le corresponde a papá. Me embruja. No puedo retirar mi mirada de ese ataúd. Atiendo a las palabras de Tomás que parecen venir desde la lejanía aunque está contando cosas cercanas y bonitas. Salvo cuando empieza con la cantinela de que papá está en el cielo. Entonces le miro escéptica y él es consciente de que le estoy retando: "Anda, atrévete a decir otra vez que Dios se lo ha llevado porque era bueno; que está mejor allí que aquí con Eugenia y conmigo ¡Atrévete!" Parece que intuye mis amenazas, porque cambia el discurso de sus palabras planteando el gran interrogante de la muerte que destroza a los que quedamos.

"Eso ya me cuadra más", pienso.

Tras la comunión y la bendición final termina la misa, y al mismo tiempo se corre de nuevo la cortina y el ataúd desaparece.

—Pero, ¿qué narices están haciendo? —pregunto a Félix, que está sentado a mi lado—. ¿A dónde se lo llevan?

—Al crematorio, hija. Ya está.

—¿Y ahora qué? — continúo.

—Ahora tienes que hablar con los de la oficina para que te digan, cuándo puedes venir a por las cenizas, y nos vamos. Si quieres, te acompaño.

Pues allá que nos fuimos todos a las oficinas. Otra "señorita colorada" nos informó gentilmente que el proceso de cremación duraba unas siete horas, pero que no recomendaban venir a por las cenizas hasta las nueve de la mañana del día siguiente. Calculando las seis horas de viaje que nos llevaría llegar a Barcelona, supe que sobre las tres de la tarde estaríamos en el cementerio. Cuadraba. El oficio se había señalado para las cinco, de manera que mis primos pudieran acudir desde sus cercanos sitios de veraneo. Mis amigos también habían confirmado su presencia. Muchos querían haber venido a la incineración, pero los traslados en coche, con niños, son siempre tan molestos para los padres, que les dije que prefería verles en Barcelona. Imagino su alivio.

Al día siguiente, como estaba previsto, estábamos a las nueve de nuevo en Los Dolores. Había insistido hasta la saciedad en que fuéramos en AVE, pero, cabezón que es Paco, él tenía que llevarme en el coche de papá. Tardaríamos más, pero él no dejaba de insistir en que también iríamos más cómodos y podríamos parar cuando quisiéramos. "¿A qué?", me preguntaba yo, "¿a pasear la urna?" Pero cedí. No valía la pena discutir. Paco, Félix, Leonor, Anita y yo salimos camino de Barcelona. Sólo había que hacer una corta parada en el tanatorio.

Bajé del coche.

—Cuidadito con lo que dices —me amonestaron los cuatro.

—No, si encima me vais a poner fama de gruñona —respondí.

—No, hija, no es eso —replicó calmadamente Leonor—, es que con todo lo que llevas encima, y sin haber dormido, estás bastante nerviosa. Anda, que te den la urna y nos vamos.

—Vale, Leonor. No te preocupes. Enseguida vuelvo.

Me encaminé hacia las oficinas. Otras puertas automáticas, a través de las que ahora parecía el acceso a una oficina de la Seguridad Social. Sobre cada "señorita colorada" se encendía un número que aumentaba numéricamente. Estaban atendiendo al número 45.

—¿Esto del número va en serio? —pregunté.

—Por supuesto. Se cogen del dispensador de la entrada.

—Como en la carnicería, ¿no? —comenté sarcástica.

Me di cuenta que estaba hablando con la "señorita colorada" del perro de ayer e intuí que algo iría mal. Esta chica carecía de sentido del humor, aunque reconozco que el mío era ahora más bien negro ¡Dios, este dolor de cabeza me iba a matar!

Cogí mi número: el 46.

—Ya me toca, me toca —exclamé extasiada, como si de verdad estuviera a punto de atraer la atención de la carnicera del puesto de embutidos del Mercat de la Pau de Valencia que tanto nos gustaba a papá y a mí. Al tiempo que me dirigí a la ventanilla, comprobé el gesto de dolor de los anteriores, los del número 45.

—¿Qué llevan en la mano? —pregunté a la "señorita colorada" que contestó con impaciencia.

—Pues qué va a ser: su urna; para eso están todos ustedes hoy aquí.

Mostré mis papeles y de debajo del mostrador apareció una urna de piedra, como un conejo de una chistera, igual que la que llevaban los señores que acaban de irse.

—Oiga, señorita, ésta es la que llevaban los señores que acaban de marcharse. No puede ser la misma —comenté.

—Es un modelo único. Lo único que cambia, es el nombre de la chapa.

Leí la mía y era correcta: Jaime Grau Solé. Levanté la tapa cuidadosamente, como quien levanta un rico estofado de la lumbre, y me encuentré el interior lleno de cenizas.

—Perdone, señorita. Mi urna no tiene tapa ajustable y yo tengo que viajar hasta Barcelona en coche. A ver si con los baches y eso, se va a abrir. ¿Me la puede cambiar? —pregunté con una sonrisa candorosa.

—Pues lleve buen cuidado, que si se abre y cae algo, será una parte de su padre.

Buen revés me acababa de propinar esta, ahora ya, "odiosa señorita colorada".

Afanada en que la urna llegara intacta, me senté en el coche muy recatadita. Abrí las piernas y situé entre medio de ambas el recipiente metálico para que no se vertiera, sujetando con empeño la tapa. Y así pasé las seis horas de coche. Cada bache o adelantamiento era angustioso. ¡A ver si se caía! Pero enseguida me asaltó otra cuestión, y me volví hacia Leonor:

—Leonor, ¿cómo sabemos que éstas son las cenizas de papá? ¿Serán todas?, porque parecen muy pocas. ¿Habrán mezclado las del ataúd también? ¿Le habrán quemado vestido, o desnudo? Estos de la funeraria no se dedicarán a revender ataúdes y vestidos, ¿no?

Leonor me miró preocupada:

—¡Qué cosas tienes! ¡Ya eres mayorcita para semejantes preguntas!

—Pues por eso, Leonor, que los niños se lo creen todo.

Pero Leonor, que llevaba toda la mañana sumergida en su propio mundo, no me prestó mucha atención. Seguí cavilando un rato aunque, eso sí, agarrando la tapa con fuerza.

Así continué hasta que Paco me despertó de mis pensamientos.

—Hemos llegado, Jimena, ya no podemos dar más vueltas por Barcelona. Se nos está echando la hora encima.

Desde la ventanilla miré hacia el cementerio. Lo primero que me sorprendió fueron los cipreses. Es curioso que en todos los cementerios españoles haya cipreses. No hay chopos, perales, manzanos, encinas o robles, sino cipreses. Se alzan hacia el cielo. Permanecen impávidos ante las desgracias diarias que observan, pero ahora se estaban inclinando suavemente de izquierda a derecha; de derecha a izquierda, y vuelta a empezar. A mí me parecía que rendian especial pleitesía a su dueña y señora, la muerte. ¡Tengo que salir del coche y dejar de pensar de esta manera!

Para quienes no conozcan el cementerio de Les Corts, diré que se halla situado en el centro de la ciudad, justo al lado del Nou Camp, lo que me llevó hacia mi siguiente reflexión absurda cuando vi las gradas del estadio de fútbol. ¡Cómo iba a descansar aquí en paz un aficionado del Madrid! Bien es cierto que papá no era forofo del fútbol, pero cuando veía algún partido con sus amigos, quizá era el hecho de haber vivido ya más años en la capital que en su Barcelona natal, animaba al Real Madrid. Y ahora iba a tener que aguantar el rugido de la afición culé. La verdad es que no tiene ningún sentido. Me tengo que acordar de dejar dicho que a mí me echen al mar, o me esparzan por la montaña, o lo que sea que quiera Eugenia, pero siempre fuera de algún núcleo urbano. No vaya a ser que por cosas de la vida me pase como a papá y termine junto, por ejemplo, a una estatua de Botero, o un edificio de Calatrava. Sólo de pensarlo, seguro que resucito de golpe.

—Jimena, cielo... —El abrazo de Álvaro me saca de esos pensamientos cada vez más incongruentes que tengo desde que murió papá. Contesto al abrazo con todo mi cariño. Álvaro es mi mejor amigo. Nos conocemos desde la infancia. Fuimos juntos al colegio, donde nos unieron nuestras respectivas peculiaridades. Yo no tenía madre y a él le gustaba jugar a las hadas. Las niñas me acusaban de ser huérfana y de Álvaro decían los chicos que era un mariquita. La verdad es que poco nos importaba lo que dijeran. Nosotros nos gustábamos como éramos. Cuando Álvaro venía a casa, se ponía mis vestidos de nido de abeja y juntos leíamos las novelas de Enid Blyton que había en la biblioteca. Juntos también estudiamos Historia del Arte y juntos nos fuimos a hacer la especialidad a Londres. Mientras él se quedó y defendió su doctorado brillantemente en Oxford, yo decidí volver a Madrid. Y ahora seguimos juntos, trabajando en la misma Escuela, él como profesor de Porcelana Oriental, yo de Historia del Mueble. Y ahí estaba, a mi lado, como siempre. Como buen señorito extremeño, iba impoluto con su traje azul marino y su pelo engominado. Su piel lucía un estupendo moreno de sus vacaciones en Palma, desde donde se había desplazado para acompañarme. La verdad es que Álvaro siempre va impoluto, salvo el día del orgullo gay. Ese día me manga mis Manolos, utiliza todo mi maquillaje y, con una boa de plumas rosas que conservo de mi abuela, se lanza a la calle con el mayor de los entusiasmos. Pero hoy es un día serio y Álvaro sabe mucho de protocolos. Bueno, sabe de todo lo que tenga que ver con la estética.

—¿Ha venido Eugenia? —me pregunta mirando a todas partes.

—No. Cuando Sandra y Eduardo se enteraron de lo de papá, me llamaron para decirme que se quedaban con la niña hasta finales de mes para que yo estuviera más tranquila. Pobre Eugenia, se cree que estoy trabajando. No sé, cómo le diré lo de papá.

—Tranquila, que ya se nos ocurrirá algo. Ahora, a lo que estamos. Venga, que tienes a todos esperando. A ver que te vea. Oye, pero tú ¿de qué te has vestido? —pregunta sorprendido.

—Pues de lo que toca, de negro.

—Eso ya. No hace falta que lo jures. Pareces una viuda gitana o una *mamma* italiana.

—Oye, que yo sólo llevo negro en invierno. No tenía ningún vestido negro de verano, así que he cogido el primero que he pillado. Dímelo a mí, que me estoy asando. Estas mangas son larguísimas.

—Lo de menos son las mangas. Podías haber venido con medias transparentes, ¿no?

—A ver si me aclaro. Nadie me dice nada si voy así a trabajar un día de octubre. Pero el día del entierro de mi padre resulta que no puedo ir de negro, que parezco del siglo pasado. Eso es lo que estás insinuando, ¿no? Pues que sepas que yo me siento así, toda negra, y además, me parece mejor que como van esas —digo señalando a mis primas— ¡Parece que acaben de salir del chiringuito de la playa! ¡Venir con sandalias! Anda, diles algo a ellas, ya que estamos en plan criticón.

—A mí, tus primas me importan un bledo, pero tú no. Y además, ¿se puede saber que te has puesto en la cabeza?

—¿No lo ves? Es una diadema. Tenía el pelo tan sucio que de alguna manera lo tenía que tapar. Se me ha ocurrido lo de la diadema. ¿También te parece mal?

—La idea es buena, pero ¿te has dado cuenta de que llevas plumas?

Con cuidado de no soltar la urna, me toqué el lado izquierdo de la cabeza. Era cierto. Me había puesto la diadema de plumas. Debía haber sido un gesto inconsciente. Era el tocado que elegía siempre que salía a cenar con papá mano a mano. Lo hacíamos con frecuencia. Siempre que hubiera algo que celebrar y también cuando no lo había. Lo del tocado era una broma nuestra porque al principio de nuestras salidas, cuando yo ya era una adolescente, la gente nos miraba pensando que más que su hija era la amante jovencita de papá. Y nosotros les seguíamos el juego hasta que, por la asiduidad por la que escogíamos nuestros restaurantes favoritos, nos terminaron por conocer. Pero lo de las plumas se mantuvo como una tradición nostálgica de aquellas primeras salidas, fuera vestida de la manera que fuera.

—¡Ahí va! Llevas razón. Me he equivocado. Y ya no tiene solución. Que piensen lo que quieran. Vamos.

Álvaro sostenía mi hombro y yo sostenía la urna y juntos entramos en el cementerio. Veía sin ver muchas caras familiares. Me explico. Veía rostros conocidos, morenos, cariacontecidos. Aquellos que ya habían perdido seres queridos, recordaban momentos pasados. Los que por fortuna todavía conservaban intactas sus familias, ponían cara de circunstancias, como si esta película no fuera con ellos. Me dieron ganas de sacudirles: "también os tocará; también se mueren los vuestros". Pero semejante crueldad era gratuita. No venía a cuento. Y además, tampoco podría dar una relación exacta de quién estaba y quién faltaba, porque mi mirada tenía un rumbo fijo: el panteón familiar que acababa de abrirse para recibir un nuevo cuerpo. Me aterraba la idea de acercarme hasta allí. Me apoyé en Álvaro.

—¡Ánimo princesa, ya casi hemos llegado! —dijo.

—Es que no quiero llegar —contesté—. Si llegamos, todo se acaba, y ahora por lo menos tengo la urna.

Me dieron ganas de salir corriendo. Anunciar unas disculpas y quedarme con la urna en casa. Así tendría a papá en el salón, en el dormitorio o en la cocina haciéndome compañía. Podría hablarle y comentar cosas. Es algo absurdo, pero dentro de todos esos pensamientos absurdos que se habían acumulado en mi cabeza, éste se estaba convirtiendo en una obsesión.

—¿Nos damos el piro? —pregunté a Álvaro—. Nos vamos, cancelamos, y nos llevamos a papá de vuelta a Madrid. Diles que ha habido un error, que agradezco mucho que hayan venido, pero que la fiesta se acabó.

—Ni lo sueñes. Me ha dicho Tomás que no haces más que cumplir la voluntad de tu padre, así que hazlo hasta el final. De aquí no nos movemos —contestó seriamente.

II

Lo había intentado, aunque sin éxito. Cada paso era una tortura. Empecé a comprender lo que sienten los reos cuando les trasladan a la sala de ejecución. Para mí el final no era la muerte, sino el hecho de terminar. Papá sería un mero recuerdo sin consistencia física. Entregué la urna a Tomás y él, a su vez, la depositó en una hornacina del panteón. Tras él, el sepulturero. Tres golpes con el martillo en cada lado y la lápida de piedra encerró la urna de mi padre dejándola para siempre fuera de mi alcance.

III

¡Ringgggggggg! ¡Ringgggggggggggg! ¡Ringgggggg! Me despierto asustada. Estoy en mi casa, en la cama. Miro el reloj: las 7.45. No recuerdo qué día es. ¿Miércoles, jueves, sábado tal vez? ¡Ringgggggggggg! ¡Ringgggggggggggg! ¡El sonido me va a trepanar los tímpanos! Tengo que agenciarme uno de esos teléfonos que suenan como sinfonías clásicas y tirar éste que parece un cochinillo en el matadero. Descuelgo de mala gana,

—Dígame.

—Mami, buenos días. Te llamo para decirte que ayer no te conté, que esta mañana vamos a ir a coger cangrejos.

Era mi pequeña Eugenia.

—Hola cariño, ¡qué alegría! ¿Qué haces levantada tan pronto? ¿Os vais a las rocas?

La pobre Sandra, con sus cinco churumbeles y la mía, debía estar deseando soltarlos a todos en la playa antes que entretenerlos en casa, por muy grande que ésta fuera.

—Jimena, soy Sandra —dijo ella poniéndose al teléfono—. Perdona que te hayamos despertado. Es que Eugenia está muy nerviosa con lo de la vuelta a casa y no deja de preguntarme, cuántos días quedan para veros a ti y a tu padre. La he dejado llamar para que se quedara tranquila. Pero no te preocupes, que la niña está fenomenal ¿Cómo vas?

La verdad es que no sé cómo voy. Llevo una semana encerrada en mi piso. No cojo el teléfono, y eso que no para de sonar. Tampoco descuelgo el móvil. Los mensajes se están acumulando, como también lo hacen los telegramas y cartas de condolencia que se apilan en la mesa de la entrada. Anita viene todas las mañanas a traerme fruta y Álvaro pasa por la tarde a darme un beso. Lo que ignoran ambos, es que en cuanto me quedo sola, cierro todas las ventanas, agarro la botella de vodka y bebo hasta caer redonda. De esta forma no siento. Hoy ni si quiera sé, cómo he llegado a la cama. No recuerdo nada de la noche de ayer. Normalmente, no bebo, apenas una copa cuando salgo. No había vuelto a beber de este modo desde que superé mi separación, hace ya más de seis años. Entonces dejé el alcohol por Eugenia. Ahora haré lo mismo. Pero todavía me queda un día. Hoy puedo pasar el día entre tinieblas. Nadie me reclama.

—Estoy bien, Sandra. Ya sabes. Yo también estoy deseando que vuelva Eugenia. La casa está muy sola. Aunque siento pavor. No sé cuándo ni cómo explicarle lo de papá ¡Pobrecita!

—Me ha dicho Álvaro que estará contigo, así que no te preocupes, que a Álvaro estas cosas se le dan muy bien.

III

Sandra también había estudiado con nosotros Historia del Arte y, a pesar de tener una de las cabezas más privilegiadas que conozco, decidió casarse nada más terminar la carrera con su flamante Eduardo, que acababa de ingresar en el cuerpo de Abogados del Estado. Desde entonces, como ella decía, cambió su interés hacia el arte por el interés hacia la infancia. Y había que reconocer que lo hacía brillantemente, como todo lo que se proponía. Cinco niños, los dos últimos, gemelos. Todos ellos perfectamente educados, que hacían las delicias de sus padres y de cuantos conocieran a esa guapa y joven pareja que seguía tan unida como el primer día. Viéndoles a ellos no cabía menos que reconocer que el amor existía.

—Sí, eso me ha dicho a mí también. Vendrá a casa cuando regresemos de la estación. ¡Menos mal, porque te juro que yo sola no me veo con fuerzas de darle semejante disgusto a la cría!

—No te preocupes, Jimena, los niños tienen una capacidad mucho mayor que nosotros de asimilar las desgracias, y tú tienes una hija muy madura.

Eso era cierto. Criada por su madre con el apoyo de un abuelo que la entretenía con lecturas medievales, noticias económicas y juegos de golf, a veces me daba la impresión que le estábamos, entre todos, robando la infancia. Cuando jugaba, jugaba a los cuentos que le contábamos yo y mis amigas. Eugenia vivía al margen de Blancanieves, Cenicienta, o Dumbo, excepto cuando iba a visitar a sus compañeras del colegio. En casa, disfrutábamos de "cuentos de muebles", en los que me inventaba historias relacionadas con los muebles históricos que le pudieran entretener además de instruir. Marion, profesora de tapices, ponía a sus hijos y a Eugenia a contar las flores de los paños *mille fleurs*[3] para tranquilizarlos cuando se desmandaban. Álvaro estaba empeñado en que la niña aprendiera a manejar y trastear con platos y objetos de porcelana oriental y se familiarizara con los nombres de unos y otros. Con Mónica acudía los domingos al Thyssen y aprendía de luces y sombras, y de formas. Desde luego, sería una niña diferente, como lo había sido también yo, pero ella era feliz con esa situación que la diferenciaba del resto de sus amigas. Así suplía, en cierto modo, las carencias afectivas que pudiera acusar por la ausencia de un padre que sólo la llamaba por su cumpleaños, y la sorprendía con unos regalos de Reyes cada vez más peregrinos. El último fue un Geyperman soldado de Irak, que tuve que devolverle por correo y sustituir por uno de esos juguetes que, ante posibles imprevistos, guardaba en mi armario. ¿En qué estaría pensando Enrique para regalarle a una niña de siete años unos muñecos bélicos? Hacía tiempo que había desistido de discutir con él porque no conducía a nada. Habíamos llegado a ese perfecto equilibrio en que nos ignorábamos todo el año, salvo por esas dos fechas señaladas que solían terminar en una monumental bronca.

—Voy a arreglar la casa. Pasaré por casa de papá para hablar con Anita y mañana a las tres os espero en la Estación de Atocha. Gracias por todo, Sandra, no sabes cuánto os agradezco este apoyo. Nos vemos mañana.

¡Mañana! No me quedaba gran tiempo. Me metí en la ducha a ver si se me quitaba este olor a vodka con el que al

[3] Tipo de tapiz medieval con suelo cuajado de flores.

parecer ayer había incluso rociado mi pelo. Me lavé y froté hasta que se puso la piel roja, me embutí en unos vaqueros, una camiseta blanca y unas *flip flops* y me encaminé, con el pelo mojado y una taza de café en la mano, a escuchar los mensajes. Había por lo menos cincuenta. Anoté las personas a las que debía llamar en una lista y en otra a aquellos a los que enviaría un tarjetón de agradecimiento. A continuación, empecé a arreglar la casa, limpiar y sacudir el polvo, preparar el cuarto de Eugenia y sacar todas las botellas de vodka vacías que bajé a hurtadillas al contenedor de reciclaje de vidrio en una bolsa de basura negra, sin que me vieran los vecinos. Llamé a Anita para quedar con ella y me encaminé al Mercado de Barceló a hacer la compra. La calle Fernando VI es deliciosa a esta hora de la mañana. Los distribuidores traen la mercancía en sus pequeñas furgonetas. La calle cuaja de gente en ese ir y venir frenético que caracteriza Madrid.

Compré el pan donde la Señora Manuela que, según me vio entrar, empezó con sus jaculatorias:

—¡Virgen de los Remedios! ¡Clavos santísimos de Cristo! ¡Amor de los Amores! Jimena, por fin te veo. Ya me ha dicho Anita lo de tu padre. Con lo guapetón que era, tan alto y siempre tan educado. ¡Ay Dios mío qué pena tan grande tengo! Llevo sin dormir desde que me enteré.

Estaba visto que no sólo iba a consolar a amigos, sino también a cuantos conocieran a papá de alguna forma. Si hace unos días me indignaba la idea, tal vez fuera la sobredosis de vodka que corría por mis venas la que ahora me hacía pensar de forma diferente. ¡Cómo quería la gente a papá! Debía sentirme orgullosa. Intenté no echarme a llorar, pero desde que regresara de Barcelona no podía contener las lágrimas, que no dejaban de correr por mis mejillas.

—Toma preciosa. Hoy te invito yo. Una hogaza calentita para que te tomes un buen bocadillo, ¡que te has quedado en *ná*!

Doña Manuela es otra de esas españolas que piensa que las penas con pan son menos penas. Por su aspecto se diría que tuvo muchas. Es gruesa, gruesísima. Según ella, bastante hambre había pasado durante la guerra para privarse ahora de una buena fabada. Y, desde luego, me apuesto un café a que no se priva de nada. Verla caminar es como contemplar una gran masa que se balancea de lado a lado. Los chiquillos que acuden a la panadería, quedan fascinados ante sus enormes pechos. No quiero imaginarme a su marido, Silverio, haciéndole el amor. Delgadito y escuálido como está, debe perderse buceando entre tanta carne. Por un momento me los imagino en plena faena hasta que advierto esta nueva manía que me ha entrado en los últimos días de pensar cosas que hace poco me hubieran asustado.

—Gracias, doña Manuela. Es usted muy amable.

Me di la vuelta antes de que se percatara del color carmín que habían adquirido mis mejillas al imaginarla en sus devaneos sexuales con el pobre Silverio, al que mandaba y manejaba a su gusto.

Seguí hacia el puesto de frutas, de carne y de pescado. No soy muy buena cocinera, así que mis puestos son siempre los mismos y mi lista no suele variar mucho. Si por mí fuera, agarraría una bolsa de lechuga troceada, la rociaría bien de vinagre y comería directamente de la bolsa. Pero con una niña en casa eso es imposible. Fue papá el que me organizó una dieta nutritiva y equilibrada para Eugenia cuando ésta abandonó los potitos. En su opinión, su nieta saldría vegetariana si él no tomaba cartas en el asunto. Entendió que no viviéramos con él y me quedara en el piso de la calle Campoamor después de la separación, aunque bien le hubiera gustado que nos hubiéramos instalado con él. Consintió con que la niña fuera a parvulitos para que entrara en contacto con otros niños y no creciera rodeada sólo de adultos. Lo que no iba a permitir, es que Eugenia no aprendiera a apreciar un buen solomillo, unos callos o unas vieras, que la convirtieron en la reina de los aperitivos madrileños cuando acompañaba a papá. Animada con seguir esa tradición familiar, elegí la comida con el mayor esmero posible haciendo una lista en mi cabeza de lo que comeríamos cada día de la semana que viene. Por último, compré un pequeño ramo de flores para celebrar la llegada de Eugenia. Agarré mi carrito de la compra y emprendí el regreso a casa. De camino me entretuve en contemplar los escaparates de las tiendas, cuyas delicias no me podía permitir con mi sueldo de profesora, más ahora que se aproximaba la vuelta al cole y que Eugenia necesitaría un ajuar completo, como todos los años.

De vuelta a casa, estaba distraída ordenando los víveres en el frigorífico, en el perfecto orden que acostumbraba según fuéramos a ir disponiendo de unos y otros, cuando volvió a sonar el teléfono. En un acto reflejo por la rutina de la actividad que me ocupaba, descolgué a la primera.

—Diga.

—Hola, Jimena, ¿estás en casa?

—Pues claro, Álvaro. Si me llamas a casa y cojo el teléfono, es que estoy en casa.

Por muy listo que fuera, a veces parecía tonto.

—¿Tú no te has enterado de lo de la desviación de llamada? A lo mejor te habías desviado el teléfono al móvil y estabas camino del Himalaya —contesto socarrón, porque sabe que la tecnología no está pensada para mí. Con suerte, entiendo el vídeo para poner películas, manejo lo básico del móvil y sé defenderme en los programas usuales del ordenador. Todo lo demás para mí no existe y, si he de ser sincera, tampoco es que me interese mucho. Tengo la ayuda de Eugenia que, a pesar de su corta edad, me da mil vueltas en cuanto a conocimientos electrónicos o cibernaúticos.

—¿Qué pasa? —pregunté sin darme por aludida.

—¿Nos tomamos un café después de comer?

—Vale. ¿Vamos solos?

Era una forma sutil de enterarme si también vendría Javi, su último amor. "Este es el definitivo", me había asegurado cuando se enrolló con él. Pero eso mismo había tenido que oír con Felipe, Adolfo, Juan y Guillermo. Aunque la verdad es que Javi estaba durando más que la media. Para mi desgracia. A mí me parecía un cantamañanas. Muy guapo, con un puestazo en una banca de inversiones, pero un déspota. Las pocas veces que nos había invitado a casa de su madre, había insistido en que yo pasara por su novia y Álvaro por amigo mío. "¡Será mamón!" comenté la primera vez. Pero la cara de carnero degollado de Álvaro me obligó a pasar por la escenita de la madre y aguantar una letanía de alabanzas sobre lo mono que había sido Javi de pequeño, lo listo y buen partido que era. ¡Vaya, que el niño no tenía defecto y yo me podía dar con un canto en los dientes de que se hubiera fijado en mí! Mientras asistía impávida a esos monólogos, miraba con cara de pocos amigos a Álvaro que, a su vez, me dirigía sus calladas súplicas, sobornándome con lo que yo quisiera, siempre que consintiera en repetir el numerito. La última vez conseguí un precioso chal de *cashmere* que encontramos en el escaparate de una tienda de la calle Regueros. En otra ocasión me apoderé de un sombrero maravilloso que me "llamaba" cada vez que lo vislumbraba en un comercio de la calle Barquillo y me daba un toque de lo más sofisticado. Aunque el premio por excelencia lo obtuve por mi ejemplar comportamiento en una de esas visitas en las que, además de la madre, nos recibían las tías solteras de Javi. ¡Menudas brujas! Me hicieron la ficha completa en un santiamén, y desde que se enteraron que era madre separada, lo cual me otorgaba un cierto tinte pecaminoso, había suspendido el examen de aptitud para ser merecedora de su queridísimo sobrino, y pasaron el resto de la tarde contemplándome de soslayo.

—¡Ésta me la vas a pagar bien cara! —recriminé a Álvaro en cuanto salimos. Y el pobre, con tal de que dejara de pegar alaridos por la calle y de proferir todo tipo de insultos a su novio, consintió en comprarme lo que quisiera sin ser consciente de que a una mujer eso nunca se le promete. Me pasé más de un mes sopesando mis posibilidades, entrando y saliendo de diferentes tiendas de la zona hasta que caí en la cuenta que mi desagravio bien merecía la pena un paseo hasta la Calle Ortega y Gasset. A pesar de las dificultades de cruzar las aceras por la macabra explosión edificativa que había poseído a nuestro alcalde, no cejé en mi empeño y allá que me fui. Y si en mi barrio las tentaciones eran múltiples, aquí me invadió un ansia compulsiva por poseer lo que ofrecen las tiendas de lujo y que año tras año se convierten en objeto de deseo de cualquier mujer. Finalmente, y tras dar muchas vueltas, escogí un bolso de

Louis Vuitton que a Álvaro le costó un pico, pero que a mí me dejó mansa como un cordero. Bien mirado, lo de la pantomima de Javi y su familia era muy rentable.

—No, vamos solos —dijo al final Álvaro—, que te tengo que contar una cosa.

—Pues nos vemos en el Starbucks de la esquina de mi casa.

Terminé de arreglar las cosas, me tomé un tomate y una pieza de fruta, y cambié mis *flip flops* por unas sandalias para que Álvaro no me diera la murga con que parecía una pordiosera. También me eché un poco de colonia y salí contenta. Me sorprendió sentirme contenta. Me ilusionaba pasar un rato frívolo con Álvaro, que seguro me contaría algo apasionante de su veraneo de Palma o algún que otro chisme de la Escuela. Algo lúdico que me permitiría olvidar por unos instantes la muerte de papá manteniendo la ilusión de que se trataba de una vuelta de verano cualquiera.

—Hola Jimena. ¡Qué alegría verte! Déjame que adivine. Un descafeinado mediano con leche desnatada y un café grande con hielo. Era María la que me saludaba efusivamente desde el mostrador del Starbucks. Una joven estudiante de informática que se pagaba los estudios trabajando a media jornada en el café. Como siempre tenía el turno de tarde, era la que nos atendía a papá y a mí cuando nos reuníamos allí esperando que llegara la ruta del colegio de Eugenia. ¡Cuántos recuerdos encerraban estas calles! ¡Qué difícil iba a resultar recuperar cierta normalidad en esta zona, donde cada esquina, cada acera, encerraba escenas de momentos felices!

—Hola María. ¡Yo también me alegro mucho de verte! ¿Cómo van esos exámenes?

Me quedé mirándola un poco confusa al comprender que tendría que explicarle que el café lo tomaría yo sola. Había perdido la tranquilidad con la que salí de casa y una profunda tristeza volvía a apoderarse de mí.

—Ponme sólo el capuchino por favor —dije finalmente.

—¿Vienes sola? ¿Y tu padre? —replicó.

—Sí. María. Vengo sola. Luego vendrá Álvaro. Papá no volverá. Murió la semana pasada.

Seguía sonando irreal. Papá ha muerto, papá ha muerto, papá ha muerto, papá ha muerto... recitaba para mis adentros intentando que esa mera reiteración hiciera que las palabras cobraran realidad. María se quedó quieta. Con sus inmensos ojos me miraba como quien acaba de descubrir un fantasma. No dijo nada. Nos sostuvimos la mirada en un diálogo sin palabras. Al cabo de lo que me parecieron minutos, pero que no fueron más que meros segundos, sus ojos se llenaron de lágrimas. ¡Otra más! pensé para mis adentros, ¿qué número hace?, ¿cinco, seis? Estaba recordando mentalmente las personas que había tenido que consolar, pero la respuesta de María me sorprendió.

—Cielo, no sabes cómo lo siento. Tu padre era tan amable con todo el mundo. Siempre tan educado. Siento ponerme así, pero es que me has pillado por sorpresa. Pobrecita, ¿cómo estás?, ¿cómo está Eugenia?, ¿qué vas a hacer tú ahora sin él?

De cuantos me habían dado el pésame hasta el momento, María era de las pocas que parecía entender el alcance de la muerte de papá y que para mí se resumía en una palabra: soledad.

—Gracias, María. Sé que le tenías mucho aprecio. Él también venía con muchas ganas a por el café que le preparabas.

Siendo papá de la antigua escuela, le costó vencer el tener que hacer cola para encargar su bebida, pero terminó por reconocer las bondades del Starbucks y las posibilidades que le ofrecía aunque, claro, "como el Café Gijón, ninguno. Ahí nos dejan fumar". Y es que, el que le prohibieran fumar en los bares era algo que le molestaba mucho. El café estaba asociado con un buen cigarro.

—¿Cómo están mis chicas favoritas? —Álvaro acababa de entrar intuyendo por nuestras caras que había que animar la situación—. Ponme un *latte* con caramelo, guapetona.

Dirigió a María una de sus sonrisas mientras me besaba en la frente. María, que siempre había sentido cierta inclinación por Álvaro, se ruborizó ante sus encantos. No le quitaba ojo. Alguna vez me había comentado de él: "¡A ese le hacía yo *hetero* en una noche! ¡Qué desperdicio, Dios mío!" Así de borrica era María. Pero sus burradas, tan diferentes de su frágil constitución, eran parte de su encanto.

—¿Nos sentamos junto a la ventana? —preguntó Álvaro sin darme opción a contestar, porque ya estaba arrimando dos sillones junto a una mesa de la esquina—. Para cotillear, hija, que nunca se sabe lo que puede desfilar por aquí.

—¡Pero si tú ya has pillado! Tendrías que dejarme ese asiento a mí —contesté burlona mientras me ponía cómoda, dispuesta a pasar un par de horas de distendida charla. Me había propuesto disfrutar de este descanso.

III

—Tú, bonita, hace tanto tiempo que no ligas, que se te ha olvidado ya hasta cómo se hace. Y de lo otro, ni hablamos.

Es cierto que mis devaneos amorosos son escasos; bueno, nulos, la verdad. Desde que después de la separación me embarcara en una vorágine de relaciones intrascendentes y consiguiera finalmente recuperar el control de mi vida, no había tenido tiempo para nadie. Eugenia, papá, las clases y el doctorado ocupaban todo mi tiempo. Por las noches prefería quedarme en casa con un buen bol de palomitas y disfrutar de una peli de amor y lujo que me dejaban con un agradable sabor de boca. Mis preferidas son las de Cary Grant o Gregory Peck, y también los novelones de Meg Ryan. Eso son romances bonitos de verdad. Alguna ocasional salida con mis amigas, que terminaban por convertirse en sesiones de terapia colectiva; alguna copa con Álvaro, y poco más. Hubo algún chico, aunque todos terminaban por esfumarse en cuanto se enteraban que tenía una niña pequeña. Conocí un comandante de Iberia que era encantador. Salimos varias veces. Había armonía. Pero un día que se retrasó su vuelo y tuve que esperarle en casa, casi le da un síncope cuando le hice subir y se encontró la sala llena de acuarelas dispersas por el suelo con las que Eugenia estaba intentando pintarme un tapiz de papel para decorar una pared de mi cuarto. Adiós al comandante. Un poco más tarde conocí a Jorge. Era médico pediatra por lo que, supuestamente, debería haber congeniado con Eugenia. Pero no fue así. En las primeras salidas se afanó por conquistar más a la hija que a la madre. Eugenia pilló sus intenciones enseguida y explotó su privilegiada posición con toda la tiranía que sólo los niños son capaces de emplear. Cuando no quería un helado, eran unos recortables, y si no, gominolas. Lo que se le negaba conllevaba un mohín de lánguida tristeza por su parte que hubiera hecho temblar al más templado. Como tampoco yo tenía excesivo interés en Jorge, dejaba que la niña se explayara para medir el interés de mi cortejo que, finalmente, terminó reconociendo que si bien le gustaban los niños, prefería los de los demás, los que venían a la consulta en espacios comedidos de tiempo. Así que, adiós también al médico pediatra.

Y no es que yo sea fea. Tampoco soy guapa. Estilosa, tal vez. Un poco flacucha en opinión de algunos, como Álvaro, que no se cansa de repetir que "a los hombres nos gusta un poquito de carne y tú pareces un saco de huesos; como sigas así sólo te va a querer Spielberg como extra de "*La Lista de Schindler II*". A mí me gusta estar delgada. Asocio lo de entrar en carnes con la imagen de doña Manuela y de Silverio en la cama, y eso me espanta. Pero tal vez ahora tenga razón Álvaro. Esta mañana, cuando me he mirado en el espejo tras la ducha, parecía el vivo reflejo de Santa María Egipciana. Pero, en conjunto, no puedo echarle nada en cara a mi físico. Esa delgadez va acompañada de una altura por encima de la media, un pelo ondulado que desde hace años corto al estilo de los años 20 y una cara agradable. Y a pesar de ello, no ligo. Tampoco me preocupa en exceso, porque vivo en el convencimiento de que algún día llegaría mi Leopold, como en la película *Kate & Leopold*, y me lanzaré desde el Puente de Brooklyn para protagonizar una romántica relación en la que yo sustituiré a Meg Ryan. He puesto el listón muy alto, pero merece la pena esperar.

—Anda, calla y cuéntame todas esas novedades —requerí de Álvaro—. Deja mi vida amorosa, que ahora estoy para pocos amores.

—Vale, vale. Sólo digo que un buen revolcón te vendría de perlas.

—Olvídate de mis revolcones y cuéntamelo todo, todo, todo.

—¿Empiezo por lo trascendente o por lo intrascendente? —Álvaro tiene la costumbre de narrar sus aventuras rodeándolas siempre de cierto misterio que las hacen parecer más suculentas.

—Empieza por lo intrascendente —contesté.

—Bueno, pues que he estado hablando con Sonsoles esta mañana. —Sonsoles es la directora del centro donde impartimos clases—. Me ha dicho que por fin hemos conseguido la aprobación de la Universidad y nos convertimos en la Cátedra de Vida Doméstica. Es un notición que te cuento en absoluto secreto, porque Sonsoles quiere daros la primicia ella misma.

—Y, entonces, ¿tú por qué lo sabes? —pregunté celosa.

—Porque Sonsoles sabe que Javi es hermano del Decano de la Facultad de Historia y que podía enterarme por él antes que por ella. Así que me ha llamado en cuanto se ha enterado oficialmente, pero me ha hecho jurar que no os lo contaría, que no le reventara la sorpresa.

—¡Hasta la tumba! —dije dibujando una cruz sobre el corazón, como hacíamos de niños—. ¡Qué genial, con lo que ha peleado, ya se lo merecía! Estoy deseando pegarle un achuchón de los grandes. ¿Y nos quedamos en Fernando VI o nos llevan al campus?

La ubicación del centro no podía ser mejor para mí, que sólo tenía que caminar unas manzanas desde mi casa y podía ir y volver andando, sin necesidad de coger el coche.

—Parece que nos dejan aquí porque el edificio tiene mucha solera.

—Me das una gran alegría —suspiré aliviada.

—Jimena, eso me lleva a otra cosa que te quería comentar antes de que te la suelte Sonsoles. Al depender directamente de la Facultad, se va a exigir que todos los profesores sean doctores. Mónica, Susana, Paloma, Marta y yo lo somos. Faltáis Marion y tú. Marion creo que tiene fijada la fecha de defensa para el próximo 10 de octubre, así que sólo quedas tú. ¿Cómo lo llevas?

—Pues no muy bien. Ya sabes que quería terminar de redactar este mes de agosto y dedicarme en septiembre a ordenar las fotos y terminar las que faltaban, pero todavía me queda una buena sentada. Y con lo de papá, la verdad, no me he visto con fuerzas de trabajar.

—Pues ponte las pilas ya mismo —me reconvino con severidad Álvaro—, ya sabes que por ahí hay mucho listo deseando pillar tu plaza.

—Vale, vale. No seas plasta. En cuanto llegue Eugenia y le cuente lo de papá, te prometo que me pongo a ello. ¿Sabes qué plazo me dan?

—Creo que hay una especie de gracia hasta junio.

Esa fecha alivió un poco la inicial angustia que me había atacado. Hasta junio quedaba mucho tiempo y mal se me tenían que dar las cosas para no cumplir.

—No te preocupes entonces, que lo saco —le dije—. Oye, y si esto es lo intrascendente, ¿qué es lo trascendente que me tenías que contar? Me estás asustando. ¿No estarás malo, ni nada por el estilo? —pregunté inquieta. Creo que había agotado mi dosis de malas noticias y pensar que Álvaro estuviera aquejado de alguna enfermedad, era más de lo que hubiera podido soportar en ese momento.

—Lo trascendente tiene que ver conmigo, sí, pero afecta a mi salud espiritual más que a la carnal.

—¿No me irás a decir que te metes cura o que te has enamorado de una chica? —pregunté burlona.

—Ni lo uno ni lo otro.

—¿Mal rollo con Javi?

—Javi ha pasado a la Historia.

No pude ocultar una sonrisa de felicidad que no dudé en exteriorizar.

—¡Nos hemos librado del petardo! ¡Vaya por Dios! ¡Me quedo sin regalos! —exclamé tan entusiasmada como contrita por la pérdida de la fuente de mis sobornos. Por su semblante parecía que la noticia iba más allá de una mera ruptura sentimental.

—¿Ya le has reemplazado? Menuda facilidad tienes para ir cambiando de chico. Ya, ya. Me sé la historia. ¡Éste va en serio y es el definitivo! Bueno, cuéntame, ¿le conozco?

—La verdad es que sí, Jimena, le conoces y, cuando te diga quién es, entenderás que este es el definitivo. También te pido un poco de comprensión y que no lo rechaces a priori —suplicó.

—Ya sabes que si a tú te hace feliz cuenta con todas mis bendiciones, aunque te advierto que no pienso pasar por más madres excéntricas, que conste. Anda, dime quién es y cómo se llama que me tienes en ascuas.

—Se llama Félix.

—¡Menudo nombrecito! ¿Lo has sacado de un anticuario? —pregunté intentando quitarle hierro al asunto porque veía que Álvaro se estaba poniendo muy serio.

—De un anticuario no, pero es mucho mayor que nosotros. Félix Sandoval es su nombre completo.

Me atraganté con el café; se me salió por la nariz, salpicando mi camiseta blanca. Félix Sandoval es para mí un nombre muy conocido.

—¿Félix, Félix, el Félix de mi casa? —pregunté tímidamente casi sin querer escuchar la respuesta que me esperaba.

—Sí, Jimena. Félix, Félix, el Félix amigo de tu madre. El que siempre estaba en tu casa. Tu padrino, ese Félix.

—Pero, ¿cómo? Si Félix es normal... ¡Uy! Perdona. No quiero decir que tú no seas normal. Eres perfecto. Pero, ¿Félix? Siempre pensé que había estado enamorado de mi madre y que al no conseguirla, decidió unirse al "enemigo" antes de perderla para siempre.

Lo cierto es que esa era la historia que yo me había montado de adolescente. Nunca se la planteé a papá, ni por supuesto al propio Félix. Aparentemente no difería mucho de los otros amigos de papá. Sabía que era soltero, notario recién jubilado y que ocupaba su tiempo entre sus conciertos y sus obras de caridad. Su especial sensibilidad siempre la había atribuido a su pasión por la música y el arte. Tampoco en eso difería de mi padre, al que siempre había considerado todo un hombre. Pero, pensándolo mejor:

—Papá era *hetero*, ¿no? —A ver si a estas alturas me iba a enterar de secretos de alcoba de mi familia.

—Ay, Jimena, por supuesto que lo era. Pero tu padre, como también tu madre, estaba perfectamente al cabo de la calle de la condición de Félix. ¿Por qué te crees que tu padre nunca puso el menor impedimento a nuestra amistad? Había vivido una relación paralela en la que mantuvieron tantos años tu madre y Félix.

—Tío, me dejas de piedra. ¿Y esto desde cuándo lleva así? ¿Cómo surgió? Yo te hacía en Palma con Javi en verano. Si el otro día me dijiste que te ibas con él a cenar. ¿No fue el miércoles pasado cuando volvimos de Barcelona? Javi estuvo en el entierro de papá, ¿no? Incluso me pareció cariñoso ese día. Uf, ¡qué mogollón! ¿Tú ahora qué eres mío?, ¿mi padrino consorte?

Se me agolpaban mil preguntas, casi todas absurdas, para intentar entender lo que me estaba planteando y que cambiaba drásticamente la imagen de una persona a la que había creído conocer tanto. Y se me ocurrió la última, antes de que Álvaro con un gesto de la mano, me hiciera callar:

—¿Leonor sabe lo de Félix? ¿También es lesbiana?

—Jimena, deja de desbarrar. Leonor no es lesbiana. No busques ahora homosexuales donde no los hay. Ignoro, por qué tu padre y Félix no te dieron las explicaciones que ahora buscas. Supongo que pensaban que por tu amistad conmigo lo intuías y, unos por otros, pues nunca se llegó a hablar abiertamente del tema. Pero no le des más vueltas. Félix te quiere como a una hija. Y eso de que, al ser tu padrino, yo fuera a ser padrino consorte, no te vendría mal. A ver si entre los dos te enderezamos un poquito.

Salvado mi primer shock, no pude por menos que plantear la siguiente cuestión:

—¿Y cuándo ha empezado? ¿Va en serio?

—El día del entierro de tu padre me pidió mi móvil para estar en contacto contigo aunque fuera de manera indirecta. Se imaginó, como así ha sido, que no contestarías al teléfono, y no quería dejar de tener noticias tuyas. Te ha llamado dos veces al día durante la última semana sin obtener respuesta, de modo que hace unos días me llamó preocupado. Le aseguré que estabas todo lo bien que cabía. A pesar de todo, parece que no se quedó muy tranquilo, así que quedamos a tomar un café.

—¿Y? —insistí curiosa.

—Pues nada. Lo que empezó como un café se alargó en merienda y terminó en cena. Estuvimos hablando de todo. De tí, de tu madre, de tu padre, de lo que ibas a hacer tú ahora sola, de cómo él te podía ayudar. Esas cosas.

—¿Y? —repliqué una vez más.

—Después de cenar fuimos a tomar una copa y me propuso un bar de la zona de Chueca muy de moda entre nosotros. Con eso ya me lo decía todo sin palabras. Y allí comenzamos a hablar de cosas más íntimas.

—¿Y? —no conseguía que entrara en más detalles y me propuse sonsacarle hasta la última palabra.

—Jimena, no seas pesada. Nunca me haces estas preguntas tan personales.

—Es que hasta ahora nunca te has enrollado con un señor que te dobla la edad, que es, o era, amigo de mi padre y que para colmo es mi padrino. Pero, ¿tú sabes el *gori* que es para mí todo este lío?

—Intento imaginarlo, y por eso quería hablar contigo. Hemos empezado una relación muy tranquila. Tal vez lo que más me atraiga de él sea esa tranquilidad; la sabiduría que sólo se adquiere con la edad y esa caballerosidad tan suya que ya no se estila. Además, yo le hacía un jurídico erudito, pero sabe mucho de arte y compartimos pasiones musicales. Pero claro, a los dos nos preocupa, y mucho, tu reacción. No sé si pedir tu bendición es inadecuado en este momento o, cuando menos, prematuro, pero contar con tu apoyo siempre ha sido importante para mí y ahora lo es doblemente.

Le miré anonada, porque lo cierto es que no sabía qué decir. No iba a ser yo quien me opusiera a esta relación, aunque mirado fríamente el asunto, la cosa se las traía. ¿Álvaro y Félix? Se me hacía rarísimo situarlos juntos y, como era usual en mí, empecé a bombardear a mi amigo con una serie de peguntas que, reconozco, sólo a mí se me ocurren.

—Vale, lo capto. Félix y tú os habéis enamorado, o enganchado o llámalo *equis*. ¿Tú qué piensas que diría papá de este asunto? ¿Y cómo se lo explico a Eugenia? Ella sabe que tú sales con chicos, pero de Félix piensa que es uno de tantos amigos de papá. ¿Desde ahora vamos a salir Félix, tú y yo? ¿Félix se va a enterar de mis más recónditos secretos? ¿Y qué se supone que le tengo que decir ahora a Félix cuando le vea? ¿En calidad de qué vendrá a casa si te acompaña: como mi padrino, como amigo de papá, como tu novio?

Para mis adentros pensaba que si tuviera ocasión de montar un circo estos días, seguro que me crecían los enanos.

—En principio queremos que todo siga su curso, e ir resolviendo cada situación conforme se plantee. No queremos precipitarnos ninguno de los dos, porque, como te digo, esta puede ser para mí y también para él la experiencia más profunda que hayamos tenido. Incluso nos hemos planteado vivir juntos. Por supuesto que no le pienso contar nada tuyo. Respecto de lo de las visitas a tu casa, haremos lo que tú nos digas. Si una cosa tenemos clara los dos, es nuestra incondicional amistad hacia ti y Eugenia. Esperamos no ya suplir, porque eso es imposible, pero sí llenar un poquito el vacío que te ha dejado tu padre al morirse. Lo que le quieras decir a él, vas a tener ocasión de hacerlo en breve, porque hemos quedado aquí mismo. Está dando una vuelta a la manzana esperando una llamada perdida mía para entrar y hablar directamente contigo.

—¿Has perdido el juicio? —contesté—. Me sueltas una noticia de este calibre, ¿y no me das tiempo para digerirla antes de meterme en un aprieto descomunal para el que ni siquiera me he preparado?.

—Jimena, tú siempre has sido de coger el toro por los cuernos y, aunque éste sea un Vitorino, ahora vas a hacer lo mismo. Si nos quieres chillar, nos chillas a los dos y, si te da un ataque, que te dé.

Conforme soltaba estas palabras, sacó su móvil del bolsillo y empezó a marcar un número. Dejó que sonara tres veces y colgó.

—Ya está de camino. No tardará.

No sabía si echarme a llorar o a reír ante lo absurdo de la situación. Necesitaba un vodka. Pero, claro, en el Starbucks no venden alcohol. No dejaba de dar vueltas a mi camiseta manchada por el café, ni de intentar arreglarme un poco el pelo que no había tenido tiempo de secar adecuadamente. Cruzaba y descruzaba las piernas con movimientos nerviosos y me miraba las uñas, mal cortadas.

—Jimena, esto no es un interrogatorio. Si alguien te conoce bien, ese es Félix. Tranquila. Estás preciosa como siempre —me intentaba consolar Álvaro. Pero a él también se le intuía nervioso. No hacía más que mirar la puerta cada vez que entraba un nuevo cliente. Finalmente, decidí ser práctica. Yo quería mucho a Álvaro y también a Félix. Ambos eran referentes constantes en mi vida. Su vida sexual, al fin y al cabo, no me incumbía. Así que suspiré profundamente y, pensando en lo felices que podían llegar a ser, me volví hacia Álvaro para apretar su mano. Él me entendió y devolvió el gesto con profunda gratitud. En ese momento se abrió la puerta y entró Félix. Estaba como siempre. Alto, apuesto, maduro, trajeado. Me lanzó una primera mirada interrogatoria y luego se volvió hacia Álvaro en un gesto que me era nuevo en Félix. Era una mirada de complicidad; una de esas que había visto muy pocas veces y siempre entre parejas a las que unían sentimientos muy profundos. Sandra y Eduardo se miraban igual. Mis iniciales recelos se despejaron inmediatamente. No esperé a que llegara a nuestra mesa. Avancé hacia esa querida figura y me fundí con él en un sincero abrazo para terminar girándome hacia Álvaro y requerir su mano, antes de decirles a ambos lo único que cabía decir:

—Os quiero muchos a los dos.

IV

La vida es una caja de sorpresas. Ayer me despertaba a estas horas con resaca de una noche en la que había ahogado mis penas en alcohol. Hoy permanecía el dolor, pero se habían añadido tantas novedades inesperadas, que me daban ganas de ponerme de costado para que quien sea que maneje este cotarro, se olvide de mí una temporadita y así pueda afrontar el siguiente paso con cierta tranquilidad.

Mientras espero con impaciencia la llegada del TALGO de Algeciras en el que vuelve Eugenia, voy recordando la escena con Félix y Álvaro, sonriendo para mis adentros. Tras mostrarles mi afecto y mi implícito consentimiento, les invité a ambos a pasarse esta tarde por casa para hablar con mi hija. De esta forma, hacía partícipe a Félix de algo para lo que, en principio, sólo había contado con Álvaro, pero que entendía que debía compartir también con él. Ellos comprendieron, a su vez, que de esta peculiar manera mostraba mi apoyo a su relación. No hacían falta más explicaciones.

"¡Ahí va!". En ese momento me acordé de que, con las sorpresas del día anterior, me había olvidado de Anita por completo. La llamé, me disculpé y quedamos en que mañana me pasaría por casa de papá para hablar con ella.

"El tren procedente de Algeciras efectuará su entrada en breves instantes por la vía 5", anunciaban desde megafonía. Había conseguido engatusar al controlador para que me dejara bajar hasta el andén y allí estaba, esperando el encuentro con Eugenia. La lanzadera se aproximaba lentamente. Paró casi a mi lado y en seguida comenzaron a descender los pasajeros. Mostraban semblantes relajados, propios de los que vuelven de sus descansos veraniegos. Parejas, grupos de chicos con guitarras y macutos a la espalda, y varias familias, pero no veía a Sandra. No me atrevía a adentrarme en el andén por miedo a que nos cruzáramos hasta que, desde la lejanía, oí una voz familiar:

—¡Maaaami!

Era Eugenia. Ya la veía. Corría veloz hacia mí. ¡Cómo había crecido en tan sólo tres semanas! Su piel morenita contrastaba con la cascada de rizos rubios que Sandra había retirado de la frente en dos inmensos lazos rojos. Sólo Sandra sabía hacer esos lazos. Yo tengo una colección de cintas de todos los colores para adornar el pelo de mi hija, pero cada vez que le intento hacer un lazo, la pobre me dice que prefiere una diadema, que estará más cómoda, no queriendo herir mis sentimientos ante mi incapacidad. Nunca se me han dado bien los lazos, para qué vamos a negar lo que es obvio. No puedo por menos que recordar la corbata de papá y mi dificultad en deshacer su nudo. Lazos y corbatas, lazos y corbatas, lazos y corbatas. ¿Estarán relacionados? pensé. Los que lucía Eugenia en este momento eran perfectos, grandes y tiesos. En su manita sostenía a Aurelio, el elefante de peluche rosa que papá le había regalado de pequeña y del que no se separa nunca. Incluso lo lleva al colegio, aunque entonces vaya escondido en el interior de la mochila para no ocasionar el menosprecio de sus compañeras ante semejante "niñería". Cuando le sugiero que deje a Aurelio en casa, siempre me reconviene aduciendo que el pobre elefante se va a sentir muy solo durante las largas horas del día. Ante semejante respuesta, no me queda más que callar e intentar ocultar a Aurelio en lo más profundo de la mochila, consciente de las crueldades a las que podrían someterla el resto de las niñas si lo advierten de casualidad.

—¡Por fiiiiin!

Con un salto había alcanzado mi cuello y rodeaba mi cuerpo con sus piernecitas. Girando sobre nosotras mismas y sin parar de darnos besos, entorpecíamos el paso de los demás pasajeros que, sorprendentemente, y lejos de impacientarse, sonreían ante la espontaneidad de la escena que protagonizábamos madre e hija, como si del encuentro de dos enamorados se tratara.

—Tengo muchas cosas que contarte de la playa y de los cangrejos —me dijo Eugenia—. ¿Sabes que he jugado al golf cinco veces? Un señor me dijo que lo hacía muuuuy bien y que si seguía así, llegaría a ser campeona. Otro día en la playa casi se nos ahoga Martita —la hija pequeña de Sandra—, pero un amigo de Edu salió a buscarla y la salvó. No sabes qué susto. Sandra lloraba. Y te he traído cangrejos para ti y para el abuelo, y también te he hecho un collar de conchas. Y al abuelo le he traído una gorra de golf que compré en el mercadillo. Y por las noches Sandra y Edu nos dejaban a los mayores estar media hora debajo de casa jugando con las bicis. Y ¿sabes, mamá? He aprendido a patinar. Y Sandra nos ha enseñado a hacer punto de cruz y he conseguido coser un gatito que le he traído a Anita para que lo ponga en su cuarto.

La capacidad de hablar de mi hija es inagotable. Salta de un tema a otro sin el menor problema. En cuanto coge la palabra, se convierte en una cotorra. Muchas veces la llamo "lorito real" y cuando termina por agotarme, le hago una señal con el dedo, como si le diera al "off", para que calle un rato. Es una de nuestras bromas. Nunca ha sentido el menor pudor por hablar con nadie con tal de hablar. Siempre le digo, que así no la voy a casar, que tiene que aprender a escuchar a los chicos, que a los hombres se les enamora dejándoles hablar. Ya sé que no soy la más adecuada para hacer estas recomendaciones, pero la teoría me la sé, aunque a Eugenia mis palabras le parecen excentricidades de madre, porque ella, de momento, no se va a casar nunca. Hoy parece que haya cogido carrerilla. Ésta era la primera vez que nos hemos separado tanto tiempo y aunque en la playa haya tenido ocasión de explayarse a gusto con quien tuviera la inconsciencia de dejarse engatusar por su aspecto angelical, allí tenía que competir con más niños para recabar la atención de algún mayor, mientras que ahora se sabe protagonista indiscutible.

—Me lo tienes que contar todo. Déjame que te mire, ¡qué larga estás! ¡Qué guapetona!.

—¿Cuándo vamos a ver al abuelo? —Poco había durado el paréntesis de mi alegría cuando la propia niña me devolvía a la realidad—. ¿Iremos a merendar a su casa? ¿Vendrá él a cenar?

Notaba que se me llenaban los ojos de lágrimas. A lo largo del día iba a destrozar el corazón de mi hija.

—Tenemos que hablar Eugenia. Pero esta tarde vienen Álvaro y Félix a vernos, ¿qué te parece? —sugerí intentando desviar su atención hacia dos personas que le resultaban especialmente queridas.

—Vale, pero, y el abuelo, ¿cuándo viene?

Por mucho que intentara distraer su atención, sus prioridades siempre habían estado muy claras en su pequeña mente. A mí me acababa de ver; ahora tocaba el abuelo y el resto de la gente; si venía, bien, y sino, también. Menos mal que en ese mismo instante nos alcanzaba Sandra rodeada de su inmensa prole. Edu hacía el trayecto en coche, que se convertía en un auténtico vehículo de carga en el que Sandra embutía todo lo necesario para el veraneo de su familia. De mi amiga nadie diría que venía de pasar siete horas con seis niños en un vagón de tren. No mostraba el menor síntoma de cansancio. Estaba resplandeciente como siempre, y sus retoños, inmaculados. No pude por menos que sonreír. Su máxima desde nuestros años de la Facultad siempre había sido "ante todo la estética" y, desde luego, la cumplía a rajatabla. Parecía no costarle. Mirándola a ella, me sentía descuidada. Por mucho que me afanase, nunca llegaría a poder competir con Sandra. Nos miramos con el cariño de siempre:

—Ánimo, Jimena. Eugenia es muy madura. Lo entenderá —me dijo a modo de saludo, extendiendo ligeramente la duración de lo que hubiera sido su abrazo habitual.

—Venga, mami, que tenemos que ir a ver al abuelo.

Eugenia mostraba su impaciencia tirando de mí. Tras despedirnos y agradecer a Sandra el estupendo veraneo, subimos todos juntos hasta el parking donde a ellos les esperaban los padres de Edu con dos coches, necesarios para poder acomodar a esa numerosa familia a la que en ese momento miraba con envidia.

La vuelta desde Atocha transcurrió con normalidad y gran fluidez. La ciudad todavía estaba aletargada por la falta de gente y en pocos minutos llegamos al portal de casa. Descargamos las bolsas de Eugenia y subimos al piso. Eugenia entró como un torbellino en su habitación para comprobar que todo siguiera tal cual ella lo había dejado. Empezó a besuquear a Isolda, a la que estaba a punto de asfixiar con tantos achuchones. La pobre perra se dejaba menear y sacudir sin rechistar. Contestaba con idéntico entusiasmo, chupándole brazos y piernas a Eugenia, que se mostraba impertérrita ante la capa de babas que chorreaba por su piel. Una vez atendida su mascota, se volvió hacia mí:

—¿Nos vamos ya?

—Pero si acabamos de llegar, ¿a dónde quieres ir tan deprisa? —pregunté intentando ganar tiempo ante lo inevitable.

—Pues a casa del abuelo, mamá.

Había llegado el momento. No podía dejar pasar más tiempo. Esta mañana había llamado a Tomás para que me aconsejara sobre la mejor forma de anunciarle la noticia a Eugenia.

IV

—Los niños necesitan continuidad. No le digas que el abuelo se ha muerto sin más. Extiéndete en que se ha ido al cielo y que desde ahí la cuidará; que sigue con nosotros de otra forma. Debe entender que no es una marcha definitiva; que puede seguir hablando con él —había sugerido Tomás y aquello me pareció sensato, pero ¿sería capaz de decir esas palabras con el aplomo necesario para transmitirle seguridad a Eugenia? No tenía más opción que intentarlo.

—Eugenia, ven a sentarte conmigo que tenemos que hablar tú y yo —le pedí.

—¿Como los mayores?

—Sí, cariño, como los mayores.

La lleve al salón, la senté a mi lado y jugando con la trompa de Aurelio, empecé a contarle. No me interrumpió. Me miraba con sus grandes pequeños ojos, sin dejar de prestar atención hasta que terminé las frases que había preparado mentalmente y que, no sé cómo, habían fluido naturalmente de mi boca. Entonces se liberó de mi abrazo, se volvió hacia mí y empezó a asaltarme.

—Entonces, ¿ya no le vamos a ver más? —fue lo primero que me preguntó.

—No, cariño. No le veremos como antes. Para verle, tendremos que mirar en nuestro corazón, porque ahí es donde seguirá viviendo siempre. La respuesta pareció contentarla de momento. Pasaron unos segundos, que a mí se me hicieron interminables, en espera de las muchas más preguntas que seguirían.

—Mamá, ¿y por qué se ha llevado Dios al abuelo? ¿Y el cielo dónde está? ¿Y cómo ha llegado el abuelo hasta el cielo?

¿Cómo sabemos que ha llegado bien? Y cuando quiera hablar con él, ¿cómo lo hago? ¿Y en el cielo hay campos de golf? ¿Cómo va a jugar el abuelo al golf en el cielo con las alas? Porque en el colegio nos han contado que las personas que se mueren, se convierten en ángeles.

Hasta el momento no me costaba contestar estas preguntas. Describir el cielo a un niño es fantástico, porque puedes dar rienda suelta a tu imaginación y hacer una escenificación perfecta de todo tipo de parabienes. Pero satisfechas estas primeras cuestiones, empezaron a complicarse los temas:

—¿Por qué no se ha despedido de mí? ¿Por qué no ha esperado a que yo volviera para marcharse al cielo? ¿Es que ya no me quería?

Éstas eran las preguntas que me estaba temiendo. No me imaginaba que Eugenia pudiera, con su corta edad, plantearlas con tanta elocuencia. Eran las mismas cuestiones que yo me había estado preguntando una y otra vez y que no alcanzaba a comprender. Si yo con 35 no las entendía, ¿cómo se las iba a explicar a una cría de siete años? Pero aún había más:

—¿Cuándo le volveremos a ver?

Y, por supuesto, la más temible:

—¿Tú no te vas a morir, verdad mamá? ¿Me lo prometes?

Fue entonces cuando la pobre Eugenia rompió a llorar. Su mundo, hasta entonces tan seguro y tranquilo, se desmoronaba y, en sus temores, aquella situación podía ser incluso peor, si yo también desaparecía.

—No cielo, yo no me voy a morir. Nunca te dejaré sola. Te lo juro —le aseguré al tiempo que la apretaba con más fuerza. ¿Sería capaz de mantener esa promesa? Ahí estábamos las dos, Aurelio en medio, sosteniéndonos mutuamente; abrazadas y llorando. No sé cuánto tiempo pasó. Nuestra tristeza quedó interrumpida por la llamada del timbre de la puerta. ¡Que sonara! No tenía intención alguna de abrir.

—Jimena, sabemos que estáis dentro. Abre la puerta.

La voz atronadora de Álvaro me despertó de mis pensamientos. Había olvidado por completo su visita. Besé el pelo de Eugenia, situé a Aurelio entre sus manitas y me dirigí hacia la entrada con Isolda pisándome los talones.

—¿Cómo ha ido? —preguntaron Álvaro y Félix a modo de saludo—. ¿Cómo se lo ha tomado?

Mi cara lo decía todo.

—¿Dónde está? —requirieron al unísono. Dirigí la cabeza hacia el salón. Álvaro se fue hacia Eugenia y yo hacia la cocina. Tenía que lavarme la cara. Félix me acompañó.

—¿Cómo le explicas a una niña que su mundo se ha venido abajo? —le dije a Félix—. Le he tenido que prometer que yo no me moriría nunca. ¿Te imaginas? Eso mismo me prometió papá hace tan sólo dos años cuando murió la tía Isabel y mira…

Rompí a llorar de nuevo. Félix me atrajo hacia él,

—Shhh, shhhh —me consolaba—. No estás sola. Nos tienes a nosotros. Por más que lo intentaba, no conseguía frenar mis lágrimas. "¡Para de una vez!" me recrimino a mí misma. Me fuerzo a respirar hondo para poder volver al salón, donde debo estar. Le doy un beso a Félix y tomándole de la mano le invito a participar de nuestra intimidad.

—Anda, vamos, que no se oye nada. A ver cómo está Eugenia.

Cuál fue nuestra sorpresa, cuando al entrar, vimos las puertas del balcón abiertas de par en par y a Eugenia, Álvaro, Aurelio e Isolda arrodillados contemplando la calle.

—¿Qué hacéis? —pregunté curiosa.

—Venid con nosotros —dijo Álvaro—. Poneros a nuestro lado. Estamos rezándole al abuelo. Ahora que se ha hecho de noche, tenemos que localizar su estrella. Ya le he dicho a Eugenia, que cada vez que quiera hablar con tu padre sólo tiene que mirar al cielo, y buscar su estrella.

—Mami, dice Álvaro que las estrellas son las personas que se han ido al cielo. Que cada uno tiene una y que hoy, en cuanto localicemos la nuestra, sabremos dónde está el abuelo. Que así podré hablar siempre con él.

¡Sólo a Álvaro se le podía ocurrir una cosa tan bonita! Animada por esta idea, me arrodillé junto a ellos e invité a Félix a que también él formara parte de esta singular reunión de observadores de estrellas. "¿Ahora, qué?", pensé para mis adentros. "¿Qué se supone que tenemos que hacer ahora?". Parecíamos un grupo de adoradores de la luna, una de esas sectas raras que buscan su energía en variopintas fuentes. Y no es que yo tenga nada contra esas sectas, pero si ya es complicado creer en Dios, ¿cómo se apaña esa gente para aceptar la bondad de la luna, del sol o incluso de los extraterrestres? ¡Menuda forma de complicarse la vida! Yo me quedo con lo de "Jesusito de mi vida, eres Niño como yo" y tan feliz. Ya me estaba dejando llevar por pensamientos absurdos. ¿Estaba perdiendo la razón? En ese preciso instante me interrumpieron los alborotos de Álvaro:

—Mirad, mirad, ¿la veis? —Isolda ladraba y los demás nos esforzábamos por dirigir nuestra mirada hacia el lugar preciso que apuntaba el dedo de mi amigo. Y ahí estaba. Una inmensa estrella fugaz brillaba con intensidad dejando a su paso una estela resplandeciente.

—Ahí va Jaime. Mira, Eugenia, ya ha llegado tu abuelo al cielo. Ya sabes, dónde está.

Nos quedamos embobados mirando el cielo. Cada uno estábamos eligiendo una estrella en concreto: aquella que desde esta noche adoptaríamos como propia de papá.

V

La noche terminó sin mayores sobresaltos. Eugenia no se separó de nosotros. Necesitaba el contacto humano para asegurarse de que no estaba sola. Cuando Álvaro y Félix se despidieron, sugirió dormir conmigo. No lo dudé un instante. Y no sólo dormimos las dos. Compartimos mi cama con Aurelio e Isolda, que acabó por ocupar, a pesar de su pequeño tamaño, prácticamente la totalidad del centro de la cama abusando, así, de una novedad hasta entonces prohibida que recibía con el mayor placer. No paró de roncar. ¡Los perros roncan! Jamás lo hubiera sospechado. Pero anoche también ha roncado Eugenia. De tanto llorar se le había taponado la nariz y le costaba respirar. Tras la escenificación de Álvaro había terminado por aceptar las novedades de la vuelta de vacaciones aunque bien sé yo que el tema no es tan fácil y que traerá secuelas.

Tras vestir a la niña, y acompañadas de Isolda, nos dirigimos, después de desayunar, a casa de papá. Félix me había anunciado ayer que acudiría sobre las diez, que había asuntos que quería tratar conmigo. ¿Qué sería tanto misterio? Al fin y al cabo yo sólo quiero hablar con Anita y ver cómo está. Pensando en estas cosas paseamos con tranquilidad por la Calle Fernando VI. Nos saludan cuantos nos conocen. Doña Manuela ha salido de su establecimiento en cuanto ha visto a la niña, a la que ha envuelto en su enorme masa propinándole un sonoro beso de ama de cría. La del kiosco de golosinas acaba de extenderle a Eugenia un racimo de regalices colorados. Pedro, el de la frutería, ha alabado lo guapa que está la cría y me ha obsequiado con una sandía que pesa un quintal y que ahora tendré que cargar durante el resto del día. Florindo ha ofrecido a Eugenia todos los comics de la semana que acaban de llegar. Y con semejante despliegue de agasajos continuamos nuestro camino hacia casa de papá, recibiendo besos y abrazos de cuantos nos conocen, hasta que Eugenia reclama de repente mi atención con una inusitada pregunta,

—¿Por qué es la gente hoy tan buena con nosotras? ¿Es porque se ha muerto el abuelo y ahora somos pobres y no tenemos dinero?

Me la quedo mirando perpleja: ¿he oído bien? Tardo unos instantes en recuperarme, hasta bajarme a la altura de Eugenia, mirarla fijamente y asegurarle:

—Reina, no somos pobres. Mamá trabaja. No nos va a faltar de nada. La gente te hace regalos porque te quiere y se alegra mucho de verte. Te han echado mucho de menos este mes. No es nada más.

Por su escéptica mirada dudo que mis palabras estén calando realmente en su pobre cabecita. Continuamos cabizbajas las dos hasta llegar a la esquina de la Plaza de

Santa Bárbara. Un profundo suspiro antes de tocar al timbre del 1ºB, el piso de papá. Anita nos abre desde arriba. Me cuesta cruzar el umbral. A Eugenia parece que le ocurre lo mismo, por lo que pasan unos segundos hasta que nos aventuramos hacia el ascensor. No hablamos. Isolda no para de gemir. Ya hemos llegado. En cuanto abro las puertas del ascensor, veo la cara de Anita que estrecha inmediatamente a Eugenia entre sus brazos.

—¡Guapa, guapa, guapa! —la alababa a modo de saludo. "¿Se cree que es un paso de la Virgen de Semana Santa?", me pregunto antes de comprender que Anita está hecha un mar de lágrimas, y por no apurar a la niña, lo único que se le ocurre, es piropearla y colmarla de besos. Juntas entramos en el piso y nos dirigimos, según nuestra rutina, hacia la cocina. Anita ha puesto la mesa desplegando un desayuno digno de los más exigentes paladares.

"Huele raro", pienso, mientras paso la mirada por la mesa hasta que atisbo lo que causa mi malestar: bizcochos con chocolate. De inmediato, me asaltan arcadas y tengo que girarme para contener las lágrimas.

—No debías haberte tomado tantas molestias, Anita. Muchas gracias. Tiene todo una pinta sensacional. Seguro que a Eugenia le encanta.

—Eugenia quedar aquí. Señorita ir despacho. Señor Félix esperar. —Me había olvidado de nuestro idioma arapahoe.

El pasillo está oscuro. Anita ha cerrado toda la casa como si papá se hubiera ido de vacaciones. Huele a él. "¿Cuánto tiempo permanece nuestro olor en un espacio?", me pregunto al llegar a la puerta del dormitorio de papá. ¿Entro, no entro, entro, no entro? No sé qué hacer. Algún día tendré que entrar. Y me asomo. Todo sigue igual. La cama está hecha. En la mesilla sigue el rosario que papá rezaba por la noche; al lado la imagen de Nuestra Señora de Montserrat y, por supuesto, la foto de mamá. Me mira con dulzura. Parece que me quiere hablar. Siento que una fuerza me abraza. Es como si la habitación me cobijara. Me dan ganas de tumbarme en la cama de papá y dejarme acunar por sus sábanas, pero ahora no puedo. Con un suspiro cierro la puerta y me dirijo hacia el despacho donde encuentro a Félix sentado en la mesa de papá rodeado de papeles; un cigarrillo en la boca y otro más, encendido también, apoyado sobre el cenicero.

—Esto es lo que yo llamo fumar a dos manos —le saludo sonriendo ante otro ejemplo del usual despiste de mi padrino—. Aquí estoy. ¿Qué es eso tan misterioso de lo que querías hablarme?

—Jimena, querida, no os he oído entrar. Perdona, estaba arreglando los papeles para hablar contigo...

La frase queda incompleta porque Félix quiere añadir algo y no sabe cómo continuar. Me imagino de qué se trata. Para eso tenemos las mujeres un sexto sentido, ¿no? Así que ni corta ni perezosa, voy directa al grano,

—Corazón, ya sé que me quieres hablar de Álvaro. Tranquilo, que no tienes que dar explicaciones. Me parece genial y pensándolo en frío aunque haya perdido con Javi una fuente de regalos, ni yo podría haber escogido mejor novio para Álvaro. Así que, no te molestes. Pero recuérdame que te diga el atuendo que tendrás que llevar el día del orgullo gay para estar a la altura de las circunstancias; las manías que tiene Álvaro, que tiene muchas, y la comida que odia. Como estáis en plena campaña electoral seguro que te está mintiendo sobre un montón de cosas.

Para mí, los noviazgos son como campañas electorales. Los novios hacen cualquier concesión para encandilar al contrario, vendiendo una imagen ligera o descaradamente distorsionada que cambia el día de la boda, que es la jornada electoral. Una vez obtenido el triunfo, se relajan y se muestran tal y como son. Enrique, por ejemplo, se pasó todo nuestro noviazgo llevándome a visitar galerías de arte y ferias de antigüedades. En cuanto nos casamos, no volvió a pisar ni unas ni otras. Yo, por mi parte, me empeñé en jugar al pádel con él. Mostraba un entusiasmo por la raqueta y la bola que no sentía en absoluto, porque soy lo más perezosa que existe para el deporte. No le veo la gracia a eso de sudar por sudar y, si además de sudar, la diversión consiste en tener que perseguir corriendo una pelota, pues peor. Naturalmente, tras la boda abandoné las clases de pádel aduciendo una lumbalgia que jamás existió y retomé mi tranquilo juego de golf.

—Además, mola eso de tener dos padrinos —terminé mi razonamiento con una mueca para quitarle hierro al asunto. La sonrisa de Félix demostraba que lo había conseguido. No creí que la relación con Álvaro precisara más comentarios, así que di por zanjado el tema—. Bueno, mente privilegiada del Derecho, oráculo de la Justicia, cuéntame.

—Jimena, seguro que sabes que yo era el albacea de tu padre.

Algo me sonaba, aunque nunca he llegado a saber lo que hace un albacea. El nombre me suena un poco a esos judíos medievales que adelantaban dinero y cobraban intereses muy altos, pero seguro que eso no es. Los temas jurídicos me han aburrido siempre profundamente, a pesar de que papá era Abogado del Estado, miembro de la Real Academia de Jurisprudencia y director de un flamante despacho de Derecho Mercantil.

"Lo siento papá", le había repetido en más de una ocasión, "ni física, ni tecnología, ni asuntos jurídicos. Desgraciadamente para ti, te ha salido una hija que vive por y para el Arte". Y papá me aceptaba porque desde niña había mostrado mis inclinaciones con mucha claridad.

—Pues ya me dirás —continúo.

—Ayer recogí el certificado de defunción y, tras pasarlo por el Archivo de Protocolos, puedo confirmarte que tengo en mis manos el último testamento válido que firmó tu padre el pasado mes de junio.

¿Junio? me pregunto ¿había intuido papá la inmediatez de su final?

—Hay unas indicaciones generales —continuó Félix—, según las cuales tu padre ha dispuesto una cantidad para Paco y para Anita por los años que le han servido. También deja una cuantía importante a Tomás para que la dedique a las necesidades de la parroquia. El resto es para ti.

—¿Para mí? —pregunto incrédula.

—Sí. Para ti y para Eugenia y, si tuvieras más hijos, también para ellos.

—Y eso ¿qué quiere decir?

—Pues, básicamente, que te quedas con esta casa, además de con el dinero que tu padre ha ahorrado durante su vida, que siempre supo invertir sabiamente y que por mis cálculos, asciende a la cantidad de…

Mencionó una suma que me dejó atónita. En mi entendimiento nadie tiene ese dinero. Yo no sé contar con tantos ceros.

—Tú debes decidir, qué haces con el piso —continuó Félix—, qué haces con Anita y Paco, y cómo quieres manejar el dinero de tu padre.

El clavo de la cabeza estaba pidiendo permiso para entrar a golpearme una vez más. ¡Yo ya había cumplido con mi parte de las decisiones el día que murió papa! ¿Qué más tenía que decidir? Papá no era una entidad que se midiera económicamente. No tenía valor. Mejor dicho, tenía todo el valor. Valía más que el mundo. Pero su valor no era cuantificable. Y ahora me pedían que aceptara esa medición y que asumiera la responsabilidad de un padre-inversión.

—Félix, yo no sé nada de estas cosas. A mí me da igual. Yo vivo feliz en mi pisito y me manejo bien con el sueldo que cobro. Haz tú lo que quieras con el resto —contesté tranquilamente.

—No, Jimena. Esto es cosa tuya y tuyas han de ser las decisiones. Vamos por partes. ¿Qué quieres hacer con Anita y Paco? Paco tiene su casa y, por lo que me ha dicho quiere retirarse, pero Anita lleva viviendo con tu padre desde que llegó de Manila y no tiene casa en Madrid.

—¿Y qué hago yo con Anita? En mi casa no cabe por mucho que yo quisiera. Ya sabes que sólo tenemos dos habitaciones. El piso es tan pequeño que lo limpio soplando y, francamente, Eugenia y yo no necesitamos más.

—Bueno, pues si te parece le digo que se quede unos meses por aquí, arreglando las cosas de la casa. A lo mejor puede echarte una mano este tiempo para quedarse con la niña mientras tú terminas tu doctorado. Podrías venir a trabajar aquí o que Anita vaya a tu casa, y luego vamos viendo. ¿Te parece?

Me parece estupendo. A lo mejor consigo que Félix decida todo.

—El dinero tampoco me preocupa porque las disposiciones que dejó tu padre son muy conservadoras. Yo te recomendaría que dejaras todo igual. En cuanto se haya cambiado la titularidad de las cuentas a tu nombre, podemos ir cada dos meses al banco y decidir cómo seguir invirtiendo o si hacer un fondo especial para la educación de Eugenia.

Eso es una idea genial. La educación de Eugenia. Estudiará en EEUU. Ya me la imagino graduándose en Yale o en Princeton, subiendo al podio con su flamante toga, y a mí misma con un precioso tocado aplaudiendo como loca haciendo fotos sin parar y llorando de la emoción. Así se lo hago saber entusiasmada a Félix.

—Bueno, genial. Pues ya está —anuncio contenta.

—No, Jimena. No está. Falta la casa. Tienes que decidir, qué hacer con los muebles, las alfombras, los libros y todas esas cosas. También hay que recoger la ropa de tu padre y, por supuesto, tienes que pensar si quieres vender o alquilar el piso. Y hay otra cosa.

—¿Más todavía? —digo abrumada. Lo último ya me está poniendo enferma. ¿Por qué tengo que deshacerme de la ropa de papá? En sus armarios no molesta a nadie. Tampoco lo hacen los cuadros, los muebles o las alfombras. Si Félix acaba de decir que Anita se queda unos meses, pues que se quede todo lo demás, o ¿no?

—Te he preparado una relación de las bajas que tienes que cursar de tu padre. Lamentablemente, yo sólo podré acompañarte en esas gestiones. Tú eres la heredera única y como tal, la ley requiere que seas tú personalmente quien firme esas bajas.

Félix me alcanzó una lista de casi dos páginas. En ella figuraban, por orden de importancia: la Dirección General de Clases Pasivas, la Real Academia de Jurisprudencia, el Colegio de Abogados, la Asociación de Abogados del Estado, diferentes instituciones religiosas a las que papá contribuía trimestralmente, el RACE, el Club de Campo, todo tipo de suscripciones a variadas revistas, así como un sinfín de domiciliaciones variopintas como el Canal + o el abono del Real Madrid.

—Cuando hayas cursado personalmente esas bajas, tendrás que proporcionarle al Banco una lista detallada de los pagos que ya no deben hacer frente y copia de las bajas que has tramitado. Te he preparado esa relación para que en cuanto esté dispuesto todo lo demás, podamos llevarlo a la sucursal.

Siento que el mundo se cae encima de los hombros. En mi imaginación veo un enorme globo terráqueo que avanza a velocidad vertiginosa. Lo veo venir como un meteorito que amenaza con impactar contra mí. En un gesto reflejo me cubro con el brazo.

—¿Qué haces? —pregunta sorprendido Félix alzando la mirada hacia el techo por si estuviera a punto de caer algún artilugio.

—Protegerme de la vida —contesto sin dudar.

VI

Morir en Madrid no es nada fácil. Mejor dicho, es complicadísimo. Bueno, lo que se dice morir, morir es bien fácil. Te vas, y listo. Pero a los que se quedan les espera, además de la pena, un papelón tremendo. Hasta ahora ya me había enterado que lo del entierro se las trae. Pero lo que viene a continuación te enfrenta con una realidad bien singular: somos un mero número dentro de una inmensa maquinaria burocrática.

He de reconocer la suerte que tengo con Félix. Además de entender de estas cosas, es mi padrino, el albacea de mi padre y ahora, además, el novio de mi mejor amigo. Así que no puedo estar en mejores manos. Después de facilitarme la lista, me proporcionó otra más detallada con las direcciones de todas las instituciones que había relacionado. De una carpeta amarilla extrajo unas cincuenta fotocopias del certificado de defunción de papá, cincuenta de su testamento, cincuenta de su DNI, cincuenta del mío y veinte copias de un modelo de carta estándar con las que solicitar esas bajas para aquellos casos en los que los trámites pueden hacerse por correo o por fax que me hizo firmar para cursarlas él mismo. Insistió en acompañarme, por si se presentaba algún imprevisto, pero decidí que ya era mayorcita para ocuparme de estas cosas y así se lo hice saber. Agrupé mis fotocopias en tres montoncitos, porque pretendía realizar mi obligación en tres días. La semana que viene empezamos Eugenia y yo las clases y hay un sinfín de tareas de buena madre y profesora que me esperan. Félix me mira de reojo, mostrándose incrédulo ante mi confianza en poder acometer mi empeño en tan corto espacio de tiempo, pero no me desanima.

Al día siguiente dejé bien temprano a Eugenia al cuidado de Anita y, con el aplomo propio de una novata, me dirigí a Clases Pasivas, mi primer objetivo. El área de recepción se agrupa en dos pisos; el primero rebosa de gente que se agolpa ante las ventanillas y monta un muy característico bullicio que sólo se vive en países latinos. Un vaivén de personas que entran y salen, rellenan formularios de cuclillas porque apenas hay espacio libre en los mostradores y cumplen con el turno que se crea en forma de colas que se entrecruzan. Amigos o familiares acompañan a los interesados incrementando considerablemente el número de los asistentes. Porque ya se sabe que en España no nos gusta ir solos a los sitios. Encontramos quien se preste a acompañarnos a todas partes; al médico y al abogado por supuesto, pero también a realizar gestiones administrativas. Las mujeres incluso vamos al baño por parejas. Mis amigas y yo lo hacemos siempre. Sandra hasta le pide a Eduardo que le acompañe cuando quiere ir a confesarse. Deja al pobre marido apoltronado en un banco mientras ella se extiende y se extiende durante horas en la intimidad del confesionario contando no sé qué pecados, porque para mí Sandra es santa. Pero ahí retiene al pobre Eduardo, tan paciente, esperando a que acabe para no sentirse sola ante el temor de una bronca. Y si así fuera, ¿qué pretende Sandra que haga su marido? ¿Que le propine una regañina al cura por sermonear a su mujer? Lo cierto es que nos asusta enfrentarnos a una serie de circunstancias, lo que, particularmente, me parece una costumbre digna de estudio antropológico. En este caso yo soy la excepción. Vengo sola, pero dispuesta a salir de este edificio con la tarea cumplida. Así que, respiro hondo y decido lidiar el toro como un auténtico matador.

Me tocó el segundo piso. Prácticamente no había nadie y los funcionarios esperaban, mano sobre mano, la llegada de "sus clientes". Me dirigí hacia un señor de mediana edad, porque a mí siempre se me han dado bien los hombres mayores. Pensaba aprovecharme de ello y, además, la alternativa más cercana era una señora entradita en años que estaba en pleno proceso de limarse las uñas, a la que nunca osaría interrumpir en tan compleja labor.

—Buenos días —saludé cariñosamente—. Vengo a cursar la baja de mi padre.

—Mmm… —fue la escueta respuesta que obtuve—. ¿Trae el certificado de defunción, DNI de su padre y último boletín de retenciones?

—Traigo todo menos ese boletín que me dice.

Al tiempo que me contempla con el menosprecio propio del que sabe poco al que ignora todo, me presenta una fotocopia con los documentos que desde hace 15 días se exigen para cursar una baja,

—Le aconsejo que llame la próxima vez, porque así no me hace perder el tiempo.

¿Qué próxima vez? me pregunto a mi misma ¡A ver si éste se piensa que a mí se me muere la parentela a docenas!

—Le voy a dar el formulario que tiene que presentar debidamente cumplimentado y firmado cuando consiga recopilar toda la documentación que se le exige. Buenos días—. Lo que en otras palabras se resume en: vete de aquí.

Como me considero muy organizada, había previsto algunas dudas que me pudieran surgir y extraje un cuaderno de mi bolso. En la primera página apunté la dirección en la que me hallaba y los papeles adicionales que el señor funcionario me había requerido. Anoté toda la información cuidadosamente y me despedí con un escueto "gracias".

"No empezamos muy bien", pensé para mis adentro mientras me dirigía a tomar el autobús para llegar hasta el Colegio de Abogados. En este caso no es que haya dos pisos, sino dos edificios. Como a mí me gusta más el antiguo, empiezo por ese y, en perfecto cumplimiento de la ley de Murphy, me dirigen al otro, al moderno. Subo a la planta indicada donde, una vez más, hay varias personas a la espera de atender a quien lo necesite, y de nuevo, emprendo mi tarea escogiendo a un señor mayor. "A ver si este se me da mejor", pienso. Parece un bonachón.

—Buenos días —vuelvo a saludar—, vengo a cursar la baja de mi padre.

Ni me contesta. Debe ser una nueva forma de saludo que desconozco. ¿Tal vez al no emplear palabras se considere idioma universal? Con esto de tener tantas lenguas oficiales, a lo mejor han recomendado a los funcionarios que se limiten a expresarse lo menos posible para no entrar en conflicto con los contribuyentes. Pero sabe hablar porque, sin más, suelta una diatriba a toda velocidad:

—A ver, fotocopia del testamento, del DNI del difunto, del certificado de defunción, del DNI suyo y fotocopia del libro de familia compulsada en el que conste usted como hija del difunto.

¡Fuera de juego!

—Perdone, pero es que estos papeles me los ha preparado el albacea de mi padre, que es notario. Esto último no debería haberlo dicho así que cambio enseguida mi excusa por el de madre lastimera—: verá, es que tengo una niña pequeñita en casa a la que está cuidando la vecina para que pueda hacer estas gestiones. ¿No valdría excepcionalmente con lo que le traigo?

—Aquí no se hacen excepciones con nadie, y dígale al Señor Notario que se ponga al día de los requisitos, que varían de centro en centro.

De nuevo saca una fotocopia con la relación de los papeles que exige el Colegio de Abogados y yo me levanto para marcharme cariacontecida.

El tercer intento de la mañana me lleva al Ministerio de Justicia. Tengo que tramitar lo que yo considero una baja menor, la de la Asociación de Abogados del Estado. Por lo menos, me iré a casa con una gestión finalizada. En este edificio incluso sé a dónde me tengo que dirigir, porque aquí sí que he acompañado a papá alguna vez. Así que subo directamente a la cuarta planta. Son sólo despachos, uno para la secretaria y otro donde se celebran las reuniones de la Asociación. Llamo a la puerta de la Secretaria, que me invita a entrar y empiezo de nuevo.

—Buenos días. Vengo a tramitar la baja de mi padre.

—Buenos días.

Parece eficiente, porque inmediatamente abre una carpeta del ordenador titulada "bajas".

—¿Motivo de la baja? —pregunta.

—Defunción —contesto escuetamente mientras reflexiono, cómo una circunstancia tan triste y devastadora puede resumirse en una palabra tan impersonal. Me empiezo a dar cuenta de que, si vivos somos meros expedientes para la Administración, una vez muertos no dejamos de ser más que números; las cifras que componen nuestro DNI que, según me contó una vez un amigo, se recicla cuando han finalizado los trámites de una muerte. Es decir, que el de mi padre lo utilizará dentro de un tiempo otra persona. Espero que sea alguien bueno.

—Certificado de defunción, DNI del difunto, DNI de quien cursa la baja, copia de la baja de Clases Pasivas y copia de la baja del Colegio de Abogados, si es tan amable —me dice.

—Traigo lo primero que me pide. En Clases Pasivas y en el Colegio me han pedido más documentación de la que llevaba y tengo que volver. ¿Usted no me podría expedir la baja sin las otras dos, que yo le juro que las voy a tramitar?

Me sorprendo a mi misma suplicando para terminar hasta proponiendo un soborno "¿y le invito a un café?".

—Señorita, esto es una baja muy seria para tomárselo a broma, ¿no le parece? —me increpa con cara de superiora de convento de clausura.

—¿Me lo dice o me lo cuenta? —pregunto sarcástica—. Es mi padre del que hablamos. No se preocupe, que le traeré todo lo que me pide.

Me levanto y me retiro muy dignamente, como le he visto hacer a Isolda cuando se enfada con alguien. Pero la dignidad es mala compañera a la hora de enfrentarse con la Administración. Consciente de ello, decido emplear todo tipo de tretas femeninas en mi siguiente objetivo.

Se me ha echado el tiempo encima, así que decido ir a la Real Academia de Jurisprudencia de camino a casa. "Aquí seguro que lo consigo", me digo. No pienso dejarme desanimar. Pregunto al guarda de la entrada, que me remite a Información, donde espero durante veinte minutos.

—Deben estar tomando café —me explica uno que pasa por ahí al verme desorientada—. No tardarán.

Pasan veinte minutos más hasta que se acercan dos jóvenes a ritmo de tortuga hablando animosamente entre ellas. Entran, se estiran bien el uniforme y, por fin, una me pregunta a dónde quiero ir. Se lo explico y me indica que debo subir a la segunda planta y preguntar por miembros de número. Así lo hago y entro en otra sala, donde invariablemente el personal está desocupado. Esta vez me decanto por una mujer y repito la frase que llevo preparada,

—Buenos días. Vengo a tramitar la baja de mi padre —elijo un tono lastimero.

—Buenos días —replica.

¡Me ha contestado. Voy por buen camino!

—Nombre del difunto —me dice. Se lo doy, lo teclea en el ordenador y dice—: Este académico está vivo.

¡A que le meto una leche! “Respira hondo, tranquila, respira hondo”, me digo. Debo mantener la calma y poner cara de tonta. Lo intento de nuevo con voz más quejosa,

—No, este señor ha fallecido.

—Por nuestros datos, Don Jaime Grau Solé está vivo. ¿Por qué quiere usted cursar su baja si es vitalicia?

“¿Por qué a lo mejor me mola ser académica por la vía rápida?”. Menuda pregunta.

—Mire, señorita, yo soy hija de Don Jaime y le aseguro que ha fallecido hace tres semanas. Yo estaba con él cuando murió y le prometo que está muerto y bien muerto. Por eso estoy aquí, para causar su baja y que puedan ustedes introducir la información en su base de datos y dejar de pagarle las dietas que le corresponden.

Me vence el orgullo ante semejante estulticia. ¿Cómo pretende negar lo obvio? ¿Acaso alguien en su cabal juicio vendría a cursar la baja de un vivo? ¿Hay gente tan macabra por el mundo? O ya se ha planteado algún caso semejante, o esta señorita es de una incompetencia supina.

—En tal caso —responde impávida ante lo absurdo de su comentario inicial y como quien contesta a un mueble—, deberá usted presentarme la fotocopia del certificado de defunción de su padre, fotocopia de su DNI y también del suyo propio que es quien cursa la baja. De aquí me voy con todo arreglado. Empiezo a sacar papeles y se los voy entregando hasta que por último me dice "rellene este formulario y fírmelo". Lo hago y se lo devuelvo. Revisa todo, lo lee una y otra vez y cuando ya creo que va a terminar, se vuelve hacia mí y le escucho decir—: ¿Me deja el carnet de académico?.

—Es que no lo tengo.

—Pues entonces no vamos a ningún sitio. Hay que adjuntar el carnet a todo el expediente.

Instintivamente pongo los brazos sobre la mesa y apoyo mi cabeza entre ellos. Podría haber llorado de rabia y de pena. No lo hago. Me echo a reír ante lo absurdo de la situación y la señorita me pregunta:

—¿Se está usted riendo de mí?

—En absoluto. Me estoy riendo de lo complicado que es morir en Madrid.

VII

Llegué a casa descorazonada. Si en Madrid muere diariamente tanta gente, lo lógico sería, que los trámites fueran mucho más ágiles. ¿Qué hubiera hecho yo sin la ayuda de Anita? ¿Pasear a mi hija de mostrador en mostrador hasta agotarla? ¿Cómo se apaña la gente que no tiene ayuda? La triste realidad es que mi caso no es una excepción. Son esas cosas de la vida que no te esperas, pero que siempre te sorprenden.

Al abrir la puerta, me recibió Isolda pegando brincos. Se oían voces y un gran jaleo de fondo, tanto en la cocina como en el salón. Isolda parecía querer hacerme partícipe de la fiesta. Me asomé al salón, donde encontré a Álvaro y Félix sentados en el suelo, enfrascados en lo que parecía un puzle de enormes dimensiones, discutiendo entre ellos sobre la ficha que encajaría mejor en el hueco que tenían que rellenar a continuación. "¡Desde luego, los hombres son como niños!", pensé para mis adentros. Parecían más un par de colegiales que dos hombres hechos y derechos. Al oírme, me preguntaron casi al unísono:

—¿Cómo te ha ido? —Su relación parece avanzar a pasos agigantados porque ya piensan y hablan como si fueran uno.

—¡Fatal! —les conté lo sucedido, que por sus caras no pareció sorprenderles en exceso. Félix aprovechó la oportunidad para serme de utilidad e inmediatamente esbozó un plan de ataque,

—Esto lo arreglamos en un santiamén. Hacemos fotocopia de todo lo que te han pedido; le pido a mi amigo Pablo que te compulse todas ellas y nos marcamos un calendario. Yo te llevaré a cada sitio. Iremos con una carpeta enorme, provistos de toda la documentación que se me ocurra y así solventamos todo con tranquilidad. Tampoco es cuestión de que conquistes Roma en un día.

Álvaro, por su parte, no daba crédito a mis narraciones. Siempre ha sido partidario de reformar la Administración y mi relato le planteaba una oportunidad más para convencernos de la necesidad de terminar con la función pública. Desde la cocina le interrumpió una canción infantil que Anita y Eugenia cantaban a pleno pulmón sin ningún rubor. Con una sonrisa en los labios me dirigí al encuentro de ambas. Ahí estaban las dos, liando rollitos primavera. Por las cantidades que ya habían envuelto, sospeché que comeríamos rollitos todo el invierno.

—Hola mami.

Eugenia estaba encantada de haber invertido toda la mañana en tareas culinarias. Anita, por su parte, parecía disfrutar del mero hecho de encontrarse acompañada y haber abandonado, aunque sólo fuera por unas horas, la vacía casa de papá.

—Mmmm… ¡qué cosas tan ricas! —sonreí a Anita susurrándole un "gracias" por encima de la cabeza que aceptó con un guiño de ojos. Dejé a ambas en plena faena para volver al salón.

—Jimena, el lunes tenemos la inauguración de curso. ¿Qué te vas a poner? —me preguntó Álvaro. Para él, el día de reunión de profesores previo al comienzo de los exámenes de septiembre es una fiesta y hay que presentarse con las adecuadas galas. Álvaro tiene esa rara habilidad de convertir cualquier acontecimiento, por nimio que sea, en un jolgorio del que siempre sabe disfrutar al máximo. En este momento estábamos a punto de comenzar uno de nuestros rituales favoritos: vestirme para la ocasión. Entonces, Álvaro bucea en mi armario, me fuerza a probarme todo lo que tengo para terminar decidiendo una combinación exótica y divertida, pero siempre adecuada. Yo siempre sigo sus sugerencias. A veces pienso que cuando tenga 80 años seguiré acudiendo a él para que me indique la mejor forma de presentarme. Las pocas veces que no he seguido sus consejos o no le he tenido cerca para que me los prestara han acabado en un gran fiasco. Y para muestra, el entierro de mi padre. Estas sesiones tienen para mí efectos sedativos y terapéuticos, porque siempre van acompañados de grandes dosis de risas que eliminan cualquier tensión. Poner en práctica una de ellas se me antoja una idea excelente para olvidar el desastre de esta mañana. Pero hay un inconveniente, ¿qué hacemos con Félix? ¿Le dejamos ahí en el salón con su puzle? ¿Le sugiero que termine de liar rollitos con Eugenia y Anita? A mí, francamente, que Álvaro me vea en ropa interior me tiene sin cuidado. Me ha visto así desde que tengo seis años. Pero, ¿Félix? Supuestamente, al ser también homosexual, no produciré en él el menor deseo carnal, pero al fin y al cabo siempre he considerado a Félix un señor respetable, muy por encima de las chorradas que se nos ocurren a Álvaro y a mí. Papá solía cerrar las puertas del salón cuando yo era soltera y Álvaro venía a ayudarme en estos menesteres. Con ver el resultado y que le contáramos los entresijos que nos habían llevado a la elección final, le valía. Tampoco sé cómo plantear mis dudas sin herirles a ambos. Álvaro parecía haber contado con estos temores, por lo que no duda en plantearme una oferta:

—Podemos dejar a Félix con un whisky, adelantando el puzle, que no le importa nada, ¿verdad Félix? —pregunta a mi cariacontecido padrino, al que el plan no parece apetecer nada—. Pero también podemos hacer otra cosa. He traído de casa ese biombo que tanto te gusta y lo he instalado en tu dormitorio. Así te puedes ir cambiando sin que te veamos y entonces Félix puede venir con nosotros. ¿Qué te parece? —sonríe satisfecho ante su propia capacidad resolutiva sin darse cuenta que en cualquier caso a mí me pone en una tesitura.

—Me estoy acordando de que tengo que ordenar unos papeles en casa. Así que os dejo y luego paso a buscaros cuando terminéis. —Félix está dispuesto a preservar nuestra intimidad y de forma elegante aduce un compromiso que se acaba de inventar.

"¡Qué narices!", pienso.

—Tú de aquí no te mueves. Así tendré un punto de vista más objetivo, que a tu novio la última vez le dio por disfrazarme de pastorcita.

Su sonrisa no puede ser más elocuente. Desde luego, no iba a ser yo quien le negara este capricho a una persona que tanto quiero. Así que los tres marchamos hacia mi dormitorio. Félix se sentó en la butaquita que tengo junto a la cama. Álvaro abrió de par en par mi armario y ya estaba sacando todo tipo de combinaciones que iba apilando en diferentes montoncitos sobe las hojas del biombo para terminar recostándose sobre mi cama con la cabeza entre las manos, no sin antes anunciar,

—Que empiece el espectáculo. Ante ustedes, señores…

Le interrumpe la vocecita estridente de Eugenia,

—¿Qué hacéis? —Ella conoce de sobra estas sesiones, en las que ha participado frecuentemente—. ¿Puedo quedarme?

Tiene las manitas llenas de pasta de rollitos y grandes manchas de salsa de soja en las comisuras de los labios. No se ha quitado el delantal que Anita le ha puesto para preservar su vestido durante su peculiar orgía culinaria y que arrastra sin temor, pero nada puede competir con el baile de disfraces que está a punto de comenzar.

—Claro, princesa —le contesta Álvaro—, ven, siéntate conmigo en la cama, que verás qué guapa vamos a dejar a mamá para el cole. Isoldita sigue a su ama y de un salto ya se ha apostado sobre el borde de la cama. Tampoco ella está dispuesta a perderse el espectáculo. Anita, más prudente, permanece apoyada en el quicio de la puerta. Está a punto de marcharse, cuando le digo:

—Anita, quédate si quieres.

Su sonrisa demuestra que desde luego que quiere. Y nada me puede hacer más feliz. Ahí tengo a toda mi familia reunida para pasar un buen rato. Estoy a punto de desaparecer tras las hojas cuando Eugenia chilla de nuevo:

—Espera, espera, que se me olvida una cosa.

Salta de un brinco de la cama, y va corriendo a su cuarto para volver rauda y veloz con Aurelio en una mano y un CD en la otra. Estaba claro que Aurelio no podía faltar. Viendo el CD ya me imagino de qué va mi hija. Enseguida empiezan a sonar las primeras notas de *Pretty Woman*. Ahora sí que empieza la fiesta. Álvaro se pone en su papel. Se envuelve en la boa rosa de mi abuela, me toma de la mano, hace una reverencia y anuncia:

—Señoras y Señores, para ustedes, y en representación especial para toda España, la bellísima, inigualable y sorprendente Jimena Grau.

Pide un aplauso al público, en el que todos participan con entusiasmo, y entre pitidos, palmas y ladridos de Isolda me desvanezco tras el biombo.

Con el sonido de la música me siento muy en mi papel de Julia Roberts y me desprendo de un golpe de mi vestido y de las sandalias para probarme la primera opción que ha preparado Álvaro. Finjo ser una bailarina de cabaret; asomo primero una pierna, luego otra y, finalmente, me planto ante ellos de un salto.

"¡Fuera, fuera! ¡Buuuu!". No les gusta la primera alternativa. Me giro hacia el espejo para observarme a mí misma y estoy de acuerdo con la opinión generalizada. ¡Parezco un adefesio! No lo dudo un instante. Me zambullo en la segunda opción para salir, esta vez, a modo de bailarina contorsionando las caderas por lo sexy de la propuesta.

—¡Ven *p'acá*, preciosa que te pego un repaso! —me increpa Álvaro, porque también él está de acuerdo en que el atuendo es más apropiado de un club de alterne que de una escuela seria.

Félix no cabe en sí de asombro. Nunca había imaginado una escena parecida y creo que se está sonrojando. ¡Sí, se sonroja! ¡Qué tierno! Anita también cubre su rostro con un trapo porque se está ruborizando ante las palabras de Álvaro. Eugenia se muestra, sin embargo, impávida. No entiende el alcance de lo que dice mi amigo y lo único que comprende es que este modelito tampoco vale. Sigo contorsionándome un rato más invitando a Eugenia a que baile conmigo, mientras le indico a Álvaro que le sirva un whisky a Félix. Si quiere formar parte de este círculo de locos, va a tener que acostumbrarse a esto y a mucho más. Desde luego, parece necesitarlo, porque lo acepta sin contemplaciones. Pero está dispuesto a todo, así que rápidamente se sienta de nuevo con Eugenia cabalgando sobre sus piernas a la espera de mi siguiente aparición. Y es una aparición. Esta vez me paso por lo contrario que la anterior. Demasiado recatada. Parezco una *amish* de la América más profunda. Bizqueo mis ojos y tuerzo las piernas hacia dentro para que a todos quede clara mi desaprobación, que Eugenia confirma, añadiendo entre risas:

—Pareces Mary Poppins, mami!

¡A ver el siguiente! El dormitorio, poco a poco, está empezando a parecer un zoco marroquí. Ya habrá tiempo para recogerlo. Ahora suena *Sombra aquí, sombra allá* de Mecano, y bailando al son de la música me vuelvo a desvestir y afrontar la última elección de Álvaro. Sin mirarme sé que me va a gustar. Me siento cómoda. Salgo como si fuera Ana Torroja con un zapato en la mano a modo de micrófono y me planto con rotundidad ante mi público que irrumpe en aplausos.

—¡Este, este, este, este! —canturrean animados. También Félix está cantando. O le ha hecho efecto el whisky, o de verdad se está relajando.

—A ver que yo te vea.

Álvaro ya se ha puesto de pie y me hace girar de un lado a otro contemplando su obra de arte. "Falta algo", opina. Repasa de una mirada mi falda *evasé* gris perla a media pierna, mi blusa de jaretas blanca con escote y el chaleco de crochet rosa que completa el atuendo, y se queda pensando. Todos callan esperando boquiabiertos mientras el maestro piensa.

—¡Ya lo sé! —exclama. Rebusca en mi armario y vuelve sosteniendo entre las manos mis Manolos, esos que le dejo usar el día del orgullo gay—. Así estarás perfecta. Un toque sexy para la mejor historiadora del mueble del planeta.

Yo no quiero ponerme los Manolos. Desde que los compré, tras varios meses de ahorro, sólo los ha usado Álvaro y porque es quien es. Yo los tengo reservados para el día que llegue mi Leopold. Los miro con recelo, como si por ponérmelos renunciara a él. Pero, por otra parte, ahora que lo pienso; si no me los pongo, jamás llegará Leopold o, peor todavía, llegará y me pillará en chanclas. Y eso sí que no. Ante semejante horror, me calzo los taconazos y me giro hacia mi público, que aclama al unísono:

VII

—¡Guapa, guapa, guapa!

Me inclino repetidas veces porque tengo una afición muy agradecida que no para de agasajarme.

VIII

La semana siguiente se convierte en un torbellino de actividades. Tengo que preparar la vuelta al cole de Eugenia y, por mucho que haya dejado todo encargado en el mes de julio, hay mil cosas pendientes. Recoger el uniforme y los libros escolares, elegir con ella su mochila, bolis y cuadernos y, por supuesto, lo más complicado: cortarle el pelo, que siempre se convierte en una negociación entre madre e hija hasta que alcanzamos un acuerdo, al que asiste la peluquera como mediadora para evitar que lleguemos a las manos. Creo que es de las pocas ocasiones en que Eugenia y yo nos sacamos mutuamente de quicio.

Yo misma tengo que organizarme para la Escuela y elegir las pruebas para los exámenes de septiembre. Tengo fama de hueso. Yo diría que soy exigente, pero en el fondo una buenaza. De las cuestiones que planteo a mis chicos, siempre selecciono una que sea tan obvia que todos la puedan contestar, de modo que al menos se libren del cero pelotero. En las demás, procuro hacer una especie de escalado en complicación para hacerles pensar. Me gusta que piensen, que contemplen el mueble que les propongo y, como les digo siempre, que lo escuchen.

Tampoco me libro de mis gestiones administrativas. Acompañada de Félix, y poniendo en práctica su plan de ataque, parece que las cosas se arreglan poco a poco. Nos planteamos objetivos asequibles, uno al día, y ahí que vamos. Empezamos por Clases Pasivas y con toda mi malicia elegí al mismo funcionario del primer día. Félix me cubría la retaguardia, pero el toro lo quería lidiar yo solita. El señor funcionario no me reconoció.

—Buenos días —dije—. Vengo a tramitar la baja de mi padre.

Me sabía la entrada a la perfección. Incluso había ensayado una sonrisa cautivadora y apenada al mismo tiempo ante el espejo de mi cuarto.

—Mmmm... —El mismo saludo, sin apenas dirigirme la mirada, seguido de "certificado de defunción, DNI del difunto y boletín de retenciones". Ante su asombro, despliego todos los documentos sobre la mesa. Los contempla y de repente me suelta—: ¿ Y usted quién es?

—La hija del finado —contesto sin dejar de apartar mi vista de él.

—Pues en ese caso necesito también una fotocopia de su DNI.

La saco de mi enorme carpeta.

—Y fotocopia compulsada del libro de familia para que yo tenga prueba fehaciente de que usted es la hija.

Le sorprendo de nuevo extrayendo de la misma carpeta otro papelito.

—Y el formulario debidamente cumplimentado.

Parece que quiere pillarme en un renuncio para hacerme volver. Pero no lo va a conseguir. Félix contempla la escena y no puede sino sonreír ante lo que después calificaremos como el juego de mus. Parece que estemos mutuamente envidándonos y planteando un órdago tras otro. Le planto el órdago a la grande con el formulario en cuestión y le pregunto candorosamente:

—¿Algo más? Porque traigo más documentación por si le hiciera falta. Todo con tal de que usted quede satisfecho.

Mi cara de buena niña poco tiene que ver con el tono de mi voz. Esta vez te la vas a envainar querido, pienso para mis adentros. Y se la envaina. Grapa toda la documentación, introduce el nombre de mi padre en su ordenador, le da a una tecla y de la impresora sale un documento estándar que, tras sellar, me presenta con cierto desdén:

—Ya está.

¡Hay que fastidiarse! Todo este follón para un impreso "prefabricado" al que sólo ha añadido los datos personales de mi padre. Y si no hubiera sido por Félix y su plan de ataque, me habría hecho volver dos veces más. Si ya lo digo yo, que morirse en Madrid es complicadísimo. Pero yo he conseguido mi objetivo. Cada día abordamos un organismo diferente y al mismo tiempo que solucionamos estas gestiones, se crea entre Félix y yo un vínculo nuevo, aquel que une a los que han combatido en una misma batalla, aunque en este caso sea una mera escaramuza contra la Administración.

Evidentemente, no habría sobrevivido la semana sin la ayuda de Anita. Desde el día de los disfraces viene a mi casa todas las mañanas con churros calentitos para las tres. Acompaña a Eugenia si yo tengo gestiones que hacer, me recoge la casa, hace la compra, prepara la comida que comemos las tres juntas y se entretiene un rato con la plancha ante la telenovela de turno. Por la tarde vuelve satisfecha a casa de mi padre, donde seguro que todo está impoluto. No he vuelto, y aunque Félix sigue dándome la murga con recoger un sinfín de cosas, siempre le contesto lo mismo: "Ahora no Félix. Todo a su tiempo". Como me ve tan atareada no insiste, aunque bien sé que me va a estar recordando el tema hasta que me dedique a ello.

Y así llega el 13 de septiembre. Anita ha llegado hoy más pronto. Como de costumbre, hemos desayunado churros, pero sin la tranquilidad de los días anteriores. Me he empeñado en que mi hija lleve lazos aunque sea sólo el primer día y, como siempre, parecen todo menos lazos. Eugenia no deja de insistir que una diadema le vale con tal de que deje de martirizarla. Pero yo quiero que mi hija vaya hoy perfecta porque va a ser un día difícil. Ayer por la tarde me acerqué al colegio para pedirle a la directora que le eche un ojo a la niña. Aunque parece que haya superado la muerte de su abuelo, me da la impresión que ha sido demasiado rápido y que si hoy tiene que contarle el asunto a sus compañeras puede sufrir, y yo no quiero que mi hija sufra. La Madre Ventura me reconfortó asegurándome que estaría pendiente de Eugenia y que ante cualquier novedad me llamaría al móvil. Sigo con mis lazos. Y cuando estoy a punto de tirar la toalla, me dice Anita:

—Señorita dejar. Yo hacer lazos.

Le cedo los trastos al borde de la desesperación y, ante mi asombro, en un quíteme usted estas pajas, Anita ha compuesto dos enormes lazos en los lados de la cabeza de Eugenia, que sonríe satisfecha. Esta Anita es una joya. Así se lo hago saber y le planto un sonoro beso en la mejilla para mostrar mi gratitud. Mi hija va perfecta. La hacemos girar para regodearnos con su aspecto y, advertidas por la hora, salimos las tres corriendo de casa para no perder la ruta escolar. En la parada nos reciben otras madres. Las niñas se muestran felices ante el reencuentro y comienzan una animada charla. Un beso furtivo y ya están subiendo al autobús. Anita y yo nos quedamos saludando con la mano y, con cierta tristeza, emprendemos el camino de vuelta a casa donde tengo que apresurarme para salir en breve. He preparado mi maletín con los exámenes para que los supervise Sonsoles y, por supuesto, con otros papeles relacionados con el doctorado que también tengo que comentar con ella, pues es mi directora de tesis. Me enfundo en el atuendo que decidimos el otro día, le planto otro beso a Anita y me largo pensando que en la vida la había besado tanto como hoy. ¿Estaré sufriendo algún tipo de carencia afectiva? Seguro que sí.

Paseo con confianza hacia la Escuela. Aunque los Manolos me están matando, me siento guapísima y no paro de buscar mi reflejo en las lunas de los escaparates para reafirmar mi autoestima, aunque hoy la tengo altísima, y sin darme cuenta ya estoy ante el edificio donde trabajo. Se oye un gran bullicio en la recepción donde la mayoría de mis compañeras se reciben mutuamente con gran cariño. También ellas se han dejado arrastrar por la idea de Álvaro y despliegan sus galas, excesivas para una reunión de profesores, pero adecuadas para dar la bienvenida al nuevo curso escolar. Aunque todas asistieron al entierro de papá, acuden a mí en cuanto me ven entrar. Me abrazan, alaban mi atuendo y preguntan por Eugenia. Necesitan confirmar que me encuentro bien, que no me he derrumbado y que sigo siendo la Jimena de siempre. Les aseguro que todo va bien, pero yo misma me sorprendo ante semejante mentira, porque, desde luego, ya no soy la misma. La Jimena que ellos conocían ha cambiado. No es que me haya vuelto peor persona, o que no vaya a participar del mismo entusiasmo de siempre con el proyecto de la Escuela, pero yo sé que estas semanas me han cambiado. He perdido la alegría. Veo la vida de otro color. Ya no es blanca o negra, sino gris. Me he enterado de que la vida es gris, gris perla o gris marengo, pero gris en definitiva. Procuro que no noten el cambio y les aseguro a todas lo bien que estoy ante la escéptica mirada de Álvaro que sabe que la realidad es otra.

Estamos en animada charla cuando Sonsoles interrumpe el gallinero pidiendo orden e invitándonos a entrar en la sala de profesores. Como todos los años, empezará contando los objetivos del nuevo curso para homenajearnos con un aperitivo en cuya presentación participa activamente Álvaro para darle un toque especial como sólo él sabe hacer. Allí sentadas, observo a todas ellas. Hemos recorrido un largo camino hasta el día de hoy. Todos somos alumnos de Sonsoles, Catedrática de Historia del Arte y de Historia Moderna. Tras largos años de enseñanza en la Universidad, empezó a urdir la idea de crear una cátedra de Artes Decorativas, fundamental, según ella, para estudiar nuestra propia Historia. Como la Universidad carecía de fondos, no dudó en pedir una excedencia y montar con subvenciones privadas este proyecto de Escuela en el que se imparte una titulación combinada de Historia y de Arte. Sin embargo, hasta ahora, ese título que ofrecíamos a nuestros muchachos era privado, lo que les impedía, por ejemplo, presentarse a cualquier oposición del Estado. Bien es cierto que todos ellos se colocaban en el sector privado y como nuestra Escuela tenía fama internacional, muchos emprendieron vuelo hacia otros países donde se valoraban los conocimientos por encima de la mera titulación. Pero eso iba a cambiar hoy. Sonsoles había conseguido sus objetivos y estaba a punto de anunciar la noticia que a mí ya me había adelantado Álvaro, pero que ambos fingiríamos desconocer.

¡Falta Susana! pienso para mis adentros. No la he visto en toda la mañana y me sorprende porque ella es muy puntual. Me vuelvo hacia Mónica que encoge los hombros mostrando su propio asombro ante la ausencia de la profesora de Técnicas de Restauración. Por señas le pregunto a Álvaro. Niega con la cabeza indicándome que tampoco sabe nada. Poco a poco, se acalla el murmullo y Sonsoles pide la palabra. Se abre la puerta y suspiro aliviada pensando que Susana ha llegado por fin. Cual no es mi asombro, cuando en vez de mi amiga entra un chico y ocupa la silla vacía a la izquierda de Sonsoles. Es alto, muy alto. Viste con informalidad: un vaquero, unos náuticos, camiseta blanca y una americana de hilo azul. No se ha enterado de nuestro protocolo. Tiene una cara simpática. ¡Qué digo! Más que simpática, es muy atractivo. El pelo moreno ligeramente ondulado enmarca una cara de facciones perfectas con unos ojos negros profundos que se iluminan cuando con una sonrisa se dirige hacia todos a modo de saludo.

¡Qué sonrisa! No puedo dejar de mirar esa sonrisa hasta que Marion, que está sentada a mi lado, me da un codazo:

—¡Jimena, deja de mirar!

—¿Sabes quién es? —pregunto a mi amiga.

—Ni idea, pero está buenísimo, ¿verdad?. Así que no son cosas mías, el chico está que te caes. Parecemos dos colegialas, hasta que recibimos la inquisidora mirada de la Madre Superiora, Sonsoles, que con dos palmadas impone su autoridad.

—Buenos días a todos. Os doy la bienvenida oficial a este nuevo curso escolar. Antes de empezar, y aunque ya lo hayamos hecho cada uno de nosotros de forma extraoficial, quiero darle en nombre de la Escuela el pésame a Jimena por la pérdida de su padre, que nos ha sorprendido a todos este verano. —Se gira hacia mí para continuar— Si en algo te podemos ayudar, no dudes en pedirlo. Cuentas con nuestro apoyo para lo que necesites.

Murmullo un escueto "gracias" y empiezo a sonrojarme porque con esas simples palabras he atraído la mirada del nuevo miembro de esta reunión, que me contempla apenado. Ya no sé si prefiero su sonrisa o este gesto de pena. Ambos son para derretirse. Lo único que quiero en este momento, es que me trague la tierra porque mis mejillas cada vez arden más. Busco la mirada de Álvaro que está que se parte. ¡Le asesino en cuanto salgamos! Menos mal que Sonsoles no se da cuenta, porque está concentrada en anunciar el notición que todos recibimos entre gritos y aplausos. Nos recuerda el alcance de la novedad, lo que ello implica, los años que ha luchado para conseguir ese propósito y la necesidad de que todos los profesores que no lo hayan hecho ya, completen sus estudios de doctorado antes de junio del año que viene. Como no quiere apretarme las tuercas el primer día, sólo me dirige una mirada. La charla vendrá luego, lo sé.

—Bueno, y una cosa más —añade. A todos sorprenderá la ausencia de Susana y la presencia entre nosotros de un nuevo profesor —volviéndose hacia Adonis, continúa—. Me complace mucho presentaros al Dr. Von Lichtenfeld, que viene de la Universidad de Múnich.

El aludido se levanta sólo ligeramente al oír su nombre, al tiempo que Marion me pega un codazo:

—Además de estar como un tren, es noble. ¡Qué pena no ser soltera!

No puedo por menos que reír ante esta nueva gansada de mi compañera, que lleva felizmente casada más de diez años, pero que disfruta de la belleza masculina porque, según ella, "contemplar una obra de arte no es pecado y si el buen Dios se ha recreado en algunas de sus criaturas, es para nuestro solaz". Sonsoles nos mira con severidad para hacernos callar.

—Forma parte de un programa que, gracias al apoyo de la Universidad, vamos a instaurar desde este mismo año. Se trata de un proyecto de intercambio de expertos que vendrán a impartir las diferentes materias en nuestra Escuela, mientras que nuestros profesores, es decir vosotros, tendréis la oportunidad de sustituirles en sus respectivos puestos durante el tiempo del intercambio. Pretendo de esta manera que se cree un circuito interactivo de conocimientos entre diferentes países de la Unión Europea, de modo que cada uno aprenda del otro y podamos, entre todos, mejorar la calidad de nuestra enseñanza. Me han aprobado esta idea hace tan sólo tres semanas y los primeros que se brindaron en participar fueron los alemanes con la oferta del departamento de Técnicas de Restauración. Como Susana domina el alemán y tampoco tiene compromisos familiares que le impidieran acudir rápidamente a Múnich, hace ya una semana que se ha instalado allí, no sin haberme hecho prometer que os explicara la causa de irse sin una despedida debida. Me ha dejado una carta para que la leáis, pero he de reconocer que en cuanto obtuve la confirmación de Alemania, no he dejado a la pobre ni un minuto libre.

Nos echamos a reír porque, conociendo a Sonsoles, seguro que ha estado montada en la chepa de Susana sin dejarla respirar hasta "facturarla" en el vuelo de Lufthansa. Continua su explicación añadiendo que el programa duraría un curso y que con tranquilidad se estudiarían las opciones para el año siguiente. Se me hace la boca agua de pensar que yo pudiera pasar un año en Londres, en París o en Roma, pero para que yo pueda acogerme a ese proyecto tiene que pasar mucho tiempo. Ni loca dejo yo a Eugenia sola, o la empujo a abandonar la seguridad de su colegio de monjas para embarcarla en esta aventura. Pero es una opción de futuro muy interesante y me sorprende que Álvaro no esté ya ganando puntos para ser el siguiente candidato. Está muy pensativo en su asiento. Y es que mi amigo piensa algo muy parecido a mí; que por nada del mundo deja a Félix. Me sorprende el cambio que está experimentando, aunque comprendo que, en el fondo, de lo que se trata es de que ya ha encontrado a su Leopold. Me miro mis Manolos y no puedo por menos que observar a este Dr. von no sé qué, pero que suena muy bien.

Sonsoles da por terminada la sesión y nos invita a pasar al aula grande, donde espera el aperitivo. Álvaro se ha salido este año. Ha forrado la sala entera de banderines de la Escuela y de la Universidad. Ha montado dos borriquetas y ha traído un mantel de su casa decorando la mesa con candelabros de velas y grandes cestos de frutas; en el centro, un modelo en chocolate del edificio de la Escuela que ha encargado en Cacao Sampaka.

—*¡Genious!*[4] —le alabo cariñosamente, como hacen todas las demás. Al fin y al cabo, Álvaro ha sido hasta ahora periquito entre ellas, y el objeto de nuestros mimos incondicionales y exclusivos. Por eso, y aunque Álvaro sea muy generoso, mira con recelo al pobre alemán que nos contempla desde una esquina, porque se encuentra un poco fuera de ambiente. Es Marta, la profesora de Vidrio, la primera que se presenta e intenta introducirle en nuestro círculo. Al ser la mayor de nosotras, y mientras Sonsoles atiende una llamada, actúa de anfitriona haciendo las presentaciones pertinentes. Y me llega el turno. Mis compañeras han estrechado la mano de Adonis. Yo todavía no he entendido cómo se llama y para mí se ha quedado con el nombre de Adonis, pero como estoy acostumbrada a besar a todo el mundo, sin darme cuenta, ya le he propinado dos besos en ambas mejillas. Si le sorprende, no lo demuestra.

—Encantado de conocerte —me dice. ¡Habla español! "¡Qué tontería!", pienso de inmediato. Si no hablara español no habría podido hacer el intercambio ¡No sé en qué estoy pensando!

---

[4] Voz inglesa para "genio".

—Igual te digo. Soy Jimena Grau. Doy clase de Historia del Mueble —contesto y, sin darme cuenta, ya tengo a Álvaro a mi lado, que me coge de la cintura y añade:

—La mejor profesora de Historia del Mueble que hay. Además, es guapísima, ¿verdad?

"¡Hoy cobras!", le advierto con la mirada. Pero no se amilana. Al contrario, parece que se crece, porque sin soltarme la cintura, continúa:

—Seguro que en Munich no tenéis chicas tan guapas.

¡No me lo creo! "¡Le mato, le mato, le mato!", pienso para mis adentros intentando zafarme de su abrazo:

—Para ya, Álvaro, que este señor va a pensar que estás loco. Déjale que nos conozca, no vaya a ser que salga corriendo antes de empezar las clases.

La escena ya ha atraído a Marion y Mónica, mis dos incondicionales, que captan la intención de Álvaro de venderme a este guapo bávaro, por lo que no dudan en unirse a las bromas:

—...y el tipazo que tiene la niña —dice Mónica, a lo que Marion añade:

—...pero la cabeza, la cabeza es sublime.

Ya estoy pensando en un asesinato múltiple cuando Adonis les interrumpe:

—No puedo estar más de acuerdo con todo lo que dicen sus compañeros, señorita Grau.

—Jimena, llámame Jimena —es lo único que acierto a contestar.

—Sólo si tú me llamas Georg —añade con una sonrisa que hace que me tiemblen las piernas y apenas me sostenga sobre mis Manolos.

Ha saltado una chispa entre nosotros. A mí me recorre un escalofrío por todo el cuerpo y él no deja de apartar sus ojos de los míos. Álvaro nos mira con sorna y Marion y Mónica son conscientes, por mi gesto, de que Cupido ha entrado en escena. Pretenden dejarnos solos, pero no lo consiento, reteniendo, esta vez yo, el abrazo de Álvaro. Ahora está emperrado en soltarme. ¿Es que no se entera que si me deja sola me caigo de los tacones? Cede a mis apretones aunque inicia una animada charla con Marion y Mónica. Adonis y yo seguimos mirándonos hasta que Sonsoles propone un brindis por el nuevo curso que se presenta interesante.

IX

A la salida de la Escuela nos espera Félix, que ha quedado a comer con Álvaro y conmigo. Álvaro no tarda ni dos segundos en contarle las novedades, que para él se reducen a la llegada de Adonis y a la escenita de rubor infantil que he protagonizado. Baila a mi alrededor repitiendo una y otra vez el nombre del joven bávaro. En esta ocasión, es Félix quien hace callar a su novio para preguntarme qué me ha parecido:

—Bien —contesto escuetamente—, parece majo.

Félix arquea sus cejas en un gesto muy característico suyo ante la parquedad de mi repuesta, pero parece dispuesto a no sonsacarme, pues inicia una animada charla con Álvaro. Así, ellos hablando de sus cosas y yo enfrascada en mis pensamientos, llegamos al restaurante donde vamos a almorzar. El camarero nos acompaña a nuestra mesa. Mientras nos sentamos, veo que en el extremo opuesto del restaurante está Adonis en una mesa junto a la ventana,

—No mires —le digo a Álvaro, pero está ahí.

—¿Quién está? —pregunta mientras yo intento esconderme tras Félix.

—Pues el nuevo, hombre, quién va a ser.

Ya le ha visto. Me mira, mira a Félix y entre ambos se asienten y sin que me dé cuenta, ya está Álvaro yendo hacia Adonis.

—Pero, ¿qué hace? —pregunto a Félix.

—Pues, invitarle a que coma con nosotros, ¿qué crees que está haciendo?

—Ni hablar, ni hablar. Dile que no, que me muero de vergüenza.

Antes de que me dé tiempo a recomponerme, ya están ambos a nuestro lado, y Félix presentándose.

—Hola. Soy Félix de Sandoval, padrino de Jimena y novio de Álvaro.

Para que luego digan que los españoles somos anticuados. De un plumazo ha explicado lo que a mí me habría ocasionado un lío monumental y que a Álvaro le agrada, sobre todo en lo que se refiere al hecho de haber reconocido que sea su novio.

—Gracias por la invitación —contesta Adonis—. No quisiera interrumpir una reunión familiar.

Desde luego, hay que reconocer que este chico tiene aplomo. No se inmuta si le planto dos besos y ni un pestañeo ante lo pintoresco de nuestra relación.

—Al contrario. Estamos encantados de que comas con nosotros. Álvaro y Jimena ya me han hablado de ti y sentía gran curiosidad por conocerte —replica Félix.

—Espero que le hayan contado cosas buenas —dice mirándome como si fuera la única persona de todo el restaurante. Cada vez me siento más pequeñita y me encojo más en mi asiento. ¡Deja de mirarme así! Álvaro no da crédito a mi inseguridad. Normalmente, como los tíos me dan igual, no me dejo amilanar por sus piropos o por sus indirectas. Siempre tengo dispuesta una respuesta mordaz que pone a cada uno en su sitio antes de que inicien el menor acercamiento. Hoy no. Hoy me faltan las palabras y sólo acierto a decir:

—¿Pedimos vino?

—Pero, si tú no tomas —replican ambos.

¡Tengo que acordarme de decirles que dejen de hablar a la par, que parecen Pin y Pon!

—Pues hoy me apetece una copita.

A lo mejor así se me pasa el sofoco. En cuanto el camarero trae el vino, me tomo media copa de un trago. Respiro hondo, pero sigo pequeñita. Álvaro toma las riendas de la conversación. Nos enteramos de que Adonis es tres años mayor que nosotros, de padre bávaro y madre austríaca; que estudió en la misma universidad londinense donde hicimos Álvaro y yo el postgrado; que completó ahí mismo su doctorado; que empezó su carrera docente en la Universidad de la Sorbona y que había vuelto a Munich hacía tan solo dos años cuando su padre falleció en un accidente de coche. Desde entonces, había vivido en la capital de Baviera, cerca de su madre, que le había animado mucho a aprovechar esta oportunidad de la Escuela para que cambiara un poco de aires. "Parece que tenemos muchas cosas en común", pensé.

—Jimena también acaba de perder a su padre —comenta Félix apretándome la mano—. Una excelente persona que nos acaba de dejar. Entre todos estamos intentando que remonte un poco.

—Lo he oído en la Escuela —replica Adonis volviéndose hacia mí—. Sé perfectamente lo que estás pasando. No puedo decirte que lo siento porque eso no son más que palabras. Sólo te aseguro que el tiempo cura muchas heridas. No olvidas, pero el dolor se hace más llevadero. Si algún día te apetece que hablemos, estaré encantado. A mí me vino muy bien hacerlo cuando perdí a mi padre.

—Vale. Sí, podríamos hablar. Gracias.

Además de guapo, iba a resultar que este chico era sensible. Menuda joya. ¿Qué hace solo? Parece que Álvaro me lee el pensamiento, porque se vuelve hacia nuestro compañero para preguntarle directamente y sin rubor por su vida amorosa, a lo que sin perder su aplomo responde Adonis:

—Tuve un gran amor que terminó hace dos años, casi después de la muerte de mi padre. Ella no estaba preparada para comprometerse y yo quería hacerlo. Quería formar una familia, tener niños, esas cosas. Soy muy tradicional. Quería sentar la cabeza y pensaba que había encontrado en Marie a la persona adecuada. Pero ella quería ver mundo, conocer más gente. En fin, que habíamos llegado a un punto sin retorno. O nos casábamos, o dejábamos de salir. Así que ella decidió aceptar una plaza de profesora en Columbia y está en EEUU donde, curiosamente, se acaba de casar tras un corto noviazgo de apenas unos meses. Paradojas de la vida —replicó mientras miraba hipnotizado su copa de vino, como si estuviera esperando que ésta le proporcionara una explicación a lo que parecía un despropósito. Álvaro no le dio opción a que se perdiera en sus recuerdos:

—¿Te gustan los niños? Jimena tiene una niña de siete años que es una monada.

¡Tachán! Ya ha soltado la noticia que va a hacer que Adonis ponga pies en polvorosa. Pero, ante mi asombro, contesta mirándome fijamente:

—Me encantan. Me gustaría tener tres o cuatro. Creo que los niños son lo mejor de la vida, si los tienes con la persona adecuada, claro.

Más escalofríos. Mis pensamientos son interrumpidos por el timbre de mi móvil. Es Eugenia ¡Qué raro!

—Sí, cariño, hola. ¿Ya habéis terminado las clases hoy? ¿Qué, qué dices? No te preocupes, tranquila, dime qué pasa. ¿Cómo dices? Deja de llorar, cielo, ya voy para casa.

Todos esperan ansiosos mis noticias. ¿Le había pasado algo a Eugenia? Leía angustia en sus caras. Me levanté de un salto.

—Me tengo que ir. Eugenia ha cogido un taxi desde el colegio y se ha presentado en casa de papá. Está de camino a la nuestra con Anita. No sé qué le ha pasado en el cole, pero estaba llorando. Adiós a todos.

—Espera, Jimena, te acompañamos —contestaron Félix y Álvaro, que ya se estaban levantando.

—No, comed vosotros, no os preocupéis. Seguro que no es nada —les aseguré, aunque estaba convencida que a la niña le habían dado un buen disgusto para que se atreviera a coger un taxi ella sola.

—Comemos y vamos a tu casa, ¿te parece? —preguntó Félix.

—Como queráis, pero no os preocupéis —respondí tambaleándome sobre mis Manolos. Me los quité sin dudarlo ni un instante y con ellos en la mano, salí descalza del restaurante corriendo para reunirme con mi hija.

El panorama que encontré en casa era desolador. Eugenia no paraba de llorar. Tenía la cara casi deformada por el llanto; se le caían los velones de la nariz que intentaba tragarse a sorbetones en unos sollozos inmensos. Anita estaba a su lado, acariciándola, pero no conseguía calmar a la niña. Me miró aliviada cuando me oyó entrar.

—No sé qué pasar, señorita. No entender, qué decir Eugenia —fue lo único que Anita me pudo adelantar. Me senté junto a mi hija, la agarre contra mi pecho y dejé que llorara sin interrumpirla. Tenía que desahogarse y tranquilizarse. Ya tendría tiempo para contarme lo que le había ocasionado este llanto tan desgarrador. Pasó un buen rato hasta que se calmó un poco. Le limpié los mocos con mi pañuelo. De los maravillosos lazos de esta mañana no quedaba ni rastro. ¿Qué le había pasado a esta criatura para que estuviera en este estado? Finalmente, pudo hablar:

—Mami, me ha dicho Leticia, la hermana de Paula, que el cielo no existe. Que el abuelo no es una estrella. Que está en un agujero en la tierra y que se lo están comiendo los gusanos.

La crueldad infantil es infinita. Bien que la habíamos tenido que sufrir Álvaro y yo de pequeños, pero esto era el colmo. ¡La tal Leticia me iba a oír! Lo malo es, cómo convencer ahora a Eugenia de que la mema esa es una cuentista y que lo que vale es lo que le contó Álvaro.

IX

—¿Y qué sabe Leticia si ella no ha visto nuestra estrella? Lo que le pasa a Leticia, es que tiene envidia de no tener una.

Ya, ya sé que es una explicación con poco peso, pero en este momento es lo único que se me ocurre y además, yo también tengo que reprimir las lágrimas acordándome de la incineración y del entierro. ¿Qué le cuento yo ahora a mi hija? Porque lo que es seguro, es que hoy no encontramos otra estrella fugaz con la que consolarla. Mientras sorbo mi propio llanto y sigo acunando a Eugenia, no he oído la llegada de mis amigos. Ninguno se había quedado tranquilo ante la posibilidad de que a Eugenia le hubiera ocurrido algo y después de pagar el vino, habían salido pitando hacia casa. Lo malo es que han traído a Adonis porque no le iban a dejar ahí plantado y solo en el restaurante. Pero yo no quiero que me vea en este estado tan lamentable y, además, mi casa parece un circo. Tampoco tengo fuerzas para decir nada en contra. Me levanto a saludarles, intento despejarme la cara y les resumo la noticia antes de desplomarme sobre el pobre Félix que me saca de la habitación para que Eugenia no me vea. Álvaro va hacia Eugenia y Adonis no sabe qué hacer.

Félix me consuela en la cocina, pero como buena madre y aunque si de mí dependiera me quedaría llorando toda la tarde, tengo que controlarme y volver a la sala donde ya se han sentado Álvaro y Adonis con Eugenia en medio, que ni siquiera se sorprende ante la presencia de un extraño. Ambos acarician a la niña, que ha vuelto a ponerse a llorar en cuanto ha visto a Álvaro y le ha contado su desgracia. Parece que a todos nos falten las palabras. En el fondo estamos en *shock* por la crueldad de la tal Leticia. Como

Adonis es ahora el más sereno, coge a Eugenia sobre sus rodillas, le retira el pelo de la cara y le empieza a hablar. Ha entendido rápidamente, de qué va el tema.

—*Schätzchen*[5], lo que te ha dicho esa niña no es cierto. Mi padre está en el cielo y es una estrella. Una noche descubrí que tenía nueva compañera. Se saludaron y pude oír que tu abuelo y mi padre hablaron.

—¿Y qué se decían? —preguntó Eugenia, que ni por un segundo dudó de la certeza de este desconocido que hablaba con tanta seguridad.

—Primero se presentaron. Y luego se asomaron al mundo. Mi padre le enseñó a tu abuelo la casa de donde vengo y lo mismo hizo tu abuelo. Ambos están muy orgullosos de nosotros. Mi padre le contó a tu abuelo que tenía una mujer, Gertrud, mi madre, y un hijo que soy yo, que me llamo Georg y que nos quiere mucho a los dos. Tu abuelo empezó a hablar de lo guapa que era su hija Jimena y que tenía una nieta preciosa que se llamaba Eugenia y que veía a ambas todas las noches desde el cielo a través de la ventana que dejas abierta antes de acostarte.

¡Diantres! ¿Cómo sabía Adonis lo de la ventana? ¿Pura intuición? Eugenia le miraba fascinado y los demás contemplábamos la escena sin saber si interrumpir, si teníamos que intervenir o si este buen señor se las apañaba solo. Al ver que Eugenia le dirigía a él la siguiente pregunta, optamos por callar.

—Y tu padre, ¿cuándo se fue al cielo?

—Hace dos años —replicó escuetamente el bávaro.

---

[5] En alemán "tesorito".

—¿Y le hablas todos los días?

—Todos sin excepción, y aunque no me contesta con palabras, me escucha y de una forma especial que sólo yo comprendo, entiendo lo que me quiere decir en cada momento.

—¿Qué te dice?

La tranquilidad y la seguridad con la que contestaba Adonis a mi hija estaba despejando en ésta las dudas que le había sembrado la tal Leticia.

—Me dice muchas cosas. Hasta hace poco me decía que cuidara de mi madre, que se había quedado muy sola. Ahora me ha dicho que viniera a España porque aquí había una niña que se había quedado sin su abuelo y que a lo mejor le gustaría tener un amigo alemán. Dime Eugenia ¿te gustaría?

Como cualquier niño, tampoco Eugenia sabe mentir, así que lo que fuera a contestar, sería lo que pensara de verdad. Los cuatro quedamos a la espera de la respuesta de Eugenia.

—Sí, creo que me gustaría.

Y le dio un abrazo. Adonis respondió al gesto y de esta forma había sido Eugenia quien adoptara a un nuevo miembro en nuestro peculiar clan familiar.

X

Eugenia terminó ayer durmiéndose rendida sobre Adonis y Álvaro, que no se atrevían casi ni a respirar con tal de que la cría se recuperara de la tensión vivida. Anita cumplió el protocolo español de ahogar las penas en pan presentando una enorme bandeja con una estupenda merienda que, en cuanto se despertó Eugenia, no tardamos en devorar, pues lo cierto es que ninguno habíamos comido ese día. El resto de la tarde pasó sin contratiempos. Enseñamos a "Gorg", como le llama mi hija, nuestra casa y, siempre bajo la inquisidora mirada de Félix, que supuestamente se entretenía tras su Financial Times, Álvaro, Eugenia y yo contamos nuestras aventuras al alemán, que parecía la mar de entretenido participando de nuestra conversación, compartiendo con nosotros otras tantas anécdotas de Munich.

A eso de las siete se fueron. Félix me susurró al oído:

—Me gusta. Parece buen chaval.

"Pues, ¡quédatelo!", le hubiera contestado hace tan sólo unos meses de cualquier otro, pero lo cierto es que si esta mañana me había parecido atractivo, la dulzura con la que había tratado a Eugenia también me había gustado a mí. Y mucho. Álvaro se despidió con un genuino, "ya has pillado princesa". Adonis se limitó a un cortés "buenas noches", dándome un beso en la mejilla, como veía hacer a los demás, añadiendo "mañana te veo", mientras yo le agradecía sus desvelos por mi hija. Eugenia dio besos a todos y nos quedamos solas con Anita, que me ayudó a recoger y preparar una cena en condiciones antes de irse también ella.

Al día siguiente decidí llevar yo misma a Eugenia al colegio. Tenía que hablar con la Madre Ventura y contarle lo sucedido. Ayer por la tarde me había limitado a informarle de que Eugenia había llegado a casa por sus medios y a narrarle un poco por encima lo sucedido.

—Esta Leticia nos está dando muchos problemas. Sus padres están en pleno proceso de separación y lo está llevando muy mal. Tiene una edad muy mala y se ha peleado con casi todas sus compañeras. Ninguna la aguanta. Pero no te preocupes, Jimena, que yo hablo con ella muy en serio en cuanto llegue. Vete tranquila.

En tanto viera a mi hija tranquila, también yo lo estaría. Y de momento lo estaba. Se había reunido en el patio con una amiguita y estaban las dos cuchicheando sin parar. Así que allí la dejé y me fui a la Escuela. Llegaba apurada de tiempo. Hoy tenía un examen de recuperación, así que me dirigí directamente al aula donde ya estaba cargado el cañón e introduje mi *memory stick* para proyectar la primera imagen.

—Disponéis de 15 minutos —digo a mis alumnos.

Estoy ordenando los papeles del doctorado que quiero comentar luego con Sonsoles cuando empiezo a acordarme del día de ayer y de lo bien que me había caído Georg. Sin embargo, me parece poco prudente hacerle partícipe de mi mundo en tan poco tiempo. Al fin y al cabo, no nos conocemos de nada, y tenemos que trabajar juntos todo el año. Un mal paso puede enquistar esa relación laboral y generar mal ambiente en la Escuela. Y eso no lo puedo consentir. "Pero, ¡es tan dulce y tan guapo!", me sorprendo suspirando. Son mis alumnos quienes me sacan de mis pensamientos recordándome que ha pasado el tiempo para que cambie la imagen. Lo hago, llega la siguiente y por fin la cuarta. Por sus caras parecen haber sufrido un poco con la última, pero no creo que haya suspendido ninguno.

Tras recoger los papeles, me dirijo al despacho de Sonsoles. Me siento frente a ella. Mejor dicho, me desplomo.

—Pareces cansada —me saluda.

—Un poco. Es que ha sido un mes agotador.

—Eso me ha contado Álvaro. ¿Necesitas unos días de descanso?

—Al contrario, lo que necesito es ponerme a trabajar cuanto antes y cuanto más, mejor. Creo que el mejor alivio para las penas es recuperar la rutina diaria y el trabajo es muy importante. Mira, te traigo los papeles del doctorado. Lo que hice hasta que...

No había vuelto a sacar las fotos desde la mañana que falleció papá y tan sólo verlas de nuevo, me produce un profundo dolor. Sonsoles debe intuir algo porque desvía mi atención:

—Lo que quiero es el último capítulo que has escrito, Jimena. Por lo que recuerdo, antes de irnos de veraneo ya estabas concluyendo. Te faltaba poco. Eso es lo que necesito que veamos. Ya habrá tiempo para ocuparnos de las fotos.

Así que cerré esa carpeta para sacar otra más voluminosa con el texto. Lo ojea pausadamente.

—Está muy bien. Me gusta. Si te parece, me lo quedo para revisarlo con detenimiento y lo comentamos la semana que viene. Llegas de sobra, así que no te apures. Con lo que estoy viendo, diría que defiendes antes de Semana Santa. Yo meteré prisa en la Facultad. Me quedé más tranquila con esas buenas nuevas, aún sabiendo que el texto había que pulirlo bastante.

—Aprovechando que te tengo aquí. ¿Qué te ha parecido lo del intercambio?

A Sonsoles siempre le ha gustado contar con nosotros a la hora de decidir sobre la marcha de la Escuela, aunque en esta ocasión no haya podido hacernos partícipes del proyecto ante la premura con la que se desarrollaron los acontecimientos.

—Me parece una idea genial —contesto entusiasmada—. Ya me gustaría a mí que me tuvieras en cuenta para el curso que viene o el siguiente. Pero con Eugenia tan chica sé que seré de las últimas.

—Y el Dr. Von Lichtenfeld, ¿qué te ha parecido?

—Profesionalmente, no puedo juzgar su capacidad porque ya sabes que de restauración no sé nada. Ahora, el currículo es impresionante. Haber dado clases en la Sorbona ya es toda una garantía. ¿Sabes que estudió en la Universidad de Londres, como Álvaro y yo? Es huérfano de padre y sólo le queda su madre viuda, que es austríaca. Aceptó la plaza para cambiar de aires porque no hace mucho que le ha plantado la novia.

—¿Cómo sabes tantas cosas de él? —me pregunta sorprendida—. Ayer apenas tuvisteis tiempo para hablar. Le cuento la tarde que habíamos pasado juntos, lo de Eugenia, y cómo había ayudado a consolar a la niña.

Me mira escéptica por encima de sus gafas, aunque sólo se aventura a decir:

—Ten cuidado. Ahora mismo estás sufriendo una gran tensión emocional y sólo te faltaba otro disgusto más para terminar de romperte. Ve despacio, Jimena.

Me sorprenden mucho estas palabras de Sonsoles. Ella quiere a todos sus chicos, como nos llama. El hecho de que haya permanecido soltera y volcada en su trabajo hace que proyecte sobre nosotros su frustrado amor materno. Conoce nuestras vidas a la perfección y siempre está al tanto de lo que nos sucede a cada uno. A veces pienso que nos conoce mejor que nosotros mismos. Por eso me inquietan sus palabras.

—Sí, no te preocupes. —Me levanto y la dejo trabajando.

De vuelta a la sala de profesores me encuentro con Mónica y con Marion que vuelven de sus primeros exámenes. Marion está indignada porque uno de sus alumnos se ha quejado de la dificultad de una de las imágenes, y no entendía la iconografía que Marion exige que describan en cada prueba.

—Será bestia. Si lo que ve es una señora portando una custodia, pues será la Eucaristía, ¿no?, ¿qué se imagina que podría ser?, ¿la Justicia?, ¿la Prudencia? A veces me dan ganas de matarlos.

Mónica contesta riendo:

—¿No será ese chico de segundo curso de pelo largo que se las da de entendido?

—Ese, ese es —replica Marion.

—Pues tranquila —continúa Mónica—. Ese mismo chaval me preguntó el año pasado qué significaba el INRI que veía en todos los crucifijos. Tuve que llamar al orden a toda la clase porque, claro, la pregunta se las traía y sus compañeros se le echaron encima. Al final terminé por recomendarle que se comprara un catecismo básico para ponerse al día.

Las tres rompemos a reír.

—Algunos vienen con un nivel del colegio que a veces me pregunto dónde han estudiado —dice Marion que ya está recordando la siguiente anécdota.

—Hace dos años tuvimos en el monográfico un chaval muy majo que debía ser una lumbrera, porque venía del MIT. ¿Recordáis quien os digo? —Al vernos asentir, continúa: —La verdad es que era un chico muy prudente, con muchas ganas de aprender. Me había comentado a menudo lo difícil que le parecían las materias desde su mentalidad científica. Pero el muchacho ponía tanto empeño que suplía su carencia de conocimientos histórico-artísticos con su voluntad. Un día me tocó hacer la suplencia de la clase de Textiles a Victoria. En plena ficha de catalogación de un traje de novia de principios del siglo XX, y describiendo el tocado, de repente suelta con toda la inocencia del mundo que qué era el tul. No os podéis ni imaginar el revuelo que se formó. El pobre quedó tan avergonzado que se vio en la obligación de disculparse después de clase.

Estamos cogiendo ritmo en contar anécdotas. Son cosas de profesores. En cada clase hay una "oveja negra" que retrasa y no permite avanzar provocando la ira o la burla de sus compañeros y nuestra propia desesperación.

—La peor que he tenido yo ha sido una señora mayor que se matriculó como oyente —intervengo—. Venía a clase como un árbol de Navidad. Llevaba tantas joyas encima que parecía un anuncio. Su olor a perfume me mareaba. Siempre se sentaba en primera fila y en cuanto yo empezaba a hablar, me interrumpía para contar que ella, su suegra, su madre, su hermana o su tía tenían un mueble igualito, igualito al de la imagen. Daba igual que fuera un *abattant* Luis XV, que una cómoda inglesa o que un frailero. Tenían de todo. Si fuera cierto lo que decía, podía haber reunido un museo nacional y haber cobrado la entrada a precio de oro, porque ni el Metropolitan tiene tanto. Estuve a punto de decirle que me invitara a verlos, pero me contuve. Al final me vi en la obligación de llamarle la atención, porque sus compañeros se quejaron de las continuas interrupciones. Y ella, a su vez, se quejó de mí a Sonsoles porque no le prestaba la atención que requería la señora marquesa, ¿os imagináis?

—¿A quién criticamos? —Álvaro se acaba de incorporar al grupo. Le ponemos al corriente, pero él viene con una intención muy concreta:

—Sí, hay mucho bestia suelto por ahí. Yo estoy pensando en escribir un libro de anécdotas que seguro que se convierte en *best seller*, aunque muchos se crean que me haya inventado la mitad. Pero, ¿no sabéis que hay una noticia más suculenta?

Crea suspense para soltar alguna de las suyas.

—¿Qué es? —preguntamos todas.

—Lo del bávaro y Jimena.

Está orgulloso de soltar la primicia. Mientras siento que me ruborizo, Marion y Mónica se vuelven hacia mí, bombardeándome a preguntas:

—¿Ya te lo has ligado? ¿Habéis salido? ¡Qué calladito te lo tenías, mona! ¿Cuándo te ha dado tiempo de quedar con él?

No me dejan hablar porque la verdad es que una noticia así y, más viniendo de mí, que supuestamente soy algo semejante a una monja de clausura para todas ellas, no se desperdicia. Álvaro está encantado y describe la tarde con pelos y señales adornando un poco por aquí un poco por allá cuando considera que hay que crear más ambiente. Las dos se quedan mudas y yo roja como un pimiento.

—¡Ha llegado Leopold, por fin, ha llegado Leopold! —dice Marion, que en el fondo es una romántica—. Claro, como llevabas los Manolos, tenía que llegar.

Mónica se queda más seria, me mira y termina por comentar:

—Cuidadito, Jimena, que tú cuando das el corazón, lo das sin reservas y ya te lo han roto una vez. No te precipites.

Es la segunda persona que me advierte en el día de hoy sobre Adonis.

—Anda callad, que no es nada, que éste tiene una inventiva que ni os cuento. El pobre lo único que hizo, fue consolar a Eugenia. Ya está. No hay más. Ni hemos salido, ni creo que lo hagamos. Ya ha visto mis circunstancias personales y, desde luego, no son de lo más atractivo. Ese ha venido a pasar un año de asueto a España y empezará a rondar mil crías en cuanto pueda.

¿Me estoy intentando convencer de algo? Marion sigue bailando con su caballero imaginario, pero Mónica no pierde el tiempo y continúa con sus advertencias:

—Peor me lo pones, Jimena. Te ha entrado por tu parte más sensible, tu hija y la muerte de tu padre. Está tejiendo una trama. Anda que no parece que el chico tiene tablas. Éste se sabe la aguja de marear. Lo único que te digo, es que te diviertas, pero con cuidado. No entregues ni un pedazo de ese medio roto corazón que tienes hasta estar bien segura. Que recomponerlo de nuevo te puede costar una enfermedad.

Mónica vivió muy de cerca mi separación y sabe bien de lo que está hablando. Pero Álvaro no va a dejar que le rompan el jolgorio:

—Mónica, no seas tan siesa. Para una vez que Jimena muestra un poco de interés en alguien, déjala que disfrute. A ver si se nos alegra un poco, que buena falta hace.

—Una cosa es divertirse y otra sufrir, Álvaro. Jimena no es como tú ni como yo. Es muy seria. Vive recluida esperando a su Leopold. Yo estaría más tranquila si fuera un chico español, como siempre dice mi madre, a ser posible de Madrid, mejor de este barrio, y todavía mejor si viviera en su misma casa. Así nos conocemos todos y no hay lugar a engaño. Con su "von", su Baviera, su madre austríaca y escultural imagen, puede pasar de todo.

Aunque Mónica es más bien ligera de cascos en su vida personal, también es cierto que nunca ha sufrido con nadie. Para ella los hombres son de usar y tirar. Sólo sirven para una cosa y del resto no quiere saber nada. Nunca se ha comprometido con nadie y diría, incluso, que ni siquiera se ha enamorado de verdad. Se toma la vida como viene, sin ataduras ni complicaciones. Cuando termina una relación, ya está pensando en la siguiente.

—Vale ya de monsergas. Ya veréis como ni se acuerda de lo de ayer. Sólo hizo una obra de caridad. Dejadme en paz, que tengo que corregir los exámenes —digo porque quiero que hablen de otra cosa. Mi vida es tan previsible que no estoy acostumbrada a ser el centro de la conversación, más que en lo que pueda afectar a cuestiones laborales o a Eugenia. Pero tampoco me puedo engañar. Adonis me ha hecho tilín, aunque eso no lo reconozco aquí ni loca. Pensando en cómo cambiar de conversación, no me doy cuenta que Adonis acaba de entrar en la sala de profesores. Dirige un cordial saludo a todos y así, sin más, sin venir a cuento, me planta un beso en la mejilla y dice:

—Hola, Jimena. ¿Cómo está Eugenia? Tienes una hija que es una monada. Bueno con esa madre, ¿cómo iba a ser de otra forma? —No me da tiempo a reaccionar y me hace una pregunta muy directa—. Me preguntaba si Eugenia y tú querríais venir conmigo el sábado al parque de atracciones.

Podemos comer ahí mismo y luego nos vamos al cine, ¿qué te parece?

Me parece estupendo si me sigues sonriendo, eso es lo que me parece. Miro a Mónica desafiante, me vuelvo hacia Adonis y le contesto:

—Muchas gracias. Seguro que a Eugenia le parece un plan fantástico. Iremos encantadas.

Ya está. De sobra sabemos todos que lo de Eugenia es una excusa. Tengo una cita con Adonis.

XI

Si a Mónica le pareció mal que aceptara la cita, no lo demostró. No hizo gesto alguno, como tampoco lo hicieron los partidarios de la misma, Álvaro y Marion. Por el contario, aceptaron la presencia de Adonis con naturalidad, retomando el relato de anécdotas y poniéndole al día sobre los especímenes más raros que iba a encontrar en cada clase. Yo participé activamente de la conversación mostrándome ingeniosa y simpática. ¡Me había invitado a salir el hombre más guapo del mundo!

Con la autoestima por las nubes pasé el resto de la semana deseando que llegara el sábado. Si Álvaro le había contado algo a Félix, éste se hizo de nuevas cuando en una de las pocas gestiones que nos quedaban por hacer le comenté, como quien no quiere la cosa, que había quedado con Adonis el sábado. Me musitó un corto, "pasadlo muy bien" y eso fue todo. No acepté su invitación para cenar con ellos el viernes. Por una parte quería que disfrutaran de su propia soledad. Ya estaba bien de que cargaran conmigo a todas partes. Por otra, quería lavarme el pelo y depilarme; prepararme para la cita del día siguiente. Incluso me había comprado una mascarilla para la cara que me había costado un riñón, pero que, según la dependienta de la tienda de cosméticos, hacía milagros. Y como tonta que soy (o que somos todas las mujeres), me dejé engatusar por las promesas de máxima belleza y solté cincuenta euros. ¡Nada más y nada menos que un billete de los marrones, que dice Eugenia, por un tarrito de crema de apenas tres centímetros que, eso sí, viene en un precioso envoltorio que ocupa tres veces más que el contenido! En la perfumería me encontré con Leonor. Me dio un beso y un abrazo, preguntó por Eugenia y, cómo no, me echó una cariñosa bronca por no haberla llamado, ni dado señales de vida en tanto tiempo.

—Perdona, Leonor —me intenté disculpar—, es que no sabes cómo he estado. Entre la vuelta al cole de Eugenia, mis clases, la recuperación de los exámenes y la testamentaría de papá, no doy a basto. En cuanto tenga un minuto, voy a verte, o si prefieres, pásate tú por casa.

Con tal de no tener que volver al edificio donde había vivido mi padre, prefería que Leonor se apostara en mi salón cinco horas. Félix seguía insistiendo en que tenía que hacer algo con el piso, pero yo escurría el bulto. La solución actual me parecía perfecta.

—Por cierto, Jimena, mira, te quiero presentar a mi sobrino, el hijo de mi hermana Carmen, la que vive en Sevilla y está casada con el Duque de Abrantera.

Leonor tiene por costumbre presentar a la gente con todo su árbol genealógico, como si hoy todavía tuvieran importancia esas cosas. Le faltó darme la ficha dental del Señor Duque antes de continuar con lo que quería, que era presentarme a su sobrino.

—Fernando acaba de volver de EEUU. Ha estado siete años viviendo en Nueva York trabajando para un Banco de Inversión y le han destinado a Madrid para dirigir todo el continente europeo.

Iba a reventar de orgullo. Yo miraba a su sobrino y el pobre asistía impávido a la presentación de su tía, aunque se notaba que el muchacho lo estaba pasando fatal. Sólo con eso ya me cayó bien.

—Encantada de conocerte, Fernando. Soy Jimena Grau, aunque seguro que eso ya te lo ha contado tu tía según he entrado por la puerta.

Con gran sentido del humor me contestó:

—Eso, y todo lo que le ha dado tiempo mientras te atendían.

Aunque se mostraba socarrón, decía sus palabras con mucha ternura hacia Leonor y eso me gustó. Era un chico agradable. Ni alto, ni bajo. Ni feo, ni guapo. Ni flaco, ni gordo. Una sonrisa muy agradable y un conjunto que transmitía seguridad en sí mismo y mucha, pero que mucha bondad. Además, por lo que contaba su tía, debía ser un genio para tener ese puestazo.

—Digo yo, Jimena, que podrías enseñarle ese Museo al que tanto ibas con tu padre, y así culturizamos a este pobre, que apenas conoce Madrid. Vive casi al lado de tu casa; en el portal de enfrente.

La idea no me pareció mala. El chico parecía buena gente y por qué no iba a hacerle ese favor a Leonor.

—Genial, cuando queráis. Llámame la semana que viene y lo organizamos para ese fin de semana, que este no puedo.

No pude por menos que ruborizarme pensando en mi cita. Leonor debió de sospechar algo cuando a modo de despedida me dijo:

—Ya me contarás desde cuándo compras tú esas cremas, y para quién te las pones, cariño.

"¡Será bruja y fisgona!", pensé. Fernando, que nos miraba de reojo, sonrió y dijo:

—Ya sabes que mi tía se fija en todo. Y como encima te tenga cariño, ¡agárrate! ¡Atención control, tía Leonor subiendo la mirilla!

Fingía hablar desde la megafonía del puesto de mando de un avión o de una nave espacial. No pude por menos que soltar una carcajada ante la burla que hacía Fernando de Leonor, que era acertadísima, pero que ella recibió con cariño, porque el chico lo había dicho con toda la gracia del mundo. Con gusto me hubiera quedado un rato más hablando con ellos, pero se me echaba el tiempo encima y tenía que hacer muchas cosas. Les besé a ambos y reiteré mi oferta de que me llamaran la semana siguiente.

Subí a casa corriendo. Eugenia estaba jugando al parchís con Anita. Isolda fue la primera en salir a recibirme y, entre saltos de alegría, apenas me dejaba avanzar:

—Ya te he visto preciosa. Sí, sí, déjame, que se me va a caer la crema.

Hoy estoy dispuesta a bailar con ella si quiere, pero que me rompa la crema, con lo que me ha costado, no se lo consiento a nadie. Había acordado con Anita que hoy se quedara un poco más para que me diera tiempo a ejecutar mi sesión de belleza. Lejos de protestar, se mostró entusiasmada ante la idea, sobre todo porque sabía que la cita del día siguiente sería con ese joven alemán que tan bien había consolado a su Eugenia. La niña había mostrado el mayor entusiasmo ante la perspectiva de pasar un día en el parque de atracciones y en el cine con "Gorg", así que todos contentos.

Me escabullo en el baño. Preparo un baño de sales y me dispongo a pasar un rato ahí dentro. "¡Qué gusto!", pienso en cuanto me sumerjo. ¡Esto es lo que deben hacer las reinas! Hace "años" que no disfruto de un rato para mí. ¿Desde cuándo? Empiezo a recordar y el último baño me lo di la víspera de la muerte de papá. ¿Qué diría papá de Adonis? ¿Pensaría como Mónica y Sonsoles, o como Álvaro y Marion? Sólo de pensar que ya no puedo contar con su opinión, se me llenan los ojos de lágrimas. ¿Tendrá razón Adonis? ¿Se curan las heridas con el tiempo? Tengo la sensación que en vez de mes y medio hayan pasado dos años desde el día de su muerte. Parece que la vida pasa a cámara lenta y que los días se extienden y extienden sin fin. Son tantos los sentimientos que se mezclan a diario que parece que los viva con mayor intensidad que nunca. Paso en espacios muy cortos de tiempo de las lágrimas, la pena más absoluta y la desazón, a la risa por las ocurrencias de los que me rodean. Ni siquiera la separación de Enrique me produjo esta confusión. Si lo tuviera que describir, diría que es como si me hubieran arrancado de cuajo un trozo de corazón. Me sumerjo entera en la bañera como si desapareciendo bajo el agua fueran a evaporarse mis penas. Me lavo el pelo con el mayor esmero y aplico mi mascarilla, la que conservo para las ocasiones especiales y, desde luego, esta lo merece. ¡Ahí va! En la locura del día se me ha olvidado lo fundamental: ¿qué me pongo? Tengo que llamar a Álvaro, pero enseguida pienso que voy a interrumpir su tarde romántica con Félix. ¿Y si no acierto y me presento hecha un Cristo? Termino por imponer mi propio egoísmo sobre su relación y extiendo mi mano hacia el teléfono,

—¿Qué haces? —pregunto cuando Álvaro contesta.

—Nada especial. Aquí estamos.

Al otro lado del móvil se oye un gemido.

—¿Está bien Félix? —pregunto tontamente.

—Está estupendo, Jimena. Es más, diría que hace tiempo que no está tan bien.

Y entonces caigo. ¡Dios! Les he pillado en plena faena. Me deshago en disculpas y cuelgo sin más. Otro chapuzón en el agua, esta vez para reprimir las risas ¡Félix y Álvaro se lo estaban montando! La mera imagen del serio y encorbatado Félix retozando en la cama con mi amigo hace que casi me ahogue con el agua de la bañera. Salgo con cuidado para no caerme porque sigo riéndome ante la imagen que me acabo de montar en la cabeza. Mientras me froto el pelo, suena el móvil que cojo instintivamente,

—Perdona, chico, qué sabía yo...

—¿Jimena, por favor?

No es la voz de Álvaro.

XI

—Sí, soy yo —respondo intrigada—, ¿quién es?

—Hola, soy Fernando Álvarez de Tudela, el sobrino de Leonor de Quiroga. Nos acaba de presentar mi tía en la perfumería de la calle Génova, ¿te acuerdas?

—Sí, claro Fernando, perdona, pensaba que eras otra persona. Cuéntame.

De fondo oía el ruido de una llamada entrante. Sería Álvaro.

—Leonor me ha dado tu número. Espero que no llame en mal momento. Sólo quería disculparme por al acoso de mi tía. No quiero que te veas forzada a pasearme sólo porque ella te lo haya pedido.

¡Qué chico tan educado! ¡Claro que, siendo sobrino de Leonor, a éste le viene de cuna!

—Al contrario, Fernando. Si a ti te apetece, me encantará que quedemos. Así te presento unos amigos para que vayas conociendo gente en Madrid. Lo del Museo son cosas de tu tía. Si prefieres otro plan, perfecto.

—No, lo del Museo suena genial. Tengo entendido que eres toda una experta.

—No te creas todo lo que oyes. Pero si te parece bien vamos al Museo. Llámame el viernes y quedamos el sábado por la tarde.

—Cuenta con ello y muchas gracias. Se despide educadamente y yo no tengo tiempo para pensar en esta conversación, porque ya me está entrando la llamada de Álvaro.

—¿Con quién hablabas?

—Con Fernando.

—¿Qué Fernando?

—El sobrino de Leonor. He quedado con él la semana que viene para enseñarle el Museo.

—¿Otro ligue? Estás que te sales. O no te comes una rosca en años o te tienes que quitar los tíos a plumazos.

—Calla, calla, ya te contaré. Son cosas de Leonor. Oye, perdona por lo de antes.

—¡No problema, *darling*[6]! Es que la siesta nos pone un montón.

—No quiero saber nada del tema —y empiezo a canturrear para que se dé por aludido, que para mí su relación con Félix es puramente platónica y que así prefiero imaginarlos. Una cosa es que los acepte y otra, bien distinta, que me cuente secretos de alcoba.

—Bueno, dime qué querías —dice entendiendo mi apuro.

—¿Qué me pongo mañana?

Esto sí que le entusiasma, porque enseguida empieza a repasar mentalmente mi armario y a hacer sugerencias diferentes. Finalmente, quedamos en que lleve mis vaqueros, una camisa que tengo muy mona azul y verde a rayas, y unas bailarinas doradas que compramos juntos en las rebajas del año pasado. Y el bolso de Louis Vuitton, claro, que para eso me lo regaló él.

---

[6] En inglés, querida.

XI

—Ponte unos pendientes. Esos antiguos que tienes de tu madre de oro con brillantes que cuelgan un poco. Son de lo más sexy y te quedan muy bien.

Ya me quedo más tranquila con los consejos de Álvaro. Voy a despedirme cuando me vuelve a interrumpir:

—Y un conjunto de lencería bonito. No esas bragas del 1500 AC que llevas normalmente. Un *suti* con relleno tampoco te vendría mal.

—No tengo nada de eso —contesto—. Y, además, ¿para qué narices me voy a poner algo así?

—¿Para qué a va ser Jimena? Con esas bragas eres todo remedio contra la lujuria, y nunca se sabe.

—Pero si vamos al parque de atracciones y al cine con Eugenia.

—Tú hazme caso a mí, que yo de esto sé mucho. Del parque al cine, cenita y luego, ¿qué?, ¿le sorprendes con tus enormes bragas? Jimena, que parece que hayas nacido ayer; que este tío tiene mucho mundo.

Hago caso a Álvaro en todo menos en lo de la ropa interior, entre otras cosas porque por mucho que rebusque en mi armario, no hay un conjunto de lencería sexy. Anoto mentalmente que tengo que comprar uno y que para ello pediré a Mónica que me acompañe, que para eso es una experta, y me arreglo con esmero.

¡Ha llegado el gran día! Adonis llamó ayer noche para concretar la hora y quedamos en que nos pasaría a buscar sobre las once de la mañana. Me siento sublime y Eugenia va monísima con su vestidito de flores, sus manoletinas y dos lazos enormes que le he pedido a Anita que le haga esta mañana. La niña está resplandeciente de felicidad ante el planazo del día. Incluso ha consentido en dejar a Aurelio en casa, por si se mareaba en la montaña rusa.

El parque de atracciones es divertidísimo. Hace tiempo que no he disfrutado tanto. De atracción en atracción recorremos toda la instalación. Hace un día espléndido. Adonis lleva a Eugenia sobre los hombros, que no para de cotorrear hasta que me ve con el dedo pulsando el "off". Entonces para unos minutos, pocos, porque ya se ha entusiasmado con otra novedad que necesariamente tiene que compartir con nosotros. Adonis está guapísimo. Se muestra atento y cariñoso con Eugenia, a la que asume con la mayor naturalidad. La niña devuelve sus muestras de afecto sin problema. Conmigo no puede estar más encantador; se comporta como si me conociera desde hace años. Observo que la gente con la que nos cruzamos se vuelve hacia nosotros. Deben de pensar que somos una familia deliciosa. ¡Si supieran! Mientras Eugenia monta en los caballitos, Adonis pasa su brazo por mi hombro y yo me siento feliz ¡Ojalá no pare de dar vueltas el carrusel! Cuando finalmente vuelve Eugenia, retira su brazo de mi hombro, pero me agarra de la mano. Yo le dejo. ¡Cómo no le voy a dejar si estoy encantada! De la mano nos encaminamos hacia la salida para coger el coche e ir al cine. No hay más manos. En el cine sentamos a Eugenia en medio de los dos. Me siento observada y cuando se me escapa alguna mirada en su dirección, ¡yupi!, ¡me está mirando! Nos sonreímos y volvemos a dirigir la vista hacia la pantalla.

El día ha sido un éxito rotundo. Eugenia ya considera a Adonis su mejor nuevo amigo alemán y se lo hace saber con toda naturalidad. ¡Qué envidia me dan los niños! Pueden mostrar su cariño sin rubor alguno. Dicen las cosas tal y como las sienten. Yo también quiero decir que es mi mejor amigo alemán, pero como soy más vieja que Matusalén, me tengo que callar. Eugenia se duerme de vuelta a casa. Ha sido un día muy intenso para ella. Adonis aparca al lado de casa y me ayuda a subir a la cría a casa. Entre los dos la desvestimos y la acostamos. Está frita. Yo también estoy cansada. Adonis se dispone a irse y yo le acompaño a la puerta. Se vuelve hacia mí para susurrarme al oído:

—Eres deliciosa. He pasado un día maravilloso —dice rozando sus labios sobre mi oreja.

Me quedo petrificada. No sé qué hacer. ¡Que alguien me ayude! Como no me he retirado, lo entiende como un consentimiento, por lo que avanza con sus labios por mi mejilla hasta alcanzar mis labios. Va estrechando sus brazos alrededor de mi cuerpo que parece perderse en la magnitud del suyo. Y yo me dejo hacer. Un beso largo y apasionado ¡Me he muerto y estoy en el cielo! ¡Eso es lo que ha pasado! ¡Estoy en el cielo! ¡Ya he descubierto lo que es el cielo! ¡Se lo tengo que contar a todo el mundo! Me mira a los ojos y susurra cosas en alemán. ¡Sabrá Dios lo que dice, pero suena a música celestial! Oigo cantar angelitos revoloteando sobre mi cabeza. ¡Va a ser que tengo razón, que he llegado al cielo! Me estrecha de nuevo y otro beso maravilloso. De repente, noto su mano en mi piel abrazándome la espalda. Se me pone la carne de gallina. Sigue avanzando. Ahora me acaricia la tripa y el ombligo. Sigue subiendo lentamente, muy lentamente recreándose en cada una de mis costillas. ¡El *suti*! ¡No puede tocar mi *suti*, lleva un remiendo! Me desprendo del abrazo con un “no” rotundo.

—¿Muy pronto? —pregunta sin soltarme.

—Sí, muy pronto.

¿Qué le voy a contar? ¿Que llevo un remiendo en el *suti* y que me muero antes de que me vea en mi ropa interior de siempre? No, evidentemente eso no se le puede decir a ningún hombre. Así que opto por reiterar que es demasiado pronto y me alzo de puntillas para recibir otro beso que es igual de apasionado o más, con caricias incluidas. Y otro y otro y otro.

El lunes iré de compras con Mónica.

XII

Eugenia me despierta de un dulce sueño en el que cabalgo melena al viento a la grupa de Adonis por los montes bávaros vestida de tirolesa.

—Mami…

Me cae encima Eugenia, con Aurelio, seguidos de Isoldita, que no tarda en compartir con nosotras las alegrías dominicales. Hacemos una guerra de almohadas. Exhaustas y con todo el cuarto revuelto, nos dirigimos hacia la cocina a prepararnos un mega-desayuno. Luego, como todos los domingos, daremos un paseo por la Castellana y, de vuelta, Eugenia me quiere demostrar sus avances sobre esos patines tan chulos que le ha regalado Álvaro en cuanto se enteró que la niña había aprendido a patinar en la playa. Eugenia no para de recordar el día de ayer. Ha encontrado en Aurelio un interlocutor estupendo que no la interrumpe y tampoco se cansa de escuchar. Yo la dejo que hable todo lo que quiera, porque, al fin y al cabo, ¡estoy en el cielo! Me sorprende lo bien que he dormido hoy. De un tirón, y son casi las once. Mi móvil, que ayer dejé en silencio, vibra sobre la mesa.

—Es Álvaro, mami.

Eugenia ha sido rauda en contestar aunque cuando me alcanza el móvil, parece decepcionada. ¿Pensaría también ella que era Adonis?

—¿Cómo te fue, Mata Hari?

Es un cotilla y seguro que ha estado haciendo tiempo para no despertarnos. Eso, o que Félix, más prudente, no le ha dejado llamar antes de las once. Noto la curiosidad en su voz y decido hacerle sufrir un poco. Además, está Eugenia delante:

—Bien, lo pasamos genial, ¿verdad Eugenia? —contesto haciéndole ver que no puedo hablar libremente. Porque si al principio quería hacerme la interesante, ahora estoy deseando contarle. Parece que capta la indirecta y pregunta por nuestros planes. Quedamos en el parque: ellos también quieren ver patinar a Eugenia. Así podremos hablar tranquilamente. Cuelgo y, mientras intento preparar de nuevo el café, ya está alcanzándome Eugenia de nuevo el teléfono:

—Es tía Leonor.

Con esta costumbre española de llamar tíos y tías a todos los que queremos, ascendemos de rango a un montón de amigos y no será hasta dentro de muchos años que Eugenia se entere que no le une ningún lazo sanguíneo con Leonor.

—Hola, guapa, ¡qué alegría! Estamos preparando el desayuno.

A ver si con la indirecta se entera de que todavía no he tomado café. Sin el café de las mañanas se me pone una leche que no hay quien me aguante, y hoy ya llevo un considerable retraso.

—Hola, preciosa. Sólo quería saber qué te había parecido Fernando. ¿A que es un chico estupendo?

Ya me estaba viendo venir una retahíla de bondades que ayer se había dejado en el tintero, y no estaba dispuesta a cogerle manía a ese chico tan amable sólo porque su tía se empeñara en metérmelo por las orejas antes de tomar café. Así que decido cortar por lo sano:

—Sí, la verdad es que es encantador. Me llamó precisamente ayer y hemos quedado el sábado por la tarde. —Así le daba un pase elegantísimo y podía concentrarme en recuperar mi café—. Ya te contaré —le digo, y con eso me despido.

Me quedo mirando fijamente el móvil por si vuelve a sonar y tras unos segundos retorno hacia mi objetivo: tomar café.

Después de arreglarnos, cogemos a Aurelio, a Isolda y la bolsa de los patines y nos encaminamos hacia la Castellana. Sigue haciendo calor aunque estemos a finales de septiembre. Hace una mañana espléndida, aunque si estuviera nublado elogiaría las bondades de la lluvia. Hoy me parece todo estupendo porque, al fin y al cabo, sigo en el cielo. Eso sí, no paro de mirar el móvil por si suena, pero no lo hace. Al cruzar la calle Bárbara de Braganza me sorprende una voz vagamente familiar.

—¿Jimena?

Me vuelvo intentando descubrir quién me llama. Es Fernando.

—¡Hombre, Fernando!, ¡qué casualidad!

Me había olvidado que Leonor mencionó ayer que vivíamos casi pared con pared, así que más me vale que me acostumbre a estos encuentros. Como hoy todo me parece maravilloso, le dedico la mejor de mis sonrisas.

—He bajado a por el periódico y, como hace tan buena mañana, he decidido dar un paseo. ¿A dónde vais?

En ese momento descubre a Eugenia que se ha quedado un poco rezagada esperando que Isoldita terminara de oler el rastro de algún perro.

—Esta debe ser tu hija. La famosa y guapísima Eugenia.

La niña se muestra sorprendida ante el extraño, pero como la han alabado y mi hija es más cursi que un repollo, rápidamente se crece y contesta respingona:

—Sí, soy Eugenia, ¿y tú quién eres?

—Yo me llamo Fernando y soy sobrino de tu tía Leonor.

—¿Eres mi primo?

La lógica de los críos es aplastante. A ver cómo le explicamos que su tía no es su tía y que éste tampoco es su primo. Si ya he dicho yo toda la vida, que con esta costumbre lo único que hacemos es confundir a los niños. Con lo fácil que es que los amigos sean amigos y los tíos, tíos. Fernando parece que se conoce el tema, porque contesta:

—Soy tu primo amigo. ¿Qué te parece?

Eugenia cavila un ratito, pero parece aceptar la explicación porque rápidamente le pregunta:

—¿Vienes con nosotras de paseo?

No me apetece mucho, por si nos cruzamos con Adonis y se piensa que cambio de chico como de camiseta, pero como a mí me han educado muy bien, no puedo sino reiterar la sugerencia de mi hija:

—Sí, vente. Vamos hasta Cibeles y volvemos.

—¿Cómo me voy a negar a escoltar a tan lindas damiselas en su paseo matutino?

A Eugenia le hace mucha gracia la respuesta y he de reconocer que este chico, con su deje andaluz, tiene su aquel. Supongo que Leonor, que es una cotilla, le habrá hecho mi ficha completa, así que si quiere venir, que venga. El paseo transcurre tranquilamente. Nada que ver con el día de ayer, pero Fernando sabe tratar a los niños. Muestra mucho interés ante las noticias que le va contando la cría, que se encuentra muy en su papel de guía cuando Fernando le cuenta que él es sevillano. Sin darnos cuenta, ya estamos casi de regreso ante el parque donde nos esperan Félix y Álvaro, sentados a la sombra tomando una caña. Conforme nos vamos acercando, empiezo a intuir que se avecina una buena. De momento no es más que un presentimiento, pero en cuanto alcanzo a la pareja se me aclaran rápidamente las ideas. ¿Cómo les presento? Al fin y al cabo Fernando es sobrino de Leonor y no sé, si Leonor sabe o no sabe lo de Félix. ¡Qué lío! Si en el encuentro con Adonis fue el propio Félix el que tomó las riendas, ahora es mi hija la que hace las presentaciones. Para eso le han dicho que es una damisela.

—Este es Fernando, mi primo amigo. Y estos son Álvaro, el amigo de mamá y Félix, el amigo del abuelo.

Deshacer este entuerto sí que va a resultar complicado. Tiene razón Eugenia, pero, ¿qué van entender uno y otros con lo de amigos? Hay un momento de desconcierto generalizado que en este caso resuelve Álvaro:

—Hola, soy Álvaro, amigo de la infancia de Jimena y compañero suyo de la Escuela. Félix es el padrino de Jimena y un íntimo amigo de sus padres.

¡Menos mal! Creo que si siempre he sido poco ducha para estas situaciones, mi situación de "estancia en el cielo" en la que vivo desde ayer acaba de eclipsar mi capacidad cerebral.

—Yo soy Fernando, el sobrino de Leonor de Quiroga.

Bueno, ya están aclaradas todas las amistades. ¡Menos mal!

—¡Qué alegría conocerte! —dice Félix, que acaba de relacionar a Fernando con Leonor y, tras su habitual despiste, ha localizado finalmente a este chico en la familia que le corresponde—. ¿Tú eres el que has estado trabajando en Nueva York?

—Sí —responde extrañado el aludido. No sé de qué se extraña si sabe perfectamente que su tía es una cotilla de miedo.

—Tenía ganas de conocerte. Creo que eres una lumbrera de las finanzas. Anda siéntate a tomar una caña, hombre —dice Félix.

—Pues, gracias, pero no quisiera molestar.

—No es molestia —añade Álvaro raudo y veloz, que también acaba de relacionar a este Fernando con el Fernando del que le hablé ayer—. Tómate algo, que hemos venido todos a ver patinar a Eugenia.

No sé qué pasa últimamente que termino siempre sentada alrededor de una mesa con mis dos amigos y un acompañante diferente. Desde luego, prefiero a Adonis.

Félix monopoliza al pobre Fernando y Álvaro y yo nos vamos hacia la pista de patinaje con la niña. Mientras da vueltas alrededor de la pista y nosotros la alabamos con aplausos y fuertes "ooоos" y "aaaas" cada vez que pasa a nuestro lado, nos da tiempo para hacer lo que nos gusta, cotillear. Y el cotilleo de hoy es suculento. Le cuento a Álvaro que estoy en el cielo, que por fin me he enterado que no es una plaza de toros y que los ángeles tienen necesariamente que ser de origen bávaro. Al principio se limita a dejarme hablar y por fin suelta:

—Tía, ¡qué cuelgue tienes! No te recordaba así desde que conociste a Enrique.

—Sí, creo que tienes razón. No me encontraba tan eufórica desde entonces.

—Y el tal Fernando, ¿qué pinta en todo esto? —pregunta volviéndose hacia él, que está enfrascado en una acalorada discusión con Félix.

—Pintar, no pinta nada. Eso es lo que quisiera Leonor. Yo me limito a pasearle un poco, que es nuevo en Madrid y no conoce a nadie.

—Pues, parece buen chico.

—Y seguro que lo es. No lo discuto, pero no pretenderás compararle con mi bávaro, ¿no?

Con eso ya he recuperado la atención de Álvaro para hablar de quien a mi me importa. No duda en seguir con su interrogatorio:

—Y qué, ¿hubo rollo o no?

Como me ruborizo de inmediato, Álvaro se da por contestado:

—Y parecías una monja. Menuda monja. En cuanto te han abierto la puerta de toriles, has salido como un Miura. ¿Cómo es en la cama?

—Anda guapo, no te pases que no llegamos a eso.

—¿No? ¿Y entonces a qué viene que te pongas tan colorada? ¿Qué? Un magreo y, ¿nada más?

—Tampoco fue un magreo.

—¿Besitos y arrumacos sólo? Y yo que pensaba que ese tío tenía mucho mundo, a ver si va a resultar que es otro fraile cisterciense y os pasáis las horas rezando.

—Mucho cuidadito, que es todo un hombre. Ya lo intentó, ya —defiendo a Adonis sin dudarlo ni un instante, aunque a ver cómo le explico yo a Álvaro lo del remiendo del *suti* sin que se entere todo Madrid.

—Te lo cuento si me juras no decir nada a nadie y menos a Félix, ¿vale?

Álvaro forma una cruz sobre el corazón según nuestra costumbre y me decido a contarlo. Casi no me deja terminar y ya me está echando la bronca:

—Ya te lo dije, Jimena, que con esa lencería no ibas a ningún lado. A ver si ahora no te vuelve a llamar pensando que le has dado carpetazo.

XII

Me quedo pensativa dudando si eso explica que no haya dado señales de vida en toda la mañana. No puede ser. Si quedó todo de lo más natural.

—Tal vez tengas razón. Si me vuelve a llamar, había pensado pedirle a Mónica que me acompañara de compras —le reconozco.

—Eso no me lo pierdo yo por nada del mundo. Prométeme que voy. Anda, di que sí.

Como sabe que poniendo morritos soy incapaz de negarle lo que me pida, incrementa el gesto en lo que ya parece la boca del *Pato Donald*, hasta que por fin le concedo el favor, no sin antes amenazarle con que, como se entere Félix, le mato.

Estamos discutiendo el modelito de lencería que según Álvaro debería favorecerme más, cuando nos interrumpe el timbre de mi móvil. Miro la pantalla y leo "Adonis".

—Es él, Álvaro, es él. ¿Qué le digo?

—¿Por qué no respondes sin más y dejas que sea él quien te diga? Y de paso borra el nombre de Adonis y cámbialo por el de Georg, que como lo vea algún día, va a creer que te tiene en el bote y eso hará que pierda el interés. Tú, dura, que vales un imperio.

Suspiro hondo y descuelgo:

—¿Diga? —contesto dulcemente.

—Hola, Jimena. Soy Georg. Acabo de pasar por tu casa para ver si estabais despiertas y no había nadie. ¿Dónde estás?

Un poco posesivo, ¿no? Acaso se esperaba que me quedara en casa deshojando la margarita con el "me llama, no me llama, me llama, no me llama". Álvaro, que está oyendo lo que dice porque he puesto el auricular entre los dos, me recomienda con un gesto que me serene. Ya está viendo que estoy a punto de soltar una impertinencia de las mías, pero todo mi enfado se esfuma en cuanto Adonis continúa sin esperar mi respuesta.

—Te echaba de menos. A lo mejor te molesta que te haya llamado. Quería hacerlo esta tarde, pero pasar más horas sin oír tu voz me parecía excesivo. ¿Te importa?

Que si me importa me pregunta. Acabo de ascender de nuevo al cielo y me pregunta si me importa. Me derrito. Como no quiero que Álvaro siga escuchando esta conversación, me retiro un poco de su lado, lo que provoca un gesto de enfado por su parte, aunque sé que lo entiende. Con un poco más de privacidad me atrevo a contestar:

—Claro que no me molesta. Estaba deseando que lo hicieras.

—¿No hay remordimientos por lo de ayer?

—No, ninguno —replico sin dudar.

—Me alegro ¿Podemos vernos hoy? —sugiere una cita que yo voy a aceptar sin más, hasta que me acuerdo de que tengo a Eugenia y no sé si ella está incluida en los planes que me va a proponer. Álvaro me hace un gesto con la mano asegurándome que ellos se quedan con la cría.

—Sí, claro.

—¿Puedes comer conmigo? Después podíamos dar un paseo por Madrid y me enseñas los rincones que más te gustan. Así iré conociéndote poco a poco. ¿Qué te parece?

Me parece estupendo. Anuncia que me viene a recoger dentro de una hora. Tengo que salir disparada. Álvaro ya me está aconsejando que repita vaqueros y me ponga camiseta o camisa más larga, y que ni hablar de que me vea en ropa interior. Apenas le escucho. Tengo que darle un beso a Eugenia, que está encantada de pasar el resto del día con sus amigos. Le doy un beso a Félix, y de paso otro también a Fernando, y mascullo un adiós muy corto porque no quiero dar explicaciones.

Félix se vuelve extrañado hacia Álvaro y le pregunta a dónde voy con tantas prisas, y mi amigo, que se ha quedado estupefacto ante mi facilidad por dejar a la niña a su cuidado sin concretar hora de recogida, sólo contesta:

—A tirarse por una montaña rusa. Jimena se va a tirar por una montaña rusa.

XIII

No tengo la menor duda que ha llegado Leopold. ¡Por fin! En breve me tiraré por el puente de Brooklyn e iniciaremos un romance perfecto que durará eternamente. Tengo que darle las gracias a Álvaro por haberme obligado a llevar los Manolos el día de la inauguración del curso.

A pesar de las recomendaciones respecto de mi atuendo, decidí ser creativa. Elegí un vestidito blanco de tirantes con chaqueta de manga corta color malva y las bailarinas doradas de ayer. Me puse los pendientes de mi madre y arrastrando el Louis Vuitton por las escaleras bajé hasta el portal con cinco minutos de retraso. Eso dicen siempre mis amigas; que a los hombres hay que hacerles sufrir un poco; que hay que mantener el suspense. Adonis ya espera impaciente. Sin más, me toma entre sus brazos y en plena calle me da un beso de película. ¡A mí qué, si me ven los vecinos! Por mí, se pueden morir de envidia.

Adonis se abraza a mí y me lleva paseando despacito hasta un restaurante muy mono que hay cerca de casa.

Como es de día no hay velas, aunque lo mismo da. Me parece lo más romántico del mundo. Con las manos entrelazadas elegimos la comida. Hoy no quiero vino. Vaya, que se me suba a la cabeza. Él tampoco pide. El almuerzo es de lo más agradable. Me cuenta cosas de Munich, de su madre, de su casa en los Alpes austríacos y de lo mucho que le gusta esquiar. A punto estoy de decirle que a mí también, pero eso sería exagerar mi campaña electoral, que está en proceso de rodadura. Si me pide que le acompañe a Navacerrada, la he fastidiado. Nunca me ha gustado el esquí. Es más, lo aborrezco. Hace frío, las botas son incomodísimas y te pasas todo el tiempo deslizando el culo por el suelo mojado. Una vez acompañé a mis compañeros de la Escuela y antes de tener que seguir retozando en la nieve, opté por pasarme el día esperándoles en el bar con un caldo calentito, deseando que terminaran y pudiéramos volver a la ciudad. Soy demasiado urbanita para estos deportes, y el aire tan puro de la montaña me marea. Necesito la contaminación para respirar bien. Eso tampoco se lo reconozco a Adonis porque habla de sus montañas con tanta pasión como yo puedo describir alguno de mis muebles, así que me limito a sonreír. Aunque afirma categóricamente que considera el golf un deporte de viejos, no dudo ni por un momento que conseguiré arrastrarle al campo. Todo a su tiempo.

Durante el paseo le enseño mis lugares favoritos de Madrid. Caminamos despacio, sin prisas y con muchos besos. Ahora soy yo la que me muestro orgullosa ante la gente. Somos una pareja guapísima y me dan ganas de gritar a los cuatro vientos lo feliz que me siento. Cada vez que me besa, me sube en volandas haciéndome girar como hago yo con Eugenia. Y en ese momento me acuerdo. Tengo que recoger a Eugenia. Aunque por unos instantes pienso que soy la Cenicienta y que me arrancan del baile, tengo miedo a convertirme en calabaza. No puedo dejar a mi hija toda el día al cuidado de Álvaro y de Félix. Parece mentira que hayan pasado casi seis horas y ni por un minuto me haya acordado de Eugenia, pero, ¿quién se va recordar cosas mundanas estando en el cielo? Le explico la situación a Adonis, que se muestra dispuesto a visitar a mi hija. Me sorprende que en ningún momento haya preguntado por ella, pero bien mirado, ¿por qué lo iba a hacer? Ayer le dedicó todo el día. Hoy nos toca a nosotros.

En casa nos encontramos una escena de lo más hogareña. Félix leyendo el periódico y Álvaro y Eugenia jugando a las porcelanas. Mi hija me saluda muy efusiva, pero sólo se levanta cuando ve la figura de Adonis.

—¡Gorg! —exclama extasiada, y ya se le ha lanzado a sus brazos. Él la voltea y la niña chilla de alegría.

—¿A qué jugáis? —le pregunta.

—A las porcelanas. Eugenia ya se ha adueñado de la mano de Adonis arrastrándole hacia el suelo para hacerle partícipe de sus juegos. Muestra muy orgullosa sus conocimientos ante la atenta mirada de Álvaro, que ha saludado a Adonis con un cariñoso gesto. También Félix le saluda como si le conociera de toda la vida, pero se vuelve hacia mí para decirme de inmediato:

—Muy interesante tu amigo. Tiene unos conocimientos sorprendentes. Un chico muy educado, pero que muy educado.

Creo que Adonis piensa que están hablando de él porque parece crecerse y retoma con entusiasmo las explicaciones que añade a los comentarios de Álvaro. Bien sé yo que Félix no habla de Adonis, sino de Fernando. A Félix los temas económicos le han interesado mucho toda la vida y ahora, con la crisis, le parece fascinante recibir las noticias de quien posee tan valiosa información de primera mano.

Les contemplo y me siento feliz de ver allí reunidos a todos mis chicos junto a mi hija. Propongo hacerles una merienda cena que podamos compartir antes de que se marchen. Hoy es domingo y tengo que acostar a Eugenia pronto. Aplauden mi propuesta. Adonis se ofrece a ayudarme, pero no consiento. Quiero mostrarle mis grandes dotes culinarias. Aunque no comparta esa obsesión española por comer, sé que a los hombres se les conquista por el estómago, aquí y en Sebastopol, así que me lanzo a la cocina a preparar lo más semejante a un festín aprovechando las delicias que me deja preparadas Anita y que me apropio sin dudarlo ni un instante. Parece que están buenas porque todos las devoran elogiando tan suculentos manjares. Anita es una excelente cocinera y yo pésima, así que no me voy a librar de algún comentario mordaz por parte de Álvaro que no tarda en llegar:

—¡Qué buena cocinera eres, Jimena! Da gusto lo rápido que aprendes. Debes de tomarte muy en serio las lecciones de Anita.

Si pudiera asesinar con la mirada, habría ahora mismo un muerto en el salón de mi casa.

Estoy deseando que terminen el examen. Tengo que hablar con Mónica para que me acompañe de tiendas.

Al paso que va mi relación con Adonis voy a necesitar la lencería antes de lo previsto. Ayer me despidió con otro de esos besos que me transportan de un plumazo al cielo, aprovechando que Eugenia estaba en la bañera y los chicos ya se habían ido. Menos mal que llevaba el vestido, porque su mano recorría mi espalda de arriba abajo. Incluso se aventuró a acariciarme el pecho, muy suavemente, con mucha delicadeza. Y yo me dejé. Tantos años en dique seco se notan. Me parece que poco se va a retrasar el siguiente paso, entre otras cosas porque la que no quiero que se retrase más soy yo. Ya está bien de celibatos. Así que necesito a Mónica.

En cuanto recojo los exámenes y me despido de mis alumnos asegurándoles que seré muy, pero que muy "buena", me dirijo a la sala de profesores donde encuentro en animada charla a Mónica, Marion y Álvaro. También ellos han terminado. Se nota que es lunes. Ninguno suelta la taza de café y se agarran a ella como si sostuvieran un preciado tesoro. Me pongo otro y me uno a mis amigos, susurrándole a Mónica al oído:

—¿Me acompañas luego de compras?

—Claro —contesta entusiasmada. Ninguna mujer desprecia semejante oferta; el mejor plan, casi el único, que se ha inventado para unir a una mujer con otra de su propia especie. Las compras son al sexo femenino lo que el fútbol al masculino. Nos unen en una búsqueda común en la que, aunque sea excepcionalmente, renunciamos a nuestras diferencias culturales o de edad para perseguir un objetivo único: comprar. Si a los hombres les relaja berrear ante el juego de su equipo hasta quedarse afónicos, a nosotras nos colma de felicidad salir de compras, y si encontramos alguna cosa buena, bonita y barata, se nos ilumina la vida por arte de magia. A mí me encanta comprar zapatos. Álvaro dice que soy como Imelda Marcos. En cuanto veo unos que me gustan, me asalta la imperiosa necesidad de poseerlos. Me entran palpitaciones que sólo se acallan si el vendedor confirma que tiene mi número y me los calzo. No hay mejor antídoto para cualquier mal rollo que un buen par de zapatos. Por eso piensa Mónica que vamos a comprar zapatos.

—¿Por dónde quieres que vayamos? ¿Buscas botas, taconazos o sólo quieres que vayamos de caza?

La sola mención a una escapada de compras atrae la atención de Marion como si de un canto de sirenas se tratara y no tarda ni un segundo en sacar el móvil para negociar que su tata se quede unas horas más al cuidado de su pequeñín. Álvaro, que suele venir con nosotras a menudo, es el único que sabe que esta vez no se trata de zapatos, y para asegurarse de que no le voy a dejar de lado, ya se ha unido al plan.

—Me gustaría que me enseñaras esa tienda de lencería de la que siempre estás hablando; esa que está en la calle Piamonte o Almirante.

Me miran petrificadas. Incluso Marion, que está en pleno proceso de negociación con la tata escatimando minutos como puede, se queda perpleja. Que yo quiera comprar lencería es como anunciar que Urtaín quiera adquirir un tutú de ballet. Sólo Álvaro mantiene la compostura, lo que no sería normal en otras circunstancias, por lo que en sólo unos segundos recibe el acoso de mis amigas.

—¿Tú sabes de qué va esto? —pregunta Mónica.

XIII

—¿Ha chiflado? —cuestiona Marion por su parte—. Ya sabía yo que se iba a romper. Con tanto disgusto, pobrecita mía. Ven que te de un abrazo. Me he enterado que han abierto una tienda nueva de complementos a la vuelta de la esquina. Si quieres vamos ahí y miramos si tienen zapatos.

Menuda peta tienen con los zapatos.

—Que no quiero zapatos, que quiero lencería —les digo a las dos. Mi tono debe ser un poco más alto de lo normal porque está atrayendo la atención del resto de los profesores. No quiero que nadie más se entere, así que repito más bajito:

—No quiero zapatos; quiero un conjunto de lencería sexy —lo que es recibido por una unánime contestación:

—Sin duda. Ha chiflado.

Mónica empieza a acariciarme el brazo. Marion incluso deja su taza de café para acercarse a darme un beso, y Álvaro se queda como si nada, esperando que sea yo la que proporcione las pertinentes explicaciones que justifiquen esa necesidad que me ha entrado por adquirir lencería. Le miro suplicante, pero el lenguaje de sus ojos no puede ser más explícito:

—Ésta la solucionas tú solita, mona.

Pero no, no la soluciono yo solita. En ese mismo instante entra Adonis. Echa un vistazo por la sala y en cuanto me ve, se le ilumina la cara y se dirige inmediatamente en nuestra dirección. Nos alcanza y con todo el aplomo que le caracteriza saluda a todos, me rodea con el brazo y me besa en los labios. ¡Lo que daría por tener una máquina de fotos en este momento! Álvaro que ya sabe de qué va el tema, se aleja un poco para contemplar la escena con la distancia que la situación merece. Mónica me mira, mira a Adonis y me vuelve a mirar. Marion lanza un gran "¡Ooooh!", como si hubiera visto una aparición. No quiero dar explicaciones. Así que me limito a responder al beso añadiendo un poco de pasión en el mío. A buen entendedor pocas palabras bastan. Y mis amigas de estas cosas entienden. Adonis traduce mi naturalidad como aprobación a su cariñoso gesto y me besa de nuevo. Se tiene que ir a que le sellen una documentación en el Ministerio de Cultura. Quedamos en hablar por la tarde y yo me voy de compras.

Estamos llegando a la tienda en cuestión. Ya les ha quedado claro a mis amigas que no quiero zapatos. Si se han sorprendido por la rapidez en la que me he enfrascado en esta relación, se callan. Ni siquiera Mónica me hace advertencias. Hay que comprar lencería y a eso vamos. Tanto ellas como Álvaro, por supuesto, tienen claro que si lo mío con Adonis cuaja, él no puede ver mi ropa interior habitual, así que, unidas por un objetivo común, entramos en la tienda. Mónica, que es la que más entiende, se dirige con seguridad hacia lo que en su mente me va a resultar necesario. Marion echa un vistazo a las combinaciones y Álvaro se lo está pasando en grande dando vueltas a una braguita tanga negra con encaje dorado. Me la enseña sabiendo que por ahí sí que no voy a pasar. Pero por intentarlo, que no quede. Yo ni me imaginaba que hubiera cosas tan raras y tan incómodas. ¿Cómo pueden las mujeres llevar estas cosas tan tiesas? Hasta hay sujetadores que bajan hasta la cintura con ballenas. Para que luego digan del siglo XIX. Supongo que todo esto se reserva para ocasiones especiales, pero bien pensado, si les pasa lo que a mí, nunca sabes cuándo puede surgir la ocasión. Entonces, ¿esto es lo que lleva Mónica a diario? Se lo pregunto inocentemente para recibir por contestación un escueto, "pues claro". No lo entiendo, porque, mirando los precios, uno de estos conjuntos vale casi tanto como unos buenos zapatos. Con los zapatos al menos te das el gustazo de que todos te admiren, pero esta lencería con suerte la verá un tío y el resto del tiempo, ¿bien tapadita bajo la ropa? Esta parte de la lógica femenina se me escapa. Pero también es cierto que todo el mundo sabe que nosotras carecemos de lógica para muchas cosas. Esta debe ser una de ellas. Bueno, y ellos ¿qué llevan? Enrique llevaba bóxers de cuadritos, papá los prefería blancos y sé que Álvaro también utiliza el calzoncillo antiguo. ¿Y Adonis? Como se presente con una braga náutica o con un tanga marcando paquete, adiós Baviera. Le planteo mis dudas a Álvaro, que no duda en afirmar rotundamente que no, que Georg seguro que lleva calzones, que se ve por su forma de vestir. Con eso me quedo más tranquila.

—Ya está. —Mónica vuelve cargada de conjuntos. Está muy en su papel de consejera y me empuja hacia uno de los probadores, mientras Marion y Álvaro se sientan en dos butacas que hay justo delante. La dependienta de la tienda nos mira asustada, pero como Mónica es una clienta buenísima, deja que haga y deshaga a su antojo.

—¡Que no, que te he dicho que no! —Estoy peleándome con Mónica porque pretende que me ponga un no sé qué en azul marino con encaje blanco—. Además pica.

Álvaro y Marion están que se muerden las uñas ante la impaciencia de mi visión y, como van a reventar, ya están asomando sus caras. El *suti* es una talla menor que la que yo uso, es decir, de tallaje infantil, para que, según Mónica, mi pecho parezca más voluptuoso. Como hay que probarse las braguitas encima de las propias, parezco un androide disfrazado con una braguita de biquini que se pierde sobre una inmensa masa blanca. Así seguimos con uno y otro conjunto. El que no me pica, me hace parecer una puta, y el que tendría un pase, no lo relleno de la parte de arriba ni de guasa. Estoy a punto de echarme a llorar cuando Mónica sale del probador y empieza a negociar con la dependienta. Vuelve encantada por su logro. Puedo combinar tallas diferentes y elegir el modelo que más me guste. Tras probarme unos cuantos más, decidimos finalmente comprar tres conjuntos distintos, todos ellos en colores suaves pero llenos de puntillas. Todavía no sé si me voy a pasar el resto de mis días rascándome como si tuviera pulgas. Cuando pago la factura dice Álvaro, silbando al ver la cifra:

—Ya puede ser un genio en la cama tu Adonis.

XIV

Los días pasan dulcemente. He adquirido una rutina que se me antoja maravillosa. Todo me gusta y por una vez desde hace tiempo encuentro bondades hasta donde no las hay. Corrijo mis exámenes con gran generosidad aprobando a todos mis alumnos. Sonsoles me devuelve muy satisfecha el texto que ha leído, sugiere algunas rectificaciones y aplaude algunas de mis observaciones. Y Adonis… En fin, Adonis es perfecto. Nos vemos todos los días en la Escuela. No sé por qué hay gente que dice que trabajar con tu marido o con tu pareja es un martirio. A mí me parece estupendo. Debería convertirse en una obligación. Ya no causamos ninguna sensación entre los profesores, aunque los alumnos siguen cuchicheando a nuestras espaldas.

—¡A que se dan un pico! —oí decirle ayer al bestia del INRI a una de mis mejores alumnas. Menos mal que ella salió en mi defensa:

—Ya está bien Nacho. Con lo que ha pasado la señorita Grau este verano ya le tocaba una buena época. Además, cállate. Son una monada. ¿Sabes que van de la mano por la calle?

Lo cierto es que si los chicos vierten no pocos comentarios obscenos, las chicas prefieren la visión romántica del asunto y como todas ellas están extasiadas con Adonis, viven a través de mi persona sus propios sueños. ¡Menos mal que en la Escuela predominamos las mujeres! Sólo Sonsoles ha vuelto a reiterar su preocupación, pero al verme tan feliz, se ha limitado a repetir una ligera advertencia.

Eugenia se toma la presencia diaria de Adonis en casa como algo normal y tampoco le importa quedarse un ratito con Anita para que salgamos a dar un paseo a última hora, lo que suele convertirse en una sesión apasionada de besos. Anita también está encantada. Adonis ha visto enseguida que de ella dependían nuestras salidas y le hace la pelota sin parar. Además, se le da muy bien. Cuando no le alaba una comida o un bizcocho casero, se fija en los lazos de Eugenia. Ayer incluso destacó su nuevo corte de pelo, asegurándole que le daba un toque muy sofisticado. Y Anita encandilada. También hay que reconocer que Anita haría cualquier cosa por verme feliz y estar con la cría más tiempo del habitual. De Félix y de Álvaro hace días que no sé nada. Supongo que deben estar disfrutando de un merecido descanso de la familia Grau.

Ayer, sin embargo, me volví a encontrar con Fernando cuando salía para el Archivo a recoger unos últimos datos que necesito, según Sonsoles. Era muy pronto.

—Jimena, ¿dónde vas tú a estas horas? —me saludó con un beso.

—Al Archivo, que tengo que rematar el doctorado.

XIV

—Te acompaño un rato, que me pilla de camino.

¿Cómo sabe dónde está el Archivo si no se lo he dicho? Pero como está tan dispuesto y yo estoy de un humor excelente, me dejo acompañar.

—¿Sigue en pie lo del sábado? —pregunta al cabo de un rato. Se me había olvidado por completo. Nota mi reticencia—. Si te va mal, lo dejamos para otro día.

Me da pena. Yo en el cielo y este pobre solo como un perro en una ciudad tan grande.

—No, me va fenomenal. Por supuesto que vamos. Déjame que organice a la niña con Anita y no hay problema.

—¿Por qué no viene Eugenia? —pregunta cariñosamente, pero yo sé que a mi hija, por mucho que le gusten los cuentos de muebles o de porcelanas, las visitas al museo, si no son con Mónica, le aburren un montón.

—Se aburre mucho. Mejor la dejo con Anita y así vamos más tranquilos.

—No te imaginas lo que me apetece —dice antes de cruzar la calle.

¡Menudo coñazo! ¿Qué le cuento yo ahora a Adonis? Mientras que el diablito de mi cabeza se está inventando excusas que suenen veraces, el angelito me recomienda ser sincera. No vaya ser que haya un encuentro fortuito y se esfume el cielo.

Ya es viernes. Todo un fin de semana por delante para disfrutar de Adonis. Hoy vamos a llevar a Eugenia a cenar a Hollywood. Ha sido idea mía, pero él la recibe sin chistar a cambio de que mañana cenemos solos los dos. Se lo prometo, aunque no sé cómo me las voy a ingeniar, si ya le tengo que pedir a Anita que se quede con Eugenia por la tarde mientras paseo a Fernando. El plan de Fernando no le hace ni pizca de gracia a mi bávaro. Pone morritos, me da más besos, insiste en acompañarnos, pero en eso sí que me muestro inflexible. Aunque sólo sea por Leonor, tengo que sacar un día a su sobrino. Tiempo habrá para que se conozcan. Siempre puedo organizar una cena en casa para que Fernando conozca a mis amigos. Así que, a pesar de los ruegos y súplicas, no me dejo convencer. Finalmente cede, siempre que yo acepte una cena en su casa; que me quiere cocinar un chucrut. Odio el chucrut, pero ¿a quién le importa el chucrut? Y además, ¿a quién quiere engañar?, ¿es que pegarse un revolcón ahora se llama chucrut? Lo de menos es la comida. Lo importante es que el sábado estreno lencería.

Fernando me recoge puntualmente a las cuatro de la tarde. Se entretiene un rato con Eugenia, que quiere presentarle a Aurelio, y el pobre hasta se deja chupar por Isoldita. Anita, que al principio le recibe con una frialdad que me resulta desconocida en ella, baja la guardia en cuanto le digo quién es. Aclarada la relación y que el bávaro sigue en escena, que es lo que le importa, vuelve a ser la de siempre y le ofrece su más candorosa sonrisa. Nos despedimos de todos y nos vamos.

—Estás guapísima —comenta Fernando cuando bajamos las escaleras.

La verdad es que no me he esmerado nada en arreglarme. Eso lo reservo para después. Repito el vestidito blanco del otro día ya con chaqueta de manga larga y las bailarinas de siempre. No me he pintado y tampoco me he puesto mis pendientes de la suerte. No sé por qué tengo el guapo subido, pero lo tengo. Mirándome al vestirme también me he sentido más estupenda que nunca. ¿Será porque estoy en el cielo?

—Gracias —replico coqueta. Me gusta esto de que me piropeen. Papá siempre lo hacía, pero claro, eso no tenía mérito. Para él yo era una mezcla de Elle Mc Pherson con las piernas de Claudia Shiffer y el intelecto de Madame Curie. Pero el piropo de Fernando ha sonado muy sincero, así que decido que se lo va a pasar bien esta tarde.

Y la verdad es que lo pasamos bien. El museo le encanta. Escucha atentamente todo lo que digo y hace observaciones inteligentes que me sorprenden por su perspicacia. No termino con una explicación y ya me está preguntando por ese otro mueble que hemos visto en la sala anterior. De arte entiende, de eso no cabe duda. Pero es que este chico tiene la cabeza muy bien amueblada y en cada pregunta se nota que ha habido un proceso de razonamiento muy lógico. Ya quisiera yo que mis alumnos pensaran así. Como me estoy embalando, le cuento incluso lo de escuchar a los muebles y el tío ni se inmuta. Me pregunta cómo lo hago y se lo cuento. Al final está deseando leer mi doctorado y yo me sorprendo porque me interesa su opinión.

A la salida me invita a un café y le propongo un salón de té muy mono que hay en la Castellana, que es mi lugar secreto. Nos sentamos y empezamos a hablar. No me doy cuenta de cómo pasa el tiempo. Su conversación es amena. Hablamos de Nueva York y de Sevilla y le cuento que yo daba de comer a las palomas en el Parque de María Luisa con Paco. También hablamos de mis estudios en Londres, de mi amistad con Álvaro, de Félix del que ya se había imaginado que era el novio de mi amigo. Hablamos de cómo era mi vida antes del verano. Él mismo saca el tema.

—¿Le echas mucho de menos? —pregunta suavemente.

—Sí, cada día, varias veces al día. Por muy segura que esté de algo, siempre pienso qué opinaría mi padre de esto o de aquello.

Le reconozco que hablo con papá, que me dirijo a él cuando veo la foto que hay en el salón, que incluso me he sorprendido a mi misma a veces hablando en voz alta. Y Fernando escucha. Parece mentira lo fácil que me resulta hablar con este chico. Es casi como si estuviera con Álvaro, pero a Álvaro le conozco de toda la vida y a Fernando apenas me lo acaban de presentar. Como ve que me estoy poniendo tristona, cambia de tema. Hablamos de Eugenia, de sus ocurrencias, le cuento lo de la estrella, lo difícil que es criar a una hija sola, la mala relación que tengo con Enrique. Sí, incluso le hablo de Enrique y de la separación. Pero, de golpe, me doy cuenta de la hora que es. Me tengo que ir.

—Lo siento Fernando, pero es que he quedado a cenar y tengo que arreglarme.

No doy más explicaciones y él tampoco las pide. Paga la cuenta y me retira la silla para que me levante. "¡Como papá!", pienso. Eso lo hacía papá y decía que era lo mínimo que se merecía una dama. Le agradezco el gesto y caminamos hacia casa.

—Lo he pasado genial, Jimena. Muchísimas gracias por esta obra de misericordia. No sé si atreverme a pedirte que lo repitamos algún día. Pero sí que quiero que me dejes leer tu tesis.

Me sorprendo una vez más a mí misma, porque tampoco me desagradaría volverle a ver e incluirle en mi círculo de amigos. Le propongo hacer una cenita, y presentarle a todos, y la idea le entusiasma con una condición:

—Siempre que yo haga el *pescaíto* frito y bailemos unas buenas sevillanas, acepto.

Entre risas, y prometiendo que él hará el *pescaíto* y que nos marcaremos unas sevillanas, me despido.

Eugenia ya está lista para irse a la cama. Anita ha preferido quedarse a dormir con nosotras que esperar despierta a que vuelva. Creo que se huele que hoy hay fiesta. Aprovecho que Eugenia está enfrascada en unos dibujos animados para escabullirme en mi cuarto. Con el rollo de Fernando no he podido llamar a Álvaro para que me diga qué me pongo. Así que hoy me toca decidir solita. Me pego una ducha rápida y elijo el conjunto de lencería más sexy de los que he comprado. Y ahora, ¿qué? Así no puedo salir a la calle. Empiezo a rebuscar en el armario. Saco y me pruebo todo para descartarlo enseguida porque no me veo. Estoy a punto de llamar a Álvaro, pero hoy he decidido que esta compleja labor la voy a acometer por mis medios. Estoy empezando a desesperar cuando veo un vestidito negro que hace tiempo que no me pongo. Lo saco, estiro con las manos, me lo pruebo y, ¡ya está! Perfecto. Con el *suti* hasta parece que tenga más pecho. Si ya lo dicen las revistas, que el vestido negro te saca de cualquier apuro. Un ligero toque de maquillaje, un poquito de perfume tras las orejas y agarrando los Manolos me da justo tiempo de rezar con Eugenia, darle un beso, reiterarle por enésima vez a Anita que me llame si hay algún problema y ya estoy en la calle. No puedo correr. Como corra, me mato. ¡A lo mejor me rompo una pierna y no puedo comer chucrut! Semejante amenaza bien merece que camine despacito. También Adonis vive cerca de casa, así que por mucho que tarde, sólo llegaré con quince minutos de retraso y, ¿qué son quince minutos en la inmensidad de una vida? Poco a poco alcanzo su portal y subo en cuanto me abre.

Me recibe con un beso y me hace pasar. Mi alemán tiene un apartamento muy bonito y muy bien amueblado. Además, es muy hogareño. Ha pintado las paredes de color verde oscuro. Los libros rebosan en la estantería. Los sofás tapizados de una cretona de flores son de lo más invitador. Hay flores naturales y velas por todas partes y una luz muy tenue. ¡Cómo se nota que en esta casa no hay niños! Puede tener sus *bibelots* sin miedo a que nadie se los rompa. Hay fotografías por todas partes. Casi todas son de su madre o de su padre. Su madre es una belleza. Ya sé de dónde vienen sus rasgos. Hay otras tantas de grupos de amigos. Me explica que algunos son sus compañeros de la Sorbona y otros sus amigos de Munich o de Austria. Veo muchas fotos suyas esquiando o vestido de tirolés. Me hace mucha gracia la cosa porque para mí es como si Álvaro saliera de paseo vestido de torero. Adonis se ríe de mis ocurrencias, pero por mucho que me asegure que en el sur de Alemania es costumbre vestirse así, a mí no se me quita la absurda imagen de mi amigo impartiendo sus clases de porcelana a lo Domingo Ortega y recibiendo innumerables "olés" por sus magistrales explicaciones.

—¿Te gustaría conocer mi tierra? —pregunta mientras me besa el cuello.

—Me gustaría conocer todo lo tuyo —contesto sin darme cuenta de lo que digo. Lo que quiero decir es que me encantaría conocer Munich y Austria, y también conocer a su madre y a sus amigos, pero él se queda con lo obvio porque me abraza con fuerza y me envuelve en un beso de lo más apasionado. ¿Y si me caigo de los Manolos? Me suelta sin más dejándome medio exhausta para ofrecerme una copa de vino. Pues sí, hoy me voy a tomar una copita, que estoy como un flan. Elijo uno blanco y quiero acompañarle, pero no me deja. Hoy es él el anfitrión. Vuelve de la cocina en un instante con dos copas en la mano y alza la suya proponiéndome un brindis por nosotros. Un sorbito y ya estamos buscándonos. Me retira la copa de la mano y pone ambas sobre la mesa para concentrarse enteramente en mí. Nos dejamos caer sobre el sofá. Bueno, yo aterrizo encima de él porque no calculo los tacones. Empieza a acariciarme. Hoy no le voy a poner trabas y creo que él lo sabe, porque ya está subiendo su mano por mis muslos acariciando el encaje de mis braguitas. No me acuerdo muy bien de lo que tengo que hacer, así que me dejo llevar. Me estoy relajando con sus caricias cuando, de repente, siento que sus manos están en la cremallera del vestido. Me susurra un "¿puedo?", y con mi beso le estoy dando el sí que espera. Con lo que a mí me ha costado subirme la cremallera, parece que él sea un experto, porque en un segundo ya la ha bajado. Desliza los tirantes por mis hombros y en un gesto muy seguro me baja el vestido. Se recrea en observarme y jugar con la puntilla de mi ropa interior. ¡Bendita sea Mónica! Parece que se impacienta, porque con otro gesto rápido se ha quitado de encima la camiseta y yo me apoyo contra su torso desnudo. Mmmmm… ¡Qué sensación! Me levanta como si fuera una pulga y sin parar de besarme, me lleva a la habitación y me deposita con mucho cuidado sobre su cama, como si fuera una muñeca de porcelana, al tiempo que se quita los vaqueros.

La casa huele a chucrut, pero ¿a quién le importa en estos momentos el chucrut?

XV

Tras el primer escarceo, vino otro y luego un tercero. Si en el primero nos devoramos mutuamente, los siguientes fueron más tranquilos. Adonis experimentaba con mi cuerpo buscando aquellas zonas que me proporcionaran mayor placer. Una vez vencida mi inicial timidez, hice lo mismo explorando cada recóndito lugar de su anatomía, que no me cansaba de besar y de acariciar.

Cerca de las dos de la mañana nos desperezamos. Estábamos muertos de hambre y en ese momento a mí me importaba un bledo que fuera chucrut quemado con tal de comer. Comimos y volvimos a la cama. Eran las seis de la mañana cuando decidí que era hora de regresar a casa. No quería entrar después de que se despertaran Eugenia y Anita, y Adonis lo entendió perfectamente. Aunque insistí en que permaneciera en la cama, no dudó en vestirse y acompañarme. Nos dimos un último beso en el portal y quedamos en dar el paseo dominical con Eugenia al día siguiente. Adonis decía que echaba de menos a la cría y que quería pasar el domingo con ella.

Casi no me había despedido cuando sonó mi móvil. Era él otra vez que llamaba para desearme las buenas noches. ¡Qué bonito es el amor!

Cuando desperté, no se oían ruidos en la casa. Del susto salté de la cama, porque eso puede ser habitual en otros hogares, pero no en el mío. Por no oír, no oía ni tan siquiera a Isoldita. Me dolía la cabeza por la falta de sueño, pero venció mi curiosidad. Algo se tramaba a mis espaldas. Me asomé a la cocina para sorprender a Eugenia vestida ayudando a Anita a preparar mi desayuno.

—Hola mami —saludó jovial mi hija—, te iba a llevar el desayuno a la cama, que Anita me ha dicho que ayer te quedaste trabajando hasta muy tarde.

Menuda imaginación tiene Anita. Si lo que hice ayer fue trabajar, que me digan donde tengo que firmar para asegurarme un contrato indefinido con horas extras incluidas. Pero no iba a ser yo quien sacara a mi hija del error de que tenía una madre *super currante*, así que me dejé mimar, no sin antes decirle a Anita que se fuera cuando quisiera.

Estaba plácidamente saboreando mi tercera taza de café, la que me daba fuerzas para escuchar el correspondiente relato de los excitantes dibujos animados que había visto ayer Eugenia, cuando nos sobresaltó el timbre.

—¿Siiiii?, —contesta mi hija que apenas alcanza de puntillas el telefonillo de la puerta—. Pasa.

—¿Quién es? —pregunto. A ver quién es el que me va a ver con una camisa de pijama de papá y unos calcetines gordos de tenis, mi peculiar forma de entender el atuendo de noche.

XV

—Es Gorg, que viene a buscarnos —dice Eugenia, que se afana ahora en recoger la cocina para que la posible salida no se demore. ¿Adonis ya en casa? Me miro en la cafetera y contemplo horrorizada que el reflejo me enfrenta con una cara distorsionada y el pelo revuelto cayéndome a greñas por la cara. Eso por no mencionar mi "pijama". Pero no hay tiempo. Me paso la mano por el pelo para intentar domar las ondas un poco. Mi hija ya está abriendo la puerta principal y en dos pasos se presenta Adonis en el umbral de mi cocina con su sonrisa encantadora y Eugenia en los brazos. Si le asusta mi aspecto, no se nota. Al contrario, por su mirada cualquiera diría que está contemplando a Minerva. Tal vez no le disguste mi apariencia, pero a mí de repente me da una vergüenza horrible verle a la luz del día después de lo de anoche.

—¿Café? —es lo único que se me ocurre. Adonis se acerca y sosteniendo todavía a Eugenia, me da un beso en los labios. Cualquiera diría que somos una pareja consolidada, que él ha salido a comprar el pan con nuestra hija y que a la vuelta y me da los buenos días con un cariñoso beso. Ante mi sorpresa es Eugenia la que advierte que algo ha cambiado:

—¿Por qué le das un beso a mamá en la boca? —pregunta al alemán.

—Porque es mi amiga.

—Álvaro y Félix también son amigos de mamá y la besan en la cara. ¿Tú por qué le has dado un beso en la boca? —insiste Eugenia. Me limito a callar como si fuera el invitado de piedra. Quiero que Adonis se explique y es mejor que yo no intervenga.

—Porque la quiero —contesta sin más.

¿Me quiere?. Ahora dirá que me quiere como a una amiga o como Eugenia quiere a Aurelio o algo así, pero lo que viene a continuación me sorprende todavía más,

—Porque la quiero mucho, mucho más que a una amiga. ¿A ti qué te parece? ¿Me das permiso para que le de besos en la boca a tu madre?

¡Esto sí que es nuevo! Enrique le pidió mi mano a mi padre porque papá era muy tradicional, pero creo que fue el último de toda España en pedirle permiso al suegro para contraer matrimonio. Y ahora viene el bávaro y ¿le pide permiso a mi hija para besarme? Es el mundo al revés. Si ya lo dice Leonor mil veces, que ella de este mundo ya no entiende nada. Creo que necesito más café. Me levanto a por la cafetera, pero no pierdo ripio de lo que hablan esos dos. Eugenia está pensando y Adonis le deja que se tome su tiempo. No la presiona, simplemente la trata como si fuera una adulta y a mi hija eso le encanta. Por eso piensa más tiempo antes de contestar:

—Yo sólo he visto a Sandra y a Edu darse besos en la boca y también a Marion y a Ernesto. Pero están casados. Deja pasar unos segundos antes de continuar con su interrogatorio—. ¿Eso quiere decir que te vas a casar con mamá?

Te está bien merecido por preguntarle a una niña una cosa así. Sigo mirando de reojo como si toda esta película no fuera conmigo.

—Si tu madre quisiera, me casaría con ella ahora mismo. Pero los mayores tardan un tiempo antes de casarse para conocerse bien y esas cosas.

XV

—Entonces, ¿eres el novio de mamá? —Eugenia está empeñada en que le den una respuesta muy clarita.

—Sí, creo que soy el novio de tu mamá. Espero que eso te parezca bien y que sigas pensando que soy tu mejor amigo alemán.

—Si eres el novio de mamá, eres mucho más que eso para mí, ¿no?

—En un futuro, sí. Ahora me conformo con que te parezca bien que le dé besos a tu madre y que aceptes que sea su novio.

Aunque he de reconocer que me encanta cómo está explicándole a la niña el cambio que se produjo anoche en nuestras vidas, me sigue pareciendo muy curioso que la pregunta en cuestión de si somos novios no me la haya planteado previamente a mí.

—Sí, me parece bien.

Mis propios pensamientos quedan interrumpidos por la rotundidad de la respuesta de Eugenia. Adonis no espera ni un segundo, antes de abalanzarse sobre mí y, todavía con Eugenia en brazos, colmarme a besos. Eugenia se parte de risa y aplaude pidiendo más y Adonis me da más, muchos más.

¡Tengo novio! Tampoco sé muy bien en qué consiste eso de tener novio. ¿Podré salir con mis amigos? ¿Me acompañará Adonis a todas partes? ¿Mantendré mi intimidad con Álvaro? Hace tantos años que fui novia que se me han olvidado las reglas. Tampoco sé si las que yo recuerdo de cuando salía con Enrique, se corresponden con las reglas alemanas. Seguro que no se ha promulgado ninguna ley para homogeneizar las costumbres de los países de la Unión Europea. Se lían con lo de la globalización y el calentamiento de no sé qué, que a los europeítos de a pie nos importan un bledo y dejan sin regular temas tan importantes y necesarios como éste. ¡Ya podrían! Porque yo ahora no sé qué hacer. Opto por tomarme las cosas como vengan. La vida ya me ha enseñado a no preocuparme por lo que pase el día siguiente. Que nunca se sabe lo que puede pasar y las cosas de la vida cambian a velocidad vertiginosa. Así que asumo mi papel de novia de Adonis.

Me está gustando esto de tener novio. Entre otras cosas, esas que me transportan al cielo, me gusta cómo ha encajado Eugenia la noticia y el hecho de que Adonis se desvele tanto por la niña. Si el otro día en el parque estaba más preocupado por entretenerla, hoy ha añadido un halo de protección a su comportamiento que alcanza a las dos. No pierde ojo cuando Eugenia juega en los columpios, ni cuando se reboza en la caja de arena, ni cuando pretende trepar por el tobogán al revés. Pero, al mismo tiempo, sigue pendiente de mí. Me besa y me abraza sin parar, y también quiere que le enseñemos a saltar a la comba. Tengo que reconocer que a mi novio, con todo lo guapo y deportista que es, lo de la comba no se le da muy bien. Será que en Alemania desconocen este juego que ha entretenido a generaciones de españolas. Por eso, terminamos finalmente dando cuerda nosotros a la cría que salta sin parar de pedir más y más.

Exhaustos de tanta aventura, nos dirigimos al chiringuito donde nos encontramos con Félix y Álvaro que están tomando el aperitivo. Eugenia ha salido corriendo en cuanto los ha visto y, sin esperarnos, les ha soltado un "mamá tiene novio" por el que casi derrama Félix su caña.

—Pero, ¿qué dices criatura? —le pregunta como si fueran cosas de niños.

—Que sí, Félix, que mamá tiene novio. Gorg le da besos en la boca.

Ahora es también Álvaro el que se levanta riendo y ofreciéndonos asiento, y me dice:

—¡Qué cosas dice Eugenia!

Para Álvaro, una cosa es un revolcón y otra muy distinta tener novio. Y menos que lo tenga yo. Él sí que considera a Félix su novio, pero eso de que Eugenia le suelte semejante bomba sin que yo se lo haya contado antes, no es propio de mí y no termina de gustarle. Me siento encogiendo los hombros a modo de respuesta porque sólo de pensar en tener que dar explicaciones, me entra dolor de cabeza. Además, estoy harta de dar tanta explicación, mi vida parece un libro abierto. Pero Adonis, que parece haber aceptado el consentimiento de Eugenia como si fuera el de mi padre, me coge de la mano y termina por soltarles:

—Sí, oficialmente Jimena y yo somos novios. Estaba deseando contároslo.

Félix y Álvaro callan en un primer momento. Supongo que mi padrino está pensando lo que piensan últimamente muchos; que es muy pronto y que estoy demasiado vulnerable para dar semejante paso. Álvaro, por el contrario, está que trina y deseando pillarme a solas. Pero hoy no le voy a dejar. Me siento demasiado feliz para que nadie, ni siquiera Álvaro, arroje la mínima duda sobre la certeza de que por fin ha llegado Leopold. Adonis, por su parte, es el más tranquilo de todos. Asume su papel de novio como si por ello ya hubiera entrado en este círculo excéntrico de personas que forma mi núcleo más allegado y charla distendidamente con ambos sin soltarme la mano, por supuesto. No sé qué me da que mis amigos están de todo menos contentos, pero se van a tener que acostumbrar. Además, me estoy enfadando. Yo fui de lo más generosa aceptando su propia relación. Y para raras y extrañas, esa. Podrían mostrar un poco más de entusiasmo. Adonis puede no estar dándose cuenta de nada, pero yo sí. Por eso casi le suelto una fresca a Álvaro cuando me pide que le acompañe a por otra ronda. Aunque Adonis ya está de pie para evitarme la molestia, le paro. Álvaro me va a oír.

—Pero, tú estás loca o, ¿qué te pasa? —es lo primero que se le ocurre en cuanto nos hemos alejado un poco.

—Y tú, ¿de qué vas? —le espeto—. A ver si eres el único que tiene derecho a echarse novio en este país. Ya podrías ser un poco más cariñoso conmigo y alegrarte por mí después de todo lo que he pasado.

—Jimena, no me malinterpretes —empieza a suavizar su tono—. Naturalmente que quiero que seas feliz. Siempre te he empujado a que salieras y conocieras gente, pero ¿no te parece que es muy temprano para que te precipites en una relación?. No sabes nada de él...

No le dejo terminar la frase:

—Sé lo importante; que me quiere y que le quiero. Es buena gente y lo que me ha contado de su familia tampoco es tan distinto de la mía, bueno, quitando sus amigos que seguro, que son más normales que vosotros, que le estáis mirando con lupa al pobre todo el tiempo. ¿No te hacía tanta gracia lo de la lencería?

XV

—Óyeme bien, preciosa. Si hubiera pasado más tiempo, si ya conocieras a su madre y su entorno, no me metería para nada. Al contrario, estaría eligiendo unos calzones de cuero tiroleses para acompañaros a los montes bávaros, si hiciera falta. ¿Pero te das cuenta que has metido a Eugenia en un embolado?

—Eugenia está encantada con él. No para de repetirme lo bien que le cae —respondo.

—Claro que está encantada. En este momento Eugenia está encantada de tener a cualquiera. Echa mucho de menos a tu padre y recibiría a cualquiera con los brazos abiertos con tal de que llene ese vacío. Me parece que a ti te pasa un poco lo mismo.

La sola mención a papá hace que se me llenen los ojos de lágrimas.

—¿No te das cuenta, Álvaro? Me siento muy sola.

—Pero si nos tienes a nosotros, preciosa —dice alcanzándome un pañuelo.

—No es lo mismo. Vosotros tenéis vuestra vida. Yo tengo que hacer la mía con Eugenia, y Georg nos trata muy bien a los dos.

Es la primera vez que llamo a mi bávaro por su nombre.

—Vale, Jimena. Déjanos sólo un poco de tiempo para hacernos a la idea. Sólo prométeme que irás con cuidado y yo te aseguro que hablaré con Félix. Cuenta con nosotros. Anda vamos, que tu Adonis se está oliendo que pasa algo y no quiero que te vea llorando. Sólo faltaba que me cogiera manía.

Pero Adonis no se ha dado cuenta de nada. Sigue pendiente de Eugenia al tiempo que comenta con Félix lo mucho que le está gustando Madrid. Félix sí ha visto que Álvaro y yo hemos tenido unas palabras. Sólo con mirarnos sabe que hemos discutido y como no se le ocurre otra cosa, en cuanto nos sentamos suelta un "¿por qué no organizamos una fiesta?", que nos deja a todos estupefactos. Pero, ¿por qué no? Me parece una idea genial. Así además podré presentar a Georg a mis amigos. Viendo la sonrisa de mi novio, no puedo por más que entusiasmarme con la idea:

—Sí, una fiesta nos vendría muy bien a todos.

XVI

Lo de la fiesta sirvió para rebajar la tensión. Tenía que celebrarse en mi casa para que Eugenia pudiera participar. Zanjado el tema del lugar, decidí que quería una fiesta temática como esas que organizan los famosos. Mi idea inicial de que todos vinieran de blanco fue descartada por Álvaro, que opinaba que como mi salón es una bombonera en colores rojos y rosas, no pintaba un carajo lo del blanco. Cuando sugerí el rosa, resulta que iba a parecer un pastelón de San Valentín. Mencioné una fiesta de Halloween, y entonces fue Félix el que respondió airado:

—En este santo país se han celebrado toda la vida de Dios los Carnavales. No entiendo yo lo de copiar a los *yankees* incluso en eso.

Ante el ardor guerrero que acababa de desplegar mi padrino, no sería yo quien le impusiera una fiesta de Halloween. Bien pensado, a mí tampoco me gusta. En vez de escoger disfraces que te favorecen, te tienes que vestir de Drácula, de murciélago, de bruja o de muerto. Así que también descartamos la idea del baile de disfraces. El pobre Georg no termina de entender mi insistencia por celebrar una fiesta temática. Una reunión de amigos con música de fondo le parece suficiente, pero yo estoy empeñada en que la presentación en sociedad de mi novio sea en toda regla, una ocasión que recordemos de viejecitos cuando estemos en Brooklyn.

—Ya lo tengo —exclamo. De repente, me había acordado de las fotos de tirolés de Georg y no sé cómo derivé en el *pescaíto* frito de Fernando:

—Haremos una fiesta andaluza. —Qué más daba que quedaran más de cuatro meses para la Feria—. Nos vestimos de flamencos, ponemos sevillanas y, ¡a bailar que son dos días!

Esta idea sí que fue aplaudida con entusiasmo por todos, incluso por mi novio, a quien la idea parecía "*typical spanish*". Le sermoneé durante más de veinte minutos que lo del "*typical spanish*" era de época de Franco y que nosotras, a diferencia de sus compatriotas, no salíamos a la calle vestidas de faralaes con la peineta y las castañuelas. Una cosa es que me parezca romántico lo de Baviera y el Tirol austríaco, y otra que se piensen que seguimos recorriendo España en el seiscientos a lo *Cuéntame*. ¡A ver qué se ha creído éste! Pero ya se sabe, perro ladrador... En cuanto me hizo tres carantoñas, se esfumó la vena patriótica y sucumbí a sus arrumacos.

Los preparativos de la fiesta llenaron el poco tiempo libre que tuve las siguientes semanas. Habían empezado las clases. Cada tarde me enfrascaba dos horas ante el ordenador finalizando mi tesis y, por supuesto, estaba Georg.

Pasaba las tardes en casa, lo que a Eugenia le proporcionaba cierta estabilidad hogareña. Cuando yo no le podía ayudar en sus deberes, recurría a su mejor amigo alemán que, pacientemente, le explicaba las tablas de multiplicar, el catecismo o lo que necesitara la niña. Y, por supuesto, estaban nuestras escapadas al cielo. Pocos eran los mediodías que no salíamos de la Escuela corriendo hacia su apartamento donde dábamos rienda suelta a nuestra pasión. Me había tenido que comprar más conjuntos de esos monísimos y carísimos porque en sus arrebatos ya me había roto las braguitas de dos de los primeros. Por las noches, después de cenar, y aunque nos habíamos impuesto como norma que no ocurriese, también cometimos algún desliz en casa. Como todo en la vida, lo prohibido es más atractivo, y en tanto que no despertáramos a Eugenia, nos fuimos al cielo en globo, en ala delta, en *sputnik* y en reactor. Los aperitivos dominicales también se habían convertido en parte de la rutina y Anita seguía viniendo a casa, a pesar de que Félix no cesaba de repetirme que tenía que hacer algo con el piso de papá. Pero la solución de Anita era perfecta para ella, para mí, para Eugenia y hasta para la casa de papá, que así quedaba limpia y vigilada. Así que, cada vez que Félix sacaba el tema, seguía escurriendo el bulto de la mejor forma posible.

Marion defendió su doctorado a mediados de octubre y obtuvo el cum laude por unanimidad sin problema. Estaba orgullosísima y Ernesto, su marido, más gordo que un pavo real ante el éxito de su brillante esposa. Como era de esperar, todos acudimos a su defensa y poco faltó para que irrumpiéramos en aplausos cuando terminó su disertación. Ya sólo quedaba yo y, sólo por eso, me puse las pilas ¡Vaya que si me las puse! Sonsoles no daba crédito a mis avances. Debía haber pensado que con lo de Georg, abandonaría un poco mis obligaciones pero, lejos de eso, estaba más implicada que nunca en la Escuela. Georg y yo incluso presentamos un proyecto de curso que impartiríamos los dos combinando historia y técnicas de restauración. Sonsoles se entusiasmó con la idea y nos encargó que nos preparásemos para arrancar con una hora semanal a los de cuarto curso después de Navidad. ¡Más trabajo! Poco sabía Sonsoles lo que es un novio alemán. Monstruos en la cama, pero a la hora de trabajar, arrasan con todo lo que tienen por delante realizando su labor con una minuciosidad que a mí se me antoja que ralla en la paranoia de la perfección.

¡Ha llegado el gran día! El salón de mi casa parece una caseta de Feria. Hemos colgado farolillos y guirnaldas de papel de todos los colores por el techo. Con la ayuda de Georg y de Álvaro hemos arrimado los sofás contra la pared, dejando espacio para bailar. Eugenia está monísima con un vestidito de sevillana que hemos comprado en Menkes. Yo he optado por rescatar mi falda de volantes de cuando daba clases de baile español y lo he combinado con una malla negra y medias negras. Con un clavel rojo en la oreja me siento la Carmen más guapa del mundo. Aunque Álvaro se ha enfundado también en su traje de montar e incluso le ha colocado un sombrero cordobés al pobre Félix, que tiene menos gracia que un pato mareado, no hemos dejado que Georg se vistiera a la española. Por si acaso, ya le he dicho que tampoco se presente de tirolés. ¡Vaya que sea el hazmerreír de todos! Le he asegurado que tal y como va siempre eclipsará a todos y como en el fondo los hombres son unos vanidosos, se ha quedado tan contento.

XVI

Cuando hicimos la lista de invitados, resultó que sería una reunión de lo más variopinta. Desde Sonsoles, pasando por todas mis compañeras, hasta Leonor, a la que me he visto obligada a invitar puesto que venía su sobrino, sin olvidar a Sandra y a Edu, que hace mil años que no veo. La noticia de una fiesta fue recibida con entusiasmo por todos, que de inmediato se brindaron a traer comida y bebida. En Madrid la sola mención de una jarana atrae una aceptación entusiasta, y si además se celebra después de algún acontecimiento trágico, pues mejor. Y en este caso todos estaban dispuestos a reunirse conmigo tras la muerte de papá.

—Hola guapa.

Sandra y Edu son los primeros en llegar. Ella está espectacular. Ya sabía yo que iba a presumir de amiga guapa. Georg se queda extasiado mirándola y reconoce que es una belleza. Cuando hago las presentaciones, es Edu el que no puede por menos que recriminarme no haberles hecho partícipes de mis novedades:

—¡Qué calladito te tenías lo del novio, mona! Si no llega a ser porque Álvaro nos lo ha contado, nos quedamos de piedra.

¡Ya está! Hoy proclamo oficialmente a Álvaro Rey de los Cotillas. ¿A quién más se lo habrá contado? Y, ¿qué les ha dicho? Se lo pregunto a Edu, que no duda en contestar:

—Algo así como que te has tirado por una montaña rusa y que habrá que amortiguar la caída.

Parece mentira que después de tantos años Álvaro no se haya enterado que es por el puente de Brooklyn por el que se tira Kate y no por una montaña rusa, pero eso no me da tiempo de explicárselo porque ya han llegado casi todos. Estoy encantada de verlos. Quien más y quien menos ha procurado ajustar su atuendo para la ocasión. Incluso hemos disfrazado a Anita, a pesar de sus reticencias, a dejarse hacer un moño, o algo parecido con su pelo corto y a coserle unos volantes en el delantal. Fernando llega con un cargamento de *pescaíto* frito que está delicioso y una caja entera de fino porque, según él, no hay fiesta andaluza sin fino y, claro, a ver quién le discute eso a un sevillano.

La música ya lleva un rato sonando, pero alguien sube el volumen de unas sevillanas. Como siempre, parece que ninguno quiera ser el primero en saltar al ruedo. Así que Fernando, que se encuentra muy en su ambiente a pesar de no conocer casi a nadie, decide pedirme esas primeras sevillanas que acepto sin dudar. Bailamos la primera y la segunda, y yo me sorprendo de lo buen bailarín que es mi pareja, que no me quita ojo durante todos los pasos. Como yo he dado clases de baile español muchos años, no me cuesta ponerme a tono, y la tercera y la cuarta son coreadas por las palmas y los olés de todos ante la sensualidad de nuestros movimientos. Al fin y al cabo, de eso se trata con las sevillanas; es un baile en el que hombre y mujer establecen un ritual de gestos y miradas de lo más provocador para el que no lo entienda. Y, claro, sólo hay uno que no lo entiende porque nunca las ha visto bailar, Georg. En mi entusiasmo por recuperar un baile de juventud y ante la destreza de Fernando, se me había olvidado por completo que a lo mejor provocaba los celos de mi novio. Si lo hago aposta, no me sale mejor. Ya ha terminado el último paso de la cuarta y antes de que Fernando me suelte, se planta Georg a mi lado y me plante un beso en la boca.

¡Que le queda claro a Fernando de quién soy! Nunca me han gustado esos gestos posesivos que despliegan algunos hombres hacia sus mujeres. Me da la sensación de que necesitan marcar territorio, o que estén vallando un coto privado. Y precisamente eso es lo que está haciendo Georg para cuantos le observan, menos para mí, que en la euforia del momento creo que sólo se trata de una forma cariñosa de aplaudir mi baile. Aunque Álvaro no pierde la ocasión para comentar lo suficientemente alto como para que lo oigamos los que estamos cerca de él:

—Mucho macho marcando territorio hay por aquí.

Fernando, por su parte, está de lo más azorado y no duda en disculparse:

—Perdona Jimena, no sabía que salías con nadie. ¿No se habrá molestado Georg?.

Pero yo me lo estoy pasando bomba, y como me he tomado un finito, le contesto con un beso en la mejilla, le aseguro que Georg es un cielo, que está encantado y le alabo por ser el mejor bailarín que conozco. Hoy no me fastidia nadie la fiesta y si a Georg no le gusta que baile, pues que hubiera aprendido. Pero lo cierto es que me tengo que zafar del abrazo de mi novio para que me deje seguir bailando, aunque esta vez, como es con Edu, que está casado, se limita a mirarme con orgullo. Tampoco le importa que me marque una rumba con Álvaro, ni el fandango en el que formo pareja con Ernesto, el marido de Marion. Aplaude, o hace como que baila con Eugenia, que no se despega de él en casi toda la noche. Finalmente, soy yo misma la que invito a acompañarme en una rumba a Fernando que, ante mi ruego, termina por aceptar. Y claro, si lo de las sevillanas le ha provocado un ataque de celos a Georg, lo de la rumba casi le descompone. En ese momento, y aunque no me gusten esos gestos posesivos, me siento de lo más adulada. Estoy bailando con un chico que me cae genial y mi novio está que trina. Porque si los hombres son presumidos, nada le puede gustar más a una mujer que sentirse adorada. Y así es como me siento, adorada y feliz.

XVII

Diciembre se nos ha echado encima sin darnos cuenta. He llegado a la conclusión de que odio la Navidad. Odiar es un sentimiento impropio de mí. Ni siquiera odié a Enrique cuando me enteré que me la estaba pegando con su secretaria y que no había sido la primera. Pero ahora reconozco que odio ver a la gente tan feliz fingiendo una momentánea bondad que desaparecerá el ocho de enero. Me pone de los nervios. Antes me encantaban estas fechas, pero, si por mi fuera, las borraba de un plumazo del calendario. Hoy mismo me metía en la cama hasta después de Reyes. Antes me encantaban porque estaba papá. La preparación de las Fiestas nos ocupaba en un sinfín de cometidos. Todo empezaba con una excursión a la Escuela de Montes para que Eugenia eligiera dos árboles, uno grande para casa del abuelo y otro pequeñito para la nuestra. Después fabricábamos entre los tres una inmensa corona de adviento con cuatro grandes velas rojas que encendíamos, una a una, cada domingo hasta el día de Nochebuena cuando, tras la cena, nos dirigíamos a la Misa del Gallo que oficiaba Tomás. Cada año había que seguir aumentando los belenes, lo que implicaba también una o varias visitas a los puestos de la Plaza Mayor. Montar el árbol, decorar ambas casas y poner el Nacimiento iban acompañados de grandes meriendas que mi padre amenizaba con todo tipo de villancicos. Desde luego, estaba el suspense de elegir para Eugenia los regalos que le traerían los Reyes y que camuflábamos en lo alto del armario del cuarto de papá, único escondite que se nos antojaba seguro de verdad. Y, por supuesto, estaba la cabalgata. Pertrechados por una inmensa escalera, nos dirigíamos a la Castellana a la espera del paso de los Magos de Oriente, cuya atención procuraba atraer mi padre con grandes gestos y aspavientos que le hacían receptor de una buena cantidad de caramelos para su nieta.

Ese ritual ha terminado. Papá ya no está, y todavía no tengo ni idea de lo que haremos Eugenia y yo estas fiestas. Si salgo a la calle o pongo la tele, en todas partes me agobian con lucecitas y arrebatos de alegría colectiva que me empiezan a atacar los nervios. ¿Es la única época del año en la que nos proponemos ser buenos? Hasta el árbol que instala Sonsoles en el patio de la Escuela me desquicia. Eugenia también parece acusar el cambio, porque está insoportable. No me obedece, me contesta y ni siquiera se comporta igual con Georg. Es él, el primero que me ha explicado que su cambio obedece a la ausencia de mi padre. Se muestra paciente e insiste en hablarle al abuelo todas las noches contemplando su estrella. Yo no puedo acompañarles. A la mínima estoy hecha un mar de lágrimas, pero me he propuesto que mi hija disfrute de estas fechas en la medida de lo posible. Así que, acompañadas por Georg, escogemos y montamos el árbol. Vamos a la Plaza Mayor a descubrir alguna novedad para nuestro belén y decoramos nuestra propia corona de adviento. Georg participa activamente en nuestros preparativos, porque su madre también se esfuerza mucho en estos menesteres en su casa de Munich, según no para de contarle a Eugenia. No me atrevo a preguntarle por sus planes porque siento pavor ante lo que va a ser la obvia respuesta. ¿Cómo no va a pasar la Nochebuena con su madre? Ni siquiera yo soy tan egoísta como para sugerirle que se quede en Madrid. Marion y Ernesto tienen sus billetes para ir a Bruselas a visitar a la familia de ella. Sonsoles se irá a Cádiz como todos los años con sus hermanas. Mónica recibe a toda su parentela de Vigo. Álvaro y Félix están discutiendo sus posibilidades:

—Te digo que vengas a Trujillo hombre, que a mamá le vas a encantar.

¡Tiene cada cosa mi amigo! Ya tiene mérito que en la Extremadura profunda haya aceptado Doña Isabel la condición de su hijo y acoja a sus sucesivos novios, pero, ¿cómo se va a presentar Félix ante la madre de Álvaro, si son de la misma quinta? ¿Cómo van a explicar la relación que tienen a toda la parentela de Álvaro, que es de lo más carca que hay? Félix ve los inconvenientes y no quiere por nada del mundo participar en esa juerga. Finalmente, se le ocurre la excusa perfecta:

—Álvaro, no quiero dejar a Jimena y a Eugenia solas este año. Si te parece, vas tú, estás con tu familia y te recojo el día 30. Podemos pasar juntos el fin de año en Portugal.

Como me ha puesto por excusa y Álvaro lleva con el runrún de qué vamos a hacer nosotras solas muchos días, termina por aceptar y se lanza con su habitual entusiasmo a planificar un viaje en coche por el Alentejo portugués. Y yo ya tengo una duda menos. Por lo menos, pasaremos la Nochebuena con Félix.

Ayer me crucé con Fernando cuando llegué a casa cargada de bolsas con las que decorar la casa. No le veía desde el día de la fiesta. Él venía de la oficina y yo moqueaba como una cría, porque ni por la calle era capaz de reprimir mis lágrimas. ¡Ya le contaré yo a Eugenia lo que me ha costado esta Navidad! Georg se había quedado con Eugenia, así que me tocó ir sola a pelarme por los establecimientos de la zona. Con qué gusto me hubiera largado yo a Trujillo con Álvaro, donde pasan la Nochebuena entre panderetas y villancicos.

—Hola, guapa. —De su inmensa sonrisa se desprende la gran bondad que despide siempre este chico tan seguro de sí mismo. Pero su sonrisa se eclipsó en cuanto me vio llorando.

—¿Qué pasa, preciosa, por qué lloras?

—Nada, Fernando, que no quiero ser mayor. Quiero irme con papá ahora mismo.

—No digas esas cosas. A ti lo que te falta es un buen chocolate con bizcocho.

Acababa de mencionar las palabras claves para que irrumpa en un llanto desgarrador. El pobre no sabe lo que acaba de decir y se limita a coger mis bolsas y prestarme el hombro para que me explaye a gusto.

—¿Te hace un café? —sugirió. Asentí. Todo con tal de no subir a casa y enfrentarme de esta forma a Eugenia y

Georg, ante los que estaba representando un papel de entusiasmo que me va a hacer, por lo menos, merecedora de un Oscar a la mejor actriz principal. Así que nos tomamos un café y le cuento incluso el temor que siento ante la posibilidad de que Georg marche a su Munich natal. Fernando escucha pacientemente. Finalmente, me alarga la mano sobre la mesa,

—Con gusto me quedaría con vosotras para animar el cotarro, pero me esperan en Sevilla. Vuelvo el día uno porque empiezo a trabajar el dos. En cuanto llegue, te llamo y si quieres, organizamos planes con tu hija.

Así quedamos. Me devuelve mis bolsas y deseándome unas felices fiestas, desaparece en su portal.

Georg me sorprende con una noticia que, francamente, ni siquiera me había planteado. Como es lógico, se irá el día 23. Pero yo contaba con que regresaría por fin de año, y no. Sus amigos han organizado una fiesta en no sé qué estación de esquí, creo que se llama Davos, y me propone que les acompañe y me quede con ellos durante la semana de esquí que piensa pasar allí. ¿Qué pintamos nosotras en una estación de esquí nevada hasta los tejados? ¿Me está diciendo que se larga todas las vacaciones? Siento que la cólera se está montando en mi interior y de las lágrimas no queda nada. Si se quiere marchar, que se vaya. No pienso reconocer que me molesta, así que me muestro muy digna, asegurándole que estaremos muy bien, que tengo un montón de planes y que por nada del mundo renunciaría a la cabalgata por una estación de esquí recóndita. Y como cada vez estoy más convencida de que los hombres o son tontos de remate, o unos egoístas de calibre singular, se queda de lo más satisfecho ante mis excusas lanzándose a todo tipo de explicaciones sobre las pistas de esquí que se ha propuesto descender en esta ocasión. "¡Por mí como si se tira en parapente!", me sorprendo pensando para mí, pero ni borracha le pienso suplicar. Incluso esta noche parece que he levantado un muro como el de Berlín entre nosotros, y ni siquiera sus caricias y juegos eróticos hacen que me entregue a él como antes.

Llega la despedida con muchos besos y la promesa de llamarme a diario. Y ahí nos quedamos solas Eugenia, Anita y yo. Anita tampoco tiene donde ir y yo estoy encantada de que comparta con nosotros la Nochebuena. Por fin también llega Félix. Nos hemos vestido para la ocasión. Eugenia está más callada, pero ya no tan rebelde. Cenamos riendo ante los comentarios jocosos de Félix que hace un esfuerzo titánico por animarnos y que no decaiga la fiesta, y nos reunimos alrededor de la corona de adviento para entonar los villancicos. Encendemos las cuatro velas por el nacimiento de Dios e intentamos cantar con una alegría fingida hasta que Eugenia pregunta:

—¿En el cielo se celebra la Nochebuena?

No puedo más. Rompo a llorar, al tiempo que le aseguro que seguro que sí, que hoy se celebra de manera muy especial porque ha llegado el abuelo y el Niño Jesús está la mar de contento. Eugenia también llora y hasta a Félix se le escapan las lágrimas. Comemos en silencio. Ya no hay más ambiente navideño que el que sale de la caja tonta con los alborotos y gritos de los especiales que se emiten en televisión, y que hemos decidido poner para animarnos un poco. Aunque Anita se ha excedido en sus tareas culinarias, apenas probamos bocado antes de partir para la Misa del Gallo. Nunca me había fijado en lo bien que prepara Tomás la iglesia estos días. Por una vez ha prescindido de los horrorosos gladiolos y ha decorado la iglesia con flor de pascua. Parece un jardín. Tomás nos recibe con mucha efusividad y se lleva a Eugenia, a la que ve tan triste, para darle a besar a ella primero al Niño Jesús. A los demás nos tocará más tarde.

El día de Navidad es un poco más alegre, entre otras cosas porque podemos comer y marcharnos Félix y yo con la niña al cine. Georg llama varias veces al día. Se me ha pasado el enfado en cuanto me cuenta que ha encontrado a su madre más mayor y que se ha asustado del bajón que ha pegado en tan sólo tres meses. Le echo mucho de menos. Se lo repito una y otra vez y nos pasamos minutos diciéndonos mutuamente lo mucho que nos queremos. Habla con Eugenia cada vez que me llama y le cuenta cosas de Munich; de lo nevado que está y que van en trineo. A la niña le parece un cuento de hadas. A mi tanto frío me suena a película de terror. Con lo torpe que soy, sólo me faltaba tener que andar por la nieve, que seguro que se hiela por la noche. Pero con tal de estar con Georg, ahora mismo, hasta eso soportaría.

La semana transcurre mejor de lo que pensaba. Sandra y Edu siempre se quedan en Madrid y nos incorporan a los planes diarios que tienen con sus hijos, y Eugenia se lo pasa en grande. Estar rodeada de niños le viene genial y yo me siento segura y protegida con mis amigos. Un día después de asistir a las boberías que le susurro a Georg en una de sus llamadas, me pregunta Sandra:

—¿Qué planes tenéis Jimena? Te veo muy lanzada con ese bávaro.

¿Plan? me pregunto, y sólo respondo:

—¿A qué te refieres?

—Pues lo normal. Ya estamos en Navidad y por lo que yo sé, este chico tendría que volver a Munich en junio. Y entonces ¿qué? Le veo muy lanzado, y los alemanes son muy serios. Habréis hablado del futuro, ¿no? Tendrá que ir pidiendo plaza fija en alguna Universidad de Madrid, y esas cosas. Ya sois mayorcitos los dos para estar pelando la pava de esta manera.

Claro, Sandra, que es perfecta organizándolo todo, ya tendría esbozado un plan estratégico, pero como yo de momento vivo en las nubes, no sé ni de lo que me está hablando.

—¿Dónde vais a vivir?

Conforme más preguntas me plantea, más me duele la cabeza. En mi estado de estancia en el cielo he dado por supuesto que la presencia de Georg en Madrid es perpetua, pero del tema no hemos hablado y con la Escuela sólo ha firmado contrato hasta junio. Tiene razón Sandra.

—Le dijo a Eugenia que se quería casar conmigo, ¿eso vale? —contesto reconociendo mi ignorancia.

—¿A la cría? Te lo tendrá que preguntar a ti, ¿no? —contesta. Lleva razón. Me anoto mentalmente que tengo que hablar con Georg en cuanto vuelva de Munich antes de que el bullicio que están formando nuestros hijos en el salón reclame nuestra presencia. Están escribiendo la carta a los Reyes. Eugenia me da la suya, que guardo en el bolso. La leeré en casa y luego la volveré a cerrar y se la daremos a los pajes.

—Corre, Eugenia, coge el abrigo que nos vamos a casa —le digo. Me da miedo retrasarme. Hoy es Nochevieja y el tráfico puede ser mortal. Declino, una vez más, acompañar a mis amigos a casa de los padres de Eduardo. Eugenia está cansada y a mí me da miedo conducir de noche.

Anita se ha ido hoy con unos amigos. Félix y Álvaro me han llamado hace un rato. Ya están en Évora. Eugenia y yo nos ponemos el pijama y decidimos adelantar las uvas a las diez. Yo daré golpes con un trombón como si fueran las campanadas y así nos tomamos las uvas y nos vamos prontito a la cama. Ni en vida de papá hacíamos algo especial, más que este simulacro de campanadas. A mí no me gusta salir en Nochevieja. Me encanta salir cualquier día, pero no me gusta que me manden. Ese día me siento obligada a reír y a bailar hasta las mil. De jovencita abandoné pronto los cotillones. Siempre me entraban ganas de largarme mucho antes de la hora reglamentada. ¿Por qué tengo que aguantar por narices hasta las seis para tomar chocolate con churros? Si me apetecía irme antes, les cortaba el rollo a mis amigos. Si me quedaba, me cortaba las venas a mí misma. Hasta que decidí jubilarme de estas fiestas, llegaba a casa derrengada para dormir apenas tres horas y pasarme el día uno como un zombi arrastrando mis huesos por la casa deseando que llegara la hora de volver a la cama. No más. A mí se me ha pasado el arroz. Así que en cuanto acuesto a Eugenia, me preparo un vaso de leche caliente y me acurruco entre mis almohadas. He decidido volver a ver la peli "*Tú y Yo*"; esa tan romántica de Cary Grant y Deborah Kerr en la que deciden encontrarse en lo alto del Empire State Building y ella no llega porque le atropella un taxi y él piensa que no le quiere. La he visto tantas veces, que me sé los diálogos de memoria, pero nunca me canso. Hoy es el día perfecto. Satisfecha ante el plan, le doy al "play" del mando y me interrumpe el móvil. Es Georg. Apenas se le oye. Está en una fiesta en esa dichosa estación invernal pasándolo genial. ¿No se iba a quedar con su madre, que estaba tan mal? Me asalta la indignación más absoluta, pero como siempre, en cuanto me dice cuatro cucamonas y me repite lo mucho que me echa de menos, ya me estoy deshaciendo. Cuelgo y ni siquiera la peli me anima. Me caen las lágrimas por las mejillas. Me asomo a la ventana, pero está nublado y tampoco veo la estrella de papá. Rompo a llorar. Sólo se me ocurre una cosa: ahogar mis penas en alcohol. Me voy a la cocina y, con la botella de vodka en la mano, regreso a la cama donde empiezo a beber y a beber. Poco a poco siento que el cuarto da vueltas a mi alrededor. Estoy en una noria celebrando el Año Nuevo junto a Georg que me abraza y me besa. Yo balanceo mis piernas en el vacío. Mi último recuerdo es la pregunta de Georg que se agolpa en mi cabeza desde mi conversación con Sandra de esta tarde:

—¿Quieres casarte conmigo?

Pero con el vodka no escucho mi propia contestación antes de entrar en uno de mis comas etílicos.

XVIII

¡Me muero! La cabeza me va a estallar. Intento levantarme, pero cada vez que me incorporo siento que voy en barco. Tengo que poner la pierna en el suelo para anclar el cuarto y que todo deje de girar. Miro el reloj. Es prontísimo. Son las ocho. Eugenia duerme porque la oigo roncar. Tengo que llevarla al médico. No es normal que una cría de siete años ronque de esta manera. Ella e Isoldita van a despertar a los vecinos con su concierto. Bueno, a los que hayan llegado de la juerga de anoche. Lo intento una vez más. Necesito las aspirinas que están en mi bolso que, cómo no, está encima de la mesa de la cocina. Y necesito café, mucho café. En un esfuerzo titánico me pongo de pie y, tambaleándome, alcanzo el objeto de mis deseos y le doy a la cafetera que siempre dejo preparada.

¡Dios, qué mal me encuentro! ¿Quién me manda beber de esta manera? ¿Dónde he dejado la botella de vodka? No quiero que Eugenia la vea. Me arrastro de vuelta al dormitorio y ahí está, vacía a los pies de la cama, sobre la que me desplomo sin más. Un ratito, un ratito sólo. Luego, si se me quita el dolor de cabeza, me levanto. Lo prometo. Los minutos se alargan porque soy incapaz, absolutamente incapaz de salir de la cama y ya han pasado casi dos horas desde que me desperté. Tengo que volatilizar la botella. Así que por fin consigo levantarme. ¿Qué hago con ella? En el cubo de basura la va a encontrar Eugenia. Tengo que bajarla a la calle. Me miro. Sigo con una camisa de papá y mis calcetines gruesos. Recuerdo vagamente que ayer quería ver una peli y que elegí mi atuendo favorito. No me da tiempo de cambiarme. Ni corta ni perezosa me calzo mis zapatillas de osito rosa, me pongo el abrigo y con la botella en una bolsa de plástico negra, me asomo al rellano. No se oye a nadie. Bajo los primero escalones. Tampoco hay nadie. En el primer piso me encuentro con los hijos de mis vecinos del 1ºA, que vuelven de juerga:

—¡Qué modelito tan grasioso llevasss!...Tás mu pero que mu sesi... —dice el muchacho que apenas ha cumplido los dieciocho arrastrando las palabras por el monumental pedo que lleva—. ¿Buscasss rollo?

Éste está peor que yo. ¡Ni que yo fuera una asaltacunas! Le aparto de mi lado con la bolsa bien agarrada para que no se me caiga y me escurro de su intento por manosearme. ¡A que le suelto un guantazo! En la calle tampoco se ve a nadie. Hace un frío que pela. Estoy a punto de llegar al contendor de vidrio cuando oigo mi nombre:

—Jimena, ¿eres tú?

No, soy el espíritu de Mariana de Austria que pasaba por aquí. Igual cuela. No me atrevo a darme la vuelta porque como sea un alumno o un amigo de papá, la he fastidiado.

—¿Jimena?

Quien quiera que sea, está dispuesto a hablar conmigo. Me giro lentamente para ver quién es capaz de pegar semejantes gritos a estas horas de la mañana y me encuentro con Leonor del brazo de Fernando. ¡No me lo puedo creer!

—Hola —es lo único que se me ocurre, mientras procuro taparme con el abrigo.

—¡Qué zapatos tan monos llevas! ¿Se los has cogido a Eugenia?

¡Bruja! Ya sé que llevo las zapatillas del osito que conforme muevo los pies, van saludando con las orejas. No hace falta que me lo recuerde.

—Sí. Hola. Es que he bajado a dejar la basura.

—Deja que te ayude. —Fernando hace gala de su usual educación.

—No, ya puedo yo. —No suelto la bolsa ni por todo el oro del mundo y en ese forcejeo ¡zas! al suelo. Sólo se oye el ruido del cristal cuando alcanza la acera.

—¿De la fiesta de ayer? —pregunta esta vez Leonor.

—No—. ¡Uy!, qué lío. Ahora van a saber que me doy a la bebida.

—¿No estabáis en Sevilla? —pregunto, a ver si me libro de la Inquisición.

—Es que no había billetes en ningún AVE de la tarde y como no reservamos con tiempo, hemos tenido que coger el de las siete de la mañana. Vamos a misa, ¿nos acompañas?

No doy crédito. ¿Pretende esta loca que vaya a misa de esta guisa? Sólo me faltaba la charla de Tomás. Aunque Fernando tiene una cara de sueño que se cae porque debe haber empalmado la fiesta con el tren, interviene y se agacha para recuperar la bolsa. Ha comprendido que mi juerga nocturna de ayer la celebré yo conmigo misma porque le increpa a su tía:

—Tita ¿no crees que es mejor que Jimena vaya a misa más tarde con Eugenia?

A mí me dirige en un susurro un mero "¿estás bien?" ante el que yo me encojo de hombros. ¿Qué le voy a decir? Por fin, es él quien lleva la bolsa al contenedor de vidrio. De nuevo con nosotros y mientras Leonor ya está enfrascada contándome las delicias de las Navidades sevillanas que acaba de pasar, miro lastimosamente a Fernando. ¡Si no manda callar a su tía, a lo mejor la estrangulo aquí mismo! Comprende, porque la coge del brazo y se despide con un "¿te llamo?" al que yo asiento sin más.

En casa sólo oigo los ronquidos de mis chicas. Parece que les haya mordido la mosca *tse tse*. Eugenia debe estar agotada para dormir de un tirón tantas horas. ¡Menudo día me espera en cuanto se despierte! Va a estar incombustible. En espera de que despierten, vuelvo a la cocina a por más café y más aspirinas. En el fondo del bolso veo la carta a los Reyes que ayer escribió Eugenia. La abro con cuidado y del sobre cae una foto nuestra del verano pasado. ¿Por qué ha metido mi hija esa foto en la carta? Me pica la curiosidad y empiezo a leer. Me sorprende la austeridad de Eugenia que se ha limitado a tres juguetes cuando otros años rellenaba, al menos, dos hojas. Por pedir, que no quedara. Pero lo que de verdad acapara mi atención de inmediato, es el último párrafo en el que mi hija se ha esmerado con la caligrafía:

—Lo que me pido de verdad, es que le deis esta foto al abuelo. No me pude despedir de él. No quiero que se olvide de cómo somos. Y de paso le decís que le quiero mucho y que le echo mucho de menos y le dais un beso muy fuerte de mi parte.

Al tiempo que escondo la foto en la carta, no me queda por menos que recordar lo felices que éramos en ese momento. Parece mentira que tan sólo hayan pasado unos meses. Mirábamos radiantes a la cámara que sostenía papá reclamando con su "patata" una sonrisa para la posteridad. Recuerdo el día y el lugar en que la tomó. Era el Parque del Retiro a finales de julio antes de que Eugenia se fuera con Sandra y Edu a la playa. Menos mal que en ese mismo momento entra el torbellino porque ya siento un nudo en la garganta. Como puedo, meto la carta en el bolso antes de ser asaltada con un inmenso abrazo de mi hija que viene arrastrando a Aurelio.

—Feliz año nuevo, mami —saluda con su habitual entusiasmo. Parece que vuelve a ser la de antes.

—Feliz año —respondo mientras la abrazo contra mi pecho.

Sí, Eugenia espero que este año sea más feliz. Eso es lo que pienso para mis adentros, mientras mi hija intenta zafarse del abrazo porque ya está pensando en su desayuno. En eso que suena el teléfono. Son Álvaro y Félix. Por la voz diría que acaban de levantarse. Nos deseamos mutuamente un feliz año y todo tipo de parabienes. No he terminado de colgar, cuando de nuevo suena el timbre. Esta vez me saluda Sandra:

—¿Cómo fue anoche?

No sé, cómo se las apaña para tener tiempo de preocuparse de todos con el lío que tiene. También a ella le reitero que estamos bien y me propone recoger a Eugenia para que pase el día con sus hijos y yo descanse un poco. Me parece una idea genial.

Tras empaquetar a Eugenia en la Voyager de mis amigos, me dispongo a dar un paseo. Madrid es precioso el día de Año Nuevo. Hace frío, y la ciudad parece dormir entre la niebla que terminará por levantarse para saludar al año nuevo con un día radiante de sol de los que sólo se ven en Madrid. Durante el paseo, es Georg quien me llama:

—Feliz año —no me da tiempo a contestar y ya continúa su frase—, este va a ser un año muy especial para nosotros.

¿Qué quiere decir? Estoy muy ñoña esta mañana tras la lectura de la carta de Eugenia a los Reyes, así que inmediatamente se me saltan las lágrimas y no puedo reprimir un sollozo.

—¿Estás bien? —pregunta preocupado.

—Sí, es que he dormido mal.

Sé que no le puedo entretener porque oigo de fondo las voces de sus amigos. Deben estar insistiendo en subir a las malditas pistas de esquí. Así que me despido y sigo caminando enfrascada en mis recuerdos.

—A ti te quería yo ver.

XVIII

Era Fernando. Se había librado de su tía a la que había dejado en Lhardy en compañía de unas amigas.

—He pasado por tu casa. Menuda juerga que te corriste ayer, ¿eh? —me increpa malicioso—. ¿Dónde has dejado a tu novio?

Le cuento que está en Suiza, o en Austria, o sabe Dios dónde esquiando con unos amigos y veo que muestra un gesto muy raro en él.

—¿Qué pasa? —pregunto.

—Nada. Que si yo tuviera una novia como tú, no te dejaba el día de fin de año ni por todo el oro del mundo. ¡Hay que ver! Dios le da pañuelo a quien no tiene mocos.

La expresión me hace tanta gracia que suelto una carcajada. Además, ese gracejo que tienen los andaluces al hablar, tiene un encanto muy especial. Nunca sé, si hablan en serio o en broma, pero acepto su piropo con alegría. Seguimos caminando. No teníamos rumbo fijo. Me contó su Nochebuena y resultó ser muy parecida a la que siempre celebrábamos con papá.

La gente normalmente no quiere que hable de papá. Piensan que si no lo hago, no sufro o, mejor todavía, no ha habido desgracia. Y no es así. Yo necesito hablar de él y sobre todo en ocasiones tan especiales como hoy. Y Fernando me escucha. No sólo me escucha, sino que se interesa por temas relacionados con él y por las costumbres que teníamos. Descubro que también juega al golf, pero que todavía no ha tenido ocasión de conocer ningún campo madrileño y prometo llevarle a nuestro club. Y en esa charla, sin venir a cuento, me pregunta:

—¿Cómo va tu tesis?

—Pues ya está. A la vuelta de vacaciones se la entrego a mi directora, completo las fotos y la entrego. Ni me creo que la haya terminado.

—Es que tú vales mucho —contesta cariñoso—. ¿Me vas a dejar que la lea?

Es verdad, se lo había prometido el día del Museo. Así que le invito a subir a casa para darle el borrador ya que insiste tanto. Este pobre, con su mente financiera, no sabe dónde se mete con un doctorado en mueble sobre el siglo XVII español. Pero si quiere tesis, la va a tener.

Los días pasan sin darme apenas cuenta. Se me ocurren un sinfín de planes para Eugenia. Como estamos casi solas en Madrid, tenemos todo el tiempo del mundo. Algún día nos acercamos a casa de Sandra. No me vuelve a preguntar sobre mi fututo y asiste impasible a mis ñoñas conversaciones con Georg. Por su cara cualquiera diría que estoy resolviendo el tema del hambre en el mundo. Ni una mueca, ni un gesto, ni un comentario. Y como yo no tengo la menor intención de que me sometan a un interrogatorio, digo poco.

A los tres días de nuestro encuentro fortuito, llaman una tarde al timbre de casa. Estamos entretenidas jugando a la brisca. Es Fernando. Eugenia sale disparada hacia él y ya se le ha colgado al cuello. Desde luego, mi hija será de todo menos antisocial. El día menos pensado asalta al cartero si le dedica una mera sonrisa. Invita a Fernando a nuestro juego, que él acepta entusiasmado. Lleva un paquete en el sobre y con un "tu tesis" se sienta a lo indio en el suelo junto a nosotras. ¿Ya la ha leído? O es un genio, o le ha aburrido tanto que no la ha podido terminar. Me intriga, pero Eugenia reclama nuestra atención exclusiva y no la puedo defraudar. Fernando se queda a cenar y con la niña acostada, se decide a abrir el sobre. Hay *post-it* marcando diferentes páginas.

—A ver, a ver.

Me puede la curiosidad y él está más que contento con enseñarme que la ha leído entera y que ha hecho algún comentario. Sin darme cuenta, son las cuatro de la mañana. Hemos pasado más de cinco horas comentando aspectos del texto. He tomado nota de las sugerencias que me han parecido interesantes y me he visto explicándole ambientaciones barrocas con tanta pasión que Fernando no puede reprimir un "estás enamorada de tus muebles, ¿eh?". Riendo le digo que sí, pero que me guarde el secreto, que la gente se va a pensar que estoy loca. Me promete llevarse el secreto a la tumba. Le recuerdo la hora. No es que quiera que se vaya, pero yo, al fin y al cabo, mañana puedo dormir y este pobre se enfrenta a la vorágine laboral bien temprano. Antes de llegar a la puerta, pregunta si vamos a ir a la cabalgata y si puede acompañarnos; que él solía ir con sus sobrinos y que no se perdería la de Madrid por nada del mundo.

Y, desde luego, que la disfruta. No sé, si lo está pasando mejor Eugenia o Fernando. Ambos se han subido a la escalera que hemos traído y si yo me sonrojaba de los gritos de papá cuando llamaba la atención del paso de los Reyes, he de reconocer que eran meros suspiros comparados con el entusiasmo de Fernando, que no para de reclamar caramelos aludiendo que él ha sido buenísimo. En pleno griterío llama Georg,

—¿Dónde estás que se oye tanto ruido?

—En la cabalgata.

—¿Dónde? —insiste.

—En la cabalgata. Estás sordo —suelto riendo.

—¿Y eso qué es?

No me puedo creer que no haya atendido a mis explicaciones.

—Lo de los Reyes Magos, hombre.

Parece mentira. Estos sajones, como les saques del gordo de barbas vestido de rojo, no entienden nada.

—A sí, claro, perdona, es que apenas se te oye. ¿Con quién estáis?.

Sin pensarlo, le contesto que con Fernando, lo que es recibido con un escueto "vale" seguido de un:

—Bueno, pues os dejo. Mañana te llamo.

—Vale —pero antes de colgar oigo una voz femenina junto a la suya y le pregunto— ¿Y esa quién es?

—Mónica.

Mónica es una amiga del colegio de Georg, una fantástica esquiadora y, por las fotos de su casa, una belleza, rubia y grande, pero belleza.

—Cariño, recuerda que llego pasado mañana.

Como si se me fuera a olvidar. Pero no me gusta nada lo de que la tal Mónica esté ahí en los Alpes con Georg. No me había dicho nada. La verdad es que como no conozco a sus amigos, tampoco sé muy bien con quién ha ido. Es curioso que él conozca a toda mi gente y yo ni a uno solo de los suyos. Los gritos de Eugenia interrumpen mis pensamientos. Acaba de pasar la carroza de Melchor, su Rey favorito.

—¡Te he escrito una carta! —le grita. Ayer la llevamos al paje. Fernando pilla enseguida que este es el Rey de Eugenia y empieza a corear "¡Melchooor, Melchooor, Melchoor!". Pronto es secundado por el resto de padres que con su clamor provocan que Melchor se fije en nosotros y tienda sus brazos hacia Eugenia. La levanta en vilo y le planta un beso con un:

—Ya sé que me has escrito. Duerme mucho esta noche y mañana tendrás todo lo que has pedido.

Si él supiera…, pero como para Eugenia hoy todo es magia, se queda extasiada.

—Parece que se te ha comido la lengua el gato —le dice Fernando a Eugenia de camino a casa por lo calladita y modosita que se nos ha vuelto.

—Es que me tengo que ir a la cama para que Melchor me traiga lo que le he pedido.

Bendita inocencia la de los niños. Desearía que nunca creciera, que siempre creyera en la magia de los Reyes. En casa no tarda ni dos minutos en ducharse, cenar y meterse en la cama, y ni siquiera son las nueve. Fernando nos acompaña en los rezos nocturnos y le propongo que se tome una copa de cava conmigo de las que le hemos preparado a los Reyes y acepta encantado. ¿Por qué no voy yo a invitar a

Fernando a una copa, si Georg está con la tal Mónica deslizándose por la nieve? Ahí sentados en el salón con nuestras copitas y devorando turrón, nos enfrascamos en una animada charla recordando noches de Reyes de cuando éramos niños. Los "¿te acuerdas?" se suceden en un nostálgico relato de nuestras respectivas infancias que me relajan y alegran creando un ambiente distendido. Por primera vez en todas las Fiestas me siento contenta. Fernando se va acercando y ahora cada anécdota va acompañada con una palmadita en mis piernas o un gesto cariñoso en el brazo. Poco a poco, pasamos de las palmaditas a conversar cada uno con la mano sobre el muslo del otro. Y cada vez más cerca. De repente, me doy cuenta que se me ha acercado mucho. Me mira y cogiendo mi cabeza entre sus manos, me besa. No es como los besos de Georg. Éste es profundo. Pone el alma en su beso. Y lo malo es que me está gustando porque respondo con la misma intensidad.

—Jimena... —sólo dice mi nombre y sigue besándome por el cuello, las orejas y estrechándome contra sus brazos con suavidad. Me dejo llevar. Recibo y respondo a sus besos como si los conociera de toda la vida. Nos recostamos sobre el sofá y estrechamos nuestro abrazo. Paso mis piernas sobre las suyas para sentirme más cerca de él y él me abraza más y más. Sólo se desprende de mí para susurrar mi nombre y cosas maravillosas, como que soy preciosa y que desde el primer día que me vio en la perfumería de la calle Génova supo que yo iba a ser la mujer de su vida. Inicia tímidamente su camino bajo mi camisa y antes de que me dé cuenta, me ha desabrochado la blusa. Es curioso. No me importa que vea mi *suti* viejo que he rescatado del fondo del armario ante la ausencia de mi novio. Por un momento pienso en Georg, pero me puede la dulzura de las caricias de Fernando; tanto que ni siquiera oigo la llave en la cerradura de la puerta principal.

—¿Qué está pasando aquí?

Es la voz de Félix que acaba de entrar con Álvaro, cargados de paquetes, pero la visión que se encuentran sólo les hace repetir, ahora ya a los dos:

—¿Me queréis explicar qué coño estáis haciendo? ¿Dónde está Eugenia?

XIX

Fernando y yo nos despegamos en un movimiento reflejo abrochándonos los botones de la camisa como buenamente podemos. Me siento como si tuviera quince años y mi padre me hubiera pillado dándome el lote en el salón de casa.

—¿Dónde está Eugenia?

Félix no se cansa de repetir esta pregunta una y otra vez. Está rojo de furia y me mira como si estuviera a punto de cruzarme la cara. Álvaro, por su parte, sólo se muestra atónito y reitera:

—¿Qué te crees que estás haciendo, Jimena?

Todas las preguntas van dirigidas a mí. Ahora, más bien parece que mi padre me hubiera pillado fumando un porro en el baño, porque ambos ignoran a Fernando y centran sus acusaciones en mí, pero es él quien responde:

—Yo os lo explico.

—Tú te callas, —le suelta Álvaro —, que la película no va contigo, va con ésta, que es una *despotenciada*.

—Oye, guapo, cuidadito con lo que dices que estás en mi casa —le suelto.

—Pues eso, Jimena. Precisamente eso, que estás en tu casa. ¿Dónde está Eugenia?

Nuevamente es Félix el que sigue insistiendo en saber dónde está la cría y no se queda tranquilo hasta que asoma la cabeza por su cuarto y la ve profundamente dormida. Se desploma en el sofá, mientras los demás le observamos unos segundos antes de que continúe:

—¿Me podéis explicar lo que pasa aquí?

Más que una pregunta parece una súplica. Y a punto estoy de contestar que no le importa un carajo lo que pase, cuando Fernando me sujeta cariñosamente el brazo para tomar la palabra:

—Félix, te debo una explicación.

—Pues sí. Creo que nos la debes.

—No regañes a Jimena. La culpa es mía.

—Eso no es una disculpa —Félix le mira con una severidad que me resulta desconocida, mientras Álvaro sigue callando.

¡Quiero hablar! ¡Pido la palabra! ¿Alguien piensa dejarme hablar a mí? Hablan todos menos yo. Algo tendré que decir yo también ¿no?

—No, Félix, la culpa es mía. No sé qué me pasa —es lo único que se me ocurre, porque la verdad es que no sé qué me ha pasado. Esta mañana estaba suspirando porque llegara Georg y ahora me veo en un lío descomunal porque los besos de Fernando me han encantado y me siento incapaz de decir que ha sido un rollete y nada más. ¿Qué ha sido? Bueno, eso ya lo pensaré. Ahora hay que salir de este entuerto.

—No estoy hablando contigo, jovencita. Contigo ya hablaré luego.

—Y yo —suelta Álvaro —. Tú hoy me vas a oír. —Se vuelve hacia Fernando para repetirle —: Tú te has vuelto loco, o ¿qué?

Lo que nadie sabemos es que Fernando está recomponiéndose. Mejor dicho, está esperando que Félix y Álvaro se calmen asegurando que vayan a escuchar lo que tiene que decir, y por su aspecto diría que va a decir mucho. Me quiere hablar a mí, pero sólo me mira un segundo, y volviéndose hacia Félix, dice tranquilamente:

—Voy a daros la explicación que merecéis. Sería muy fácil decir que me he dejado llevar por la soledad que siento en Madrid o porque es la noche de Reyes. Incluso podría deciros que me he tomado unas copas. Pero no es ni lo uno ni lo otro. —Me toma de la mano y me mira a los ojos. La explicación no se la está dando a mis amigos, sino a mí. El resto del mundo no existe para él en este momento —: Jimena es adorable. Desde que la conocí hace dos meses, no he podido dejar de pensar en ella. Para mí es perfecta. Es luchadora, trabajadora, lista, cariñosa, fiel a sus amigos y una belleza de las que no quedan.

Los tres nos quedamos boquiabiertos, pero Fernando que sigue sosteniendo mis manos, no tiene la menor intención de callar:

—En cuanto me enteré de que tenía novio el día de su fiesta, decidí dejarle espacio. Pero estos días me he dado cuenta que no quiero dejar espacio. Pienso luchar por ella. Si su novio la deja sola, ahí estaré yo. Si tiene ganas de hablar, la escucharé. Si quiere llorar, la consolaré. Si se preocupa por su hija, la acompañaré. Para cualquier cosa que necesite, ahí estaré yo. Mi único propósito en esta vida es hacerla feliz. Hoy no he podido resistir la tentación. Es cierto, pero mentiría si digo que me arrepiento porque no lo hago. Si volviera a pasar, lo volvería a hacer. Ya sé que Eugenia estaba en el cuarto de al lado, pero también sé que dormía. Por nada del mundo le daría yo un disgusto a esa niña tan maravillosa porque mi único afán es cuidarlas a las dos y si fuera posible tener muchas más Eugenias con su madre. Y para ello quiero casarme con Jimena y nada me haría más feliz que, que ella aceptara.

—Menudo follón —es lo único que se le ocurre decir a Álvaro pasándose la mano por el pelo —. Ahora sí que la tenemos buena. Necesito un whisky.

Se levanta a servirse una copa.

Félix se ha recostado en el respaldo del sofá y se limita a contemplar la escena que se desarrolla ante él porque nosotros seguimos mirándonos hasta que Fernando se inclina hacia mí, me besa y yo le devuelvo el beso. Siento muchas cosas durante ese beso. Siento el profundo amor que transmite Fernando y la seguridad que me envuelve en su abrazo. También siento que esto parece un culebrón sudamericano, o que tal vez esté protagonizando una película y lo que ocurre es que estamos rodando una escena de boda en Las Vegas, y Félix y Álvaro actúan como jueces de paz. Siento también que el mundo se derrite bajo mis pies. Pero tras unos instantes siento una cosa que no me gusta nada. ¡Soy una puta! Tengo novio y aquí estoy dándosela con queso con otro y no contenta con eso, se la estoy pegando delante de mis amigos. En ese momento cobro conciencia de mis actos, me suelto del abrazo y sólo murmuro:

—No puedo.

—¿Qué es lo que no puedes, chiquitina? —pregunta cariñoso Fernando que sigue acariciando mi mejilla. Ha soltado lo que tenía que decir y ha interpretado mi beso como un sí a su proposición matrimonial.

—¡Soy una puta!

XX

La mañana de Reyes no puede ser más surrealista. Ni a un guionista de cine se le ocurre semejante sarta de despropósitos seguidos. Porque nadie, ni Almodóvar siquiera, puede competir con las cosas de la vida.

No hemos pegado ojo. Fernando no ha parado de consolarme, abrazarme y acariciarme. En cuanto dije lo de que era una puta, soltó una carcajada y me cogió en sus brazos como si hubiera dicho la mayor gracia del mundo. Álvaro se tomó el whisky de un trago y se sentó al lado de Félix, que callaba y miraba, hasta que por fin intervino:

—No te pongas dramática, Jimena. Nadie dice que seas una puta. Hay que ver las ocurrencias que tienes. Pero estoy muy enfadado contigo. ¿No te das cuenta que tienes una niña de siete años que está durmiendo en el cuarto de al lado? ¿Qué habría pasado si se hubiera despertado? Ella cree que tienes novio. Bueno, todos creíamos que tenías novio, la verdad. ¿Cómo le hubieras explicado a tu hija lo que estabas haciendo? ¿Qué vas a hacer con Georg? Es un buen chico. También parece que te quiere y hasta hoy hubiera jurado que bebías los vientos por él. Vuelve mañana y entonces ¿qué?

Álvaro que ya se ha tomado dos whiskys, se ve en la obligación de intervenir:

—No deberíamos haberte dejado sola estas Navidades. Ya sabía yo que tenías que haberte venido a Trujillo.

No paran de hablar. Quiero que se callen todos. Bueno, no. No quiero que se callen. Quiero que alguien saque de la manga la bolita de la sabiduría y me resuelva la papeleta, porque resulta que si no soy una puta, lo que pasa es que tengo un novio, pero me voy a casar con otro ¡Dios, que dolor de cabeza! Fernando es el único que mantiene la calma. Está que se sale de felicidad y parece que quiere resolver el entuerto:

—No creo que sea para tanto. Me parece que nos estamos dejando llevar todos por los nervios. Yo veo todo muy claro. Jimena hablará con Georg en cuanto vuelva de Alemania y entre los dos le diremos a Eugenia lo que ha pasado. No ha terminado de hablar y le interrumpe un:

—¿Han llegado los Reyes?

Mi hija acaba de despertarse y en cuanto ve tanta gente en el salón y bolsas de regalos, no duda en abalanzarse sobre ellas sin darse cuenta siquiera que parte de los paquetes, los que han traído Félix y Álvaro, no están al lado de sus zapatillas.

Disfrutar de la mañana de Reyes con un niño es una experiencia maravillosa. La idea de que tres señores montados en camellos hayan sido capaces de traer tantos regalos, les parece enigmático. Que encima acierten con lo que ellos han pedido, ralla en lo milagroso. Así que cada vez que abre un juguete, se asombra con un inmenso "oh" ante la sagacidad de estos magos de oriente, porque "es precisamente lo que quería". Semejante despliegue de felicidad nos aleja momentáneamente del circo que teníamos montado. Nada importa con tal de disfrutar con Eugenia de este momento. Terminado de desenvolver el último paquete, la cría se lanza al balcón, abre las puertas de par en par y vocifera un inmenso "gracias" con toda la fuerza que le permiten sus pulmones. Se queda un rato contemplando el cielo y yo sé que se está peguntando si su abuelo ha recibido la foto.

Los demás participamos con entusiasmo de los regalos de Eugenia a la que pedimos que enseñe detenidamente todos y cada uno de sus nuevos juguetes. Y en eso que la cría se vuelve y me pregunta:

—¿Qué te han traído a ti, mamá?

¡Por Dios bendito! Con el lío se me ha olvidado sacar del armario el paquete que tenía preparado para ponerlo junto a mis zapatos. ¿Cómo lo hago ahora? Eugenia no se va a contentar con una mera respuesta. Va a querer admirar, como hace siempre, los regalos de los demás. Me vuelvo hacia Fernando como si él me pudiera resolver la papeleta. Álvaro y Félix tampoco saben qué hacer, pero Fernando sí. Coge su abrigo y saca del bolsillo un estuche. Dirigiéndose hacia Eugenia, le explica:

—Ayer me lo dio Melchor para tu madre. Como es una cosa muy importante, no quería que se perdiera durante la noche, así que le prometí que yo se la daría esta mañana.

Con estas palabras me pone el estuche entre mis manos y me da un beso en la mejilla que aprovecha para susurrarme al oído un suavísimo "te quiero". ¿Qué será? Siempre me han gustado las sorpresas. Me parecen encantadoras. Que alguien se tome la molestia de pensar en ti y elegir algo que se le acontece apropiado para tus gustos, es lo más bonito de hacer regalos. Luego da igual lo que sea, porque el regalo más bonito, el de verdad, es el tiempo que se invierte en la elección y ahora resulta que Fernando había pensado en mí. Me entretuve un ratito regodeándome ante la sorpresa mientras preguntaba en voz alta "¿qué será?" para crear suspense. Y por fin me decidí. Era una sortija preciosa y rarísima; una turmalina casi azul montada sobre una flor que de inmediato identifiqué como obra del joyero catalán Masriera de los años veinte. Noté que se me empañaban los ojos. No sólo se había tomado la molestia de elegir un regalo para mí, sino que había seleccionado uno que no podía ser más adecuado. No me gustan las joyas modernas. No las entiendo. Las antiguas tienen el encanto de lo usado, de recoger el cariño que antes que nosotros le han profesado otras dueñas y por eso, todas ellas, transmiten algo. Que en su elección Fernando hubiera preferido una montura catalana, mostraba una delicadeza extrema por la peculiar vinculación que yo pudiera sentir hacia la tierra de mi padre. Aunque es muy raro en mí, me faltan palabras. Me limito a contemplar alternativamente la sortija y a mi nuevo novio hasta que Eugenia que revienta de impaciencia, se encarama sobre el sofá:

—A ver, mami. ¿Qué es?

Recibe la joya con muchas alabanzas, aunque como para ella el anillo viene de Oriente, carece de mayor significado.

Félix y Álvaro sí que se sorprenden. Álvaro ya me la ha quitado de las manos y la mira con ojos propios de quien está acostumbrado a admirar piezas antiguas. Le da una palmada a Fernando y con un "te has salido" me la devuelve. Félix también se ha acercado. Me mira, se sonríe y susurra:

—Parece que algunos te conocen bien.

No dice más, sino que un gesto indica a Álvaro que coja a la niña y le acompañe a la cocina. Semejante regalo merece un especial agradecimiento por mi parte y Félix que, ante todo es un caballero de la antigua escuela, no sólo ha enmudecido tras las palabras tan elocuentes de Fernando, que considera una petición oficial de mano, sino que considera que el alcance del esfuerzo que ha puesto Fernando en su regalo requiere cierta privacidad.

—Gracias —mascullo mientras me pruebo la sortija que encaja a la perfección en mi dedo anular—. Me encanta.

Fernando ya ha vuelto a tomarme entre sus brazos y me vuelve a besar. Es un beso corto. Es consciente de que apenas disponemos de unos minutos antes de que regrese la tropa.

—Es de mi madre. Sabía que la tenía porque se la he visto puesta muy a menudo. Fue uno de los primeros regalos que le hizo mi padre de novios. Le he pedido que me la diera para una persona muy especial y no ha vacilado en cuanto le he hablado de ti. La he llevado en el abrigo desde que volví de Sevilla porque no sabía cuándo dártela. Ni siquiera sabía, si tendría ocasión de regalártela.

¿Le ha hablado a su madre de mí? ¿Sabe que existo? Entonces, ¿también Leonor está al cabo de la calle? "¡Ahora no!", le digo a mis pensamientos para que se callen un segundo y me dejen disfrutar de este instante. Todo es rarísimo. Estoy muy confundida. Fernando lleva queriéndome en silencio hace meses. Ha pedido incluso a su madre que le dé una joya suya y le ha hablado de mí. Hasta anoche no ha demostrado sus sentimientos y lo único que se me ocurre es preguntarle:

—¿Por qué ahora? ¿Por qué todo esto ahora?

—Porque ya no podía más, Jimena. Yo respeto mucho a Georg, pero no entiendo que te haya dejado sola en las primeras Navidades que pasas sin tu padre. La vida es de los valientes. Tenía que arriesgarme y salir de dudas. Podías haberme rechazado y yo habría seguido queriéndote en silencio esperando otra oportunidad. Pero tú me has contestado, porque tú también me quieres ¿no?

Estas preguntas no deberían hacerse, mientras tienes a toda tu familia haciendo tiempo en la cocina. En general, creo que estas preguntas no se lanzan de sopetón. Porque en este momento no sé qué quiero. Georg me atrae mucho. Me lleva al cielo. Pero Fernando... Fernando es otra cosa.

Mis pensamientos son interrumpidos por el timbre de la puerta y mi respuesta queda pendiente. Llega Leonor. ¡La que faltaba! Por si fuéramos pocos.

—Pasaba por aquí y he querido traer los regalos que le han dejado los Reyes a Eugenia en mi casa.

Interrumpe sus palabras en cuanto ve a su sobrino y, más todavía, en cuanto descubre la sortija que llevo en la mano:

—¿Tú qué haces aquí? —le pregunta a Fernando sin dejar de mirar la sortija.

Mi nuevo novio le da un beso a su tía al tiempo que desde la cocina llega el resto. ¡Menos mal que no le da tiempo de contestar! Eugenia coge entusiasmada sus paquetes y Félix acompaña a Leonor hasta el sofá. Álvaro sólo sonríe. Parece que le está cogiendo gusto a lo dantesco de la situación, aunque en cuanto puede, me suelta:

—Tú y yo tenemos que hablar. No pienses que me olvido.

—Fernando, que ¿qué haces aquí?

Leonor está emperrada en saber lo que se está cociendo y su sobrino se lo va a decir, pero otro timbrazo se lo impide. Esta vez es Mónica, que viene también cargada de paquetes para Eugenia despotricando de la visita de sus parientes a los que ha tenido que pasear todos los días.

—Un día más y me los cargo.

Besa cariñosamente a Álvaro y a Félix. También le da un beso a Leonor y tras entregarle sus regalos a la niña, se vuelve hacia nosotros:

—¿Interrumpo algo?

—Hola, Mónica —saluda Félix—. Ven, siéntate, que te vas a enterar de un bombazo.

Y Mónica se sienta extrañada. Nos miran todos y, cómo no, es Fernando el que toma la palabra.

—Le he pedido a Jimena que se case conmigo y ella ha aceptado.

XXI

Hay un momento de silencio que es interrumpido por Leonor,

—Hijos, ¡qué felicidad tan grande! Acabáis de darle la mayor alegría a una pobre vieja.

Leonor siempre dice que es vieja. A mí me parece que lo hace para que todo el mundo le diga lo bien que está, que de vieja nada, que está estupenda. Mi abuela hacía lo mismo. Sólo que, a diferencia de Leonor, ella siempre se ponía diez años encima con lo que tenía aseguradas las alabanzas. Como esta es una excusa perfecta para sacar el tema de la edad, Leonor no pierde la oportunidad que, como es lógico, en este caso le toca elogiar a Félix. Pero si normalmente Leonor hubiera dejado que las lisonjas se extendieran, ahora la falta tiempo y ya está junto a nosotros colmándonos de besos a ambos.

—¡Qué alegría! ¡Pero qué alegría tan grande! ¡Qué orgulloso estaría tu padre! —me dice.

"¿Qué tiene que ver mi pobre padre con todo esto?", pienso yo. Seguro que le he dado un disgusto de miedo. Si el pobre estuviera vivo, se muere hoy mismo de pensar que tiene una hija tan fresca como yo que colecciona novios a pares.

—Gracias, Leonor —es lo único que acierto a decir sin darme cuenta que la estoy liando cada vez más. Porque si le doy las gracias por la enhorabuena, estoy asintiendo a la boda, ¿no? Fernando recibe las muestras de cariño de su tía con gran ternura. Le enseña la sortija y le pregunta si se acuerda de ella:

—Vaya que si me acuerdo. Hasta sabría decir, cuándo se la regaló tu padre a tu madre. Ya hablaré yo con mi hermana esta tarde. Llevo una semana en Sevilla con ella y no ha sido capaz de decirme nada. ¡Menuda víbora!

—No te enfades con ella, Tita. Yo le pedí que no dijera nada.

—¡Cómo me voy a enfadar, si es el día más feliz de mi vida! ¿Viviréis en el piso de tu padre? —me pregunta y, sin dame ocasión de contestar, ya está hablando de nuevo:

—Así os tendría de vecinos y podría hacer de canguro con los niños, porque ¿pensáis darle hermanitos a Eugenia, ¿no?

Me estalla la cabeza. Ya estamos encargando niños y amueblando la casa. Y ahora la que se levanta es Mónica que sigue atónita:

—¿Desde cuándo nos casamos? —pregunta. Fernando le cuenta lo de anoche.

—¿Habéis fijado fecha? —insiste—. Porque tendremos que ir a comprar lencería para el ajuar, ¿no?

XXI

Me acaba de soltar la indirecta del siglo que Leonor, como no sabe nada del tema, acepta sin vacilar:

—De tu ajuar me encargo yo. Eso hubiera querido tu padre, que en paz descanse. Un ajuar precioso para la novia más guapa.

Yo sigo sin articular palabra y por fin dirijo una mirada de súplica hacia Álvaro. ¡Ayúdame! En el fondo, por muchas ganas que tenga de echarme la charla, es mi amigo, así que acude en mi ayuda:

—A ver, que les estamos agobiando. Si acaban de decidirse, y ya estáis pensando en ajuares y en niños. Dejadles un poco de tranquilidad.

Félix también quiere tomar cartas en el asunto, sobre todo porque intuye que Eugenia está empezando a sospechar que toda la algarabía no se debe a la llegada de los Reyes.

—Si os parece, nos vamos a tomar algo, dejamos a los tórtolos un rato solitos y luego que se unan a nosotros.

Por fin alguien que habla con sensatez. Mónica viste rápidamente a la niña y en diez minutos han salido todos por la puerta. Quedamos en reunirnos con ellos en dos horas. En cuanto se cierra la puerta, tengo a Fernando a mi lado besándome.

—Para un momento —le pido.

—¿Qué ocurre, chiquitina?

Sé que soy bajita a su lado, pero todavía no me acostumbro a estos apelativos cariñosos. Enrique me llamaba enana. A todo les ha dado por ponerme un mote que aluda a mi estatura. ¿Será la mental a la que se refieren? Ahora que lo pienso, Georg no me ha puesto ningún apelativo cariñoso. Bueno, sí, me llama no sé qué en alemán que suena fatal, pero que hasta ahora me sonaba a música celestial.

—Tenemos que hablar, Fernando.

—¿De qué quieres que hablemos?

Sigue con sus besos, que me están desconcentrando.

—Para, te digo.

—¿No te gusta que te bese?

—Sí, claro. No es eso —y, naturalmente, sigue. Me dejo llevar un rato, pero esto no puede seguir, así que le digo que pare una vez más.

—¿Qué te preocupa? —me pregunta cariñosamente—. Si quieres la luna, ahora mismo te la bajo.

—Fernando, es que estoy preocupada por Georg.

Parece que haya mentado al diablo porque en ese preciso instante suena mi móvil y es mi novio alemán. Para que luego hablen de la alianza de civilizaciones. Yo predico con el ejemplo. Tengo dos novios, uno alemán y otro español. Siempre he creído que establecer relaciones internacionales con los aliados es algo muy ventajoso y lo estoy poniendo en práctica aunque sea de una forma muy particular.

—Hola, *Schätzchen* —saluda. ¡Eso es lo que me llama! Prefiero lo de chiquitina, que por lo menos lo entiendo—. Llego mañana por la tarde.

Intuyo que se va a entretener en otro de esos diálogos absurdos que estamos manteniendo todas las vacaciones y como sé qué Fernando está al tanto de todo lo que digo, contesto:

—Sí, mañana… Georg, tenemos que hablar.

No me pregunta de qué, sólo añade:

—Sí, Jimena, tenemos que hablar sin falta. En cuanto cuelgo el teléfono, tengo a Fernando encima de mí.

—¿Ves qué fácil? Ahora ya sabe que quieres hablar con él. Así que mañana por la tarde se lo dices y si quieres voy yo también para darle todo tipo de explicaciones y para que no te sientas sola.

Aunque bien sé yo que eso sí que no lo voy a consentir, que el toro lo lidio yo sola, me cuido muy mucho de iniciar una discusión y opto por lo más fácil: dejarme besar. Sigo experimentando muchas sensaciones, algunas contradictorias y confusas, como por ejemplo que mi padre me está amonestando y no puedo más que zafarme por un minuto del abrazo de Fernando y volver del revés la foto de mi padre que me está mirando fijamente desde la mesa del comedor. "¡Lo siento, pero esto es cosa mía!", le digo a modo de disculpa. Así, por lo menos tengo la sensación de que nadie me vigila. Me encuentro muy a gusto con las caricias de Fernando y no quiero que nadie más las interrumpa. Es cierto que no suscita en mí la pasión de Georg, sino algo totalmente diferente. Me encuentro segura y cobijada, y por eso me agrada más. Dejo que me bese por la cara y el cuello. Incluso dejo que me desabroche la blusa. Sus movimientos son torpes. No tiene la destreza de Georg. Duda, se engancha con los botones. Nos reímos y por fin consigue quitarme la camisa. No me lleva en volandas a la cama, me va empujando dulcemente hacia ella y cuando la alcanzamos, nos dejamos caer seguros de lo que viene a continuación.

Hacer el amor con Fernando también ha sido tranquilo y sosegado. Parece que en este chico todo transmite paz. No ha dejado de mirarme ni un segundo. Y cuando yo le he pedido que dejara de hacerlo, sólo me ha susurrado un "no me canso de ver tu cara, eres preciosa" y sin más acalla mis palabras con sus besos.

En cuanto miro el reloj y me doy cuenta de la hora que es, pego un bote.

—Nos esperan dentro de un cuarto de hora.

Empiezo a correr por la habitación abriendo el armario y sacando lo necesario para vestirme tras una ducha que considero necesaria para despejarme las ideas. Salgo envuelta en el albornoz y empujo a Fernando a que se vista. Lejos de hacerme caso, tira del cinturón hasta que caigo desnuda sobre él. Pero esta vez no me besa, sino que empieza a hacerme cosquillas hasta que no puedo más de risa:

—Para, ¡que me muero!

—Así me gusta verte —me dice—. Riendo —y sigue haciéndome cosquillas hasta que para defenderme sólo se me ocurre lo obvio: sacudirle con la almohada a lo que se une enseguida iniciando una guerra como las que yo mantengo como Eugenia. Me persigue por el cuarto y yo salto defendiéndome desde la cama. Ni nos damos cuenta que estamos desnudos y poco importa cuando el rival te ataca. Al cabo de unos minutos se rinde y yo me siento encima de su pecho mostrando mi bíceps en señal de triunfo. Nos vestimos entre risas, y entre risas salimos también de casa. Hacía tiempo que no me reía tanto. Fernando es consciente de que me ha devuelto la alegría. Me coge de la mano:

—Toda la vida te voy a hacer reír. Haré cualquier cosa para ver esos hoyuelos que se te forman al lado de los ojos cuando ríes.

¡Mis hoyuelos! Nadie me los había recordado desde que murió papá. Él siempre decía que era lo más bonito de mi cara. ¡Pobre papá! Sigue castigado contra la pared. En cuanto vuelva a casa le pido perdón.

Entre risas acudimos al parque donde nos esperan en dos mesas nuestros amigos y parientes. Una mesa la ocupan Mónica y Álvaro, y en la otra charlan animadamente Félix y Leonor sin dejar ni por un instante de vigilar de cerca los avances que hace Eugenia sobre el patinete que le han traído los Reyes de Mónica. ¡Esta va a ser gorda! Me esperan dos tribunales. ¡Como que no sé yo que lo de las mesas lo han hecho aposta! Le hago un gesto a Fernando para que se siente con los mayores y yo me dirijo resignada al cadalso de mis amigos.

—Bueno, aquí estoy ¿qué me vais a decir? —Más vale coger el toro por los cuernos y empezar con una buena excusa por mi parte—. Sé que lo de ayer fue de lo más imprudente y que Eugenia podía habernos pillado. También sé que lo de marear a dos chicos al mismo tiempo no se hace. Que tendría que haber cortado primero con Georg y después haberme liado con Fernando, pero las cosas vienen como vienen y yo no soy perfecta.

De un plumazo ya me he quitado parte de la charla que tenían preparada los dos, por lo que necesitan un minuto para recomponer su discurso, y como Mónica es más rápida, es ella la primera que interviene:

—¿Qué le vas a contar a Georg? ¿Lo de la boda va en serio?

Sin darme tiempo a contestar, es Álvaro el que me dirige la siguiente pregunta:

—¿Estás segura de dónde te estás metiendo? Hace apenas unas semanas era Georg tu Leopold, ¿y ahora te vas a lanzar por el puente de Brooklyn, pero qué digo, por las cataratas del Niágara, por Fernando? Piensa, Jimena, que Fernando es sobrino de Leonor y que por tanto sois como parientes. No juegues con fuego que te puedes quemar.

Me hace gracia lo de Leopold, porque en estas horas en ningún momento he relacionado a Fernando con mi ideal romántico, porque la verdad es que no sólo es que sienta que este sí que es el Leopold de verdad, sino que me parece que ya hemos aterrizado en Brooklyn mismo.

—A ver. A Georg le acabo de decir hace un rato, que quería hablar con él. En cuanto llegue mañana, se lo digo. De lo de la boda, pues no sé qué pensar. En este momento no me planteo una cosa tan seria. Sólo puedo deciros que a mí me sorprende tanto como a vosotros, pero de una cosa estoy muy segura. Fernando me parece un chico ideal. Me siento muy a gusto con él, hablamos como si nos conociéramos de toda la vida y el sexo es bueno, muy bueno.

Acabo de mencionar la palabra mágica porque ambos responden al mismo tiempo:

—Sexo, ¿qué sexo?

Les cuento, sin entrar en mucho detalle, lo que acaba de ocurrir en casa y me sorprende que omita muchas de las risas y de los juegos tontos que nos han ocupado. Posiblemente no sean más que chorradas, pero eso me parece mucho más íntimo que todo lo demás. Mónica y Álvaro suspiran a la par. Por primera vez desde que los conozco a ambos, se han quedado mudos y eso es todo un logro por mi parte. Así que, como no saben por dónde entrarme, recurren a lo obvio, a lo que también a mí me está rondando en la cabeza:

—¿Cómo se lo vas a decir a Eugenia?

Esa es la gran pregunta. ¿Cómo le explico yo a mi hija que Georg ya no es mi novio, que ahora lo es su primo amigo? Fernando se acaba de unir a nosotros y con un "¿va todo bien?" se sienta en la mesa, porque ahora le toca a él el turno de dar explicaciones y lo hace de tal modo y con tanto cariño en su voz que a Mónica se le llenan los ojos de lágrimas hasta que termina por soltar:

—Si ya lo ha dicho siempre mi madre. Si posible, de tu ciudad; mejor que sea de tu barrio; y mejor todavía si es de tu misma calle.

Fernando la mira sin entender lo que dice, pero yo sí lo entiendo y Álvaro también, que en un arranque de los suyos coge a Fernando, le planta un abrazo de oso, y le dice:

—Cuídala, que es el tesoro más precioso del mundo.

A lo que Fernando no duda en prometer que lo hará mientras viva. Y yo le creo. Desde la otra mesa nos interrumpe Félix. Quiere comer, pero antes quiere hablar conmigo.

—Jimena, estoy muy preocupado. Si por mí fuera no te diría nada, porque eres mayorcita para hacer lo que quieras con tu vida, pero tienes que pensar en Eugenia. Ella se ha encaprichado con Georg y no sé cómo le vamos a explicar las novedades. Entiendo que necesites alguien a tu lado.

Durante estos años no he parado de repetirte que buscaras un buen novio. Bien sabes que es cierto lo que te digo y Fernando me parece una elección estupenda. Pero tenemos que solucionar lo de Eugenia. La cría no puede estar encariñándose y perdiendo gente cada día. Le vas a montar un lío descomunal.

Pero el lío ya se ha montado. Eugenia ha terminado con el patinete y ha alcanzado nuestra mesa donde nos ha pillado a Fernando y a mí dándonos un beso ante el brindis que acababa de proponer Álvaro.

—¿Qué haces, mamá?

XXII

Todos nos quedamos un instante perplejos ante la pregunta de Eugenia, a la que ni tan siquiera habíamos oído llegar. Por un momento reina el silencio, que yo recibo como un regalo del cielo después de la noche en vela que llevo. Lo malo es que lo que ahora me está sacando de mi letargo es la voz de mi hija, que reclama una explicación perentoria. Antes de que hubiéramos urdido un plan para saber cómo explicarle el cambio de novio de mamá, ya se había adelantado ella misma ante un descuido nuestro. "¡No hay tiempo para pensar!", me digo. Hay que reaccionar. Fernando y yo nos levantamos al unísono de nuestros asientos, mientras el resto contempla sin saber qué hacer, ni qué decir.

—Ven conmigo Eugenia —propone suavemente Fernando, pero la niña se zafa de su mano. Es conmigo con quien quiere hablar.

—Vamos, cariño, tenemos que hablar.

Bajo la atenta mirada de Fernando, cojo la mano de Eugenia y me la llevo a dar un paseo. Buenamente le cuento que Georg es muy bueno, pero que yo no estoy segura de quererle como antes. Que quiero ser sólo su amiga. Insisto mucho en que él algún día tendrá que volver a Alemania y que yo no quiero acompañarle, que nuestra vida está en Madrid cerca de nuestros amigos. Después le pregunto si le cae bien mi nuevo novio.

—Sí, mamá. Pero si ahora Fernando es tu novio, entonces, ¿te vas a casar con él?

Eugenia está últimamente muy preocupada con lo de mi boda y me extraña. Tampoco es que tenga nada de raro, porque, al fin y al cabo, ha pasado de una madre monja a una madre que cambia de novio como quien cambia de pañuelo. Pero, aún así, me inquieta tanta insistencia con lo de las bodas, así que voy directa al grano:

—¿Te preocupa lo de la boda, cariño?

—Sí —se limita a asentir antes de reiterar su pregunta—, pero, ¿te casas o no con Fernando?

Antes de contestarle, miro a mi nuevo novio, que sigue contemplándonos con mucha atención, y de repente me doy cuenta de lo fácil que es la respuesta:

—Sí, cariño. Me caso con Fernando en cuanto tú me digas que te parece bien. Y ahora dime, ¿por qué te preocupa tanto lo de la boda?

—Porque la Madre Ventura me ha dicho que iba a rezar mucho para que tú encontraras un hombre bueno, que estabas muy sola y que le teníamos que pedir al abuelo que te mandara ese hombre bueno. Y yo se lo pido todas las noches a la estrella. Y pensaba que el abuelo había mandado a Gorg. Pero la Madre Ventura siempre ha dicho que el hombre bueno del abuelo sería el que se casase contigo. Y si Fernando es con quien te vas a casar, entonces ese es el que envía el abuelo y lo de Gorg a lo mejor ha sido una broma suya. La Madre Ventura me ha dicho también que si tú te casas, yo tendré un papá y que luego a lo mejor, si sigo rezando mucho, tendré hermanitos y yo quiero que todos vivamos en Madrid. Así que prefiero que mi papá sea Fernando.

¡Bendita Madre Ventura! Con un gesto le digo a Fernando que se acerque. No pierde un instante antes de salir corriendo para unirse a nuestro abrazo, mientras yo ya estoy girando con la niña como si fuéramos una peonza. En cuanto le cuento las novedades, es Fernando el que se inclina y le dice muy serio a Eugenia:

—Señorita, ¿me da usted permiso para ser su padre?

Esta vez ya no es el permiso de besar a la madre. Fernando va mucho más allá y se atreve a lo que yo ni hubiera osado mencionar y Eugenia le contesta con un sí muy cariñoso pidiendo que sea él esta vez quien la voltee. En ese mismo momento me entra una urgencia tremenda por llegar a casa y darle un beso bien fuerte a la foto de mi padre que sigue castigado.

Después de una estupenda comida y alguna cabezadita en la que Fernando y yo nos hemos quedado fritos ante la tele, mientras Eugenia desplegaba todos sus nuevos juguetes, decidimos preparar algo de picar. Como buenos "padres" nos afanamos en nuestras tareas culinarias. Para ser sinceros, es Fernando el que se pone manos a la obra, mientras yo mordisqueo un trozo de turrón que le ofrezco a intervalos regulares.

—Chiquitina, ahora que ya todo es oficial, me vas a decir ¿cuándo quieres que nos casemos?

Sigue hablando de un montón de cosas; de ir a Sevilla a conocer a sus padres, lo que me produce vértigo; de buscar una casa grande; de cuánta gente quiere que venga a la boda y un sinfín de cosas más. Estoy por darle al "off" como hago con Eugenia porque yo sigo a vueltas con la fecha y con una idea que me lleva obsesionando desde que esta tarde viera tan claro lo de la boda. Así que le doy un beso, que ya he descubierto que es la forma de poner en "off" a mi novio y le digo:

—Si quieres hacerme muy feliz, me gustaría casarme en septiembre.

—Pues en septiembre, pero ¿por qué tenemos que esperar tanto tiempo?

—Porque quiero que vivamos en la casa de papá, si a ti te parece bien y vamos a tener que hacer obra. Como yo hasta marzo no creo que defienda el doctorado, no voy a tener tiempo para dedicarme a ello, y quiero que la casa quede perfecta. Tiene muchos cuartos y los vamos a necesitar.

—¿Para qué? —pregunta malicioso.

—Para llenarlos de niños, para qué va a ser —respondo riendo y dejando que me bese.

Ha llegado el día siete. Hoy vuelve Georg de Alemania y hoy tengo que hablar con él. Fernando lleva llamando todo el día desde el trabajo para saber si quiero que me acompañe. No hago más que repetirle que no hace falta. Y si no es Fernando, es Álvaro quien se preocupa:

—No vayas a meter a la pata, Jimena, que nos conocemos.

—Tranquilo —contesto—, que tengo las ideas muy claras.

—Pues será la primera vez desde hace meses, y piensa que como vuelvas a cambiar, al pobre Félix le da un infarto.

—¿Por qué?

—Porque ayer me reconoció que después de lo que dijo Fernando, había comprendido que este es el chico que tú necesitas, que le daba la sensación que lo hubiera enviado tu padre.

—Pues si quieres que te diga la verdad, eso mismo pienso yo. Quédate tranquilo, que no voy a hacer ninguna estupidez, y prepárate porque en breve estamos buscando trajes de novia.

—¿En serio? ¿Y yo voy?

—Pues claro que tú vienes. ¿Qué quieres, que vaya hecha un adefesio?

—Pero, entonces ¿es que ya hay fecha?

—Sí, prepara el chaqué para el mes de septiembre, que vamos de boda.

No le doy tiempo a seguir hablando porque me está entrando una llamada. Es Mónica, que también está preocupada por lo de esta tarde:

—Jimena, que este tío tiene mucho mundo. Lleva cuidado que Fernando es muy buena gente. Si quieres, se lo suelto yo.

También a ella le aseguro que me ocuparé del tema sin problema. Al colgar, me doy cuenta del poco miedo que me produce hablar con Georg. Sólo espero que lo entienda, porque todavía tenemos dos trimestres por delante y con lo de las clases conjuntas, como no se lo tome bien, vamos a pasar unos meses horribles en la Escuela.

Aquí estoy. Son las siete de la tarde y Georg me ha llamado a las cinco para decirme que había aterrizado en Madrid. Recibo una última recomendación telefónica de Álvaro que me hace enfadar un poco ¿Se pensarán todos que soy una *despotenciada*? Bien mirado, tampoco se lo puedo recriminar. Miro mi turmalina y con un suspiro llamo al timbre. La casa está inmaculada, como si Georg la acabara de estrenar. Me recibe con un abrazo aunque el beso que me imagino que seguiría a continuación sólo alcanza mi mejilla, porque yo he girado la cara. Después de preguntar por el viaje y por su madre, quiero ir directa al grano, por lo que le asalto sin rodeos con un "tenemos que hablar" que él confirma.

—Sí, Jimena, tenemos que hablar. —Pienso que me va a hacer alguna proposición. Se pasa la mano por el pelo en un gesto característico suyo, se sienta a mi lado y es él quien comienza—: Tengo que hacerte una confesión.

Como estoy por interrumpirle porque tengo unas ganas inmensas de soltar lo que he venido a soltar, me pone la mano sobre la boca para que le deje continuar:

—Déjame hablar, por favor.

Ante mi estupor, reconoce que la noche de Reyes se dejó llevar y que, no sabe cómo, terminó liándose con Mónica. Mi carcajada supongo que es lo último que se esperaba. Así que, aquí llevo yo todo el día preocupada por no herir sus sentimientos, ¿y el que me la había estado pegando era él con su amiga del colegio? Estas cosas sólo me pasan a mí, así que cuando terminó de presentarme sus confesiones, le digo:

—¿Y ahora me vas a decir que te has dado cuenta que ni Marie, ni yo, que la que habías estado esperando toda tu vida la tenías delante de las narices?

Pues sí, eso era lo que me quería decir. Empezó con lo que se iba a convertir en un largo monólogo sobre lo maravillosa que era yo, pero lo difícil que iba a ser compaginar dos culturas tan diferentes como las nuestras. Que, necesariamente, uno de los dos tendría que renunciar a su mundo y bla, bla, bla. ¡A este paso se tira toda la noche con la misma cantinela! Yo, por mi parte, tenía unas ganas enormes de irme a casa donde me esperaba Fernando con Eugenia, así que opté por resumirle mi situación en dos palabras:

—Georg, no te preocupes. Yo también prefiero alguien que crea en los Reyes y no en Santa Claus. Así que no te preocupes, porque me parece que a los dos nos ha pasado lo mismo y, curiosamente, el mismo día.

Desde luego, la situación era bien cómica y tras mirarnos unos momentos, soltamos ambos la carcajada. Así de fácil. Reír siempre libera tensiones y por nuestras risas cualquiera hubiera dicho que llevábamos cargando desde hacía días con el peso de todo el mundo. Sin resquemores ni daños eran nuestros propios deslices los que en ese momento nos estaban uniendo en un vínculo de amistad que yo supe en ese instante duraría toda la vida.

Salí eufórica de su casa. Llamé a Álvaro para resumirle lo que había pasado y, ante mi sorpresa, me espetó con un "ese cabrón me va a oír". Todo el camino hasta mi casa le hice saber que no era justo lo que estaba diciendo, que al fin y al cabo yo misma había hecho lo mismo, a lo que no dudó en replicar:

—Una cosa es lo que hagas tú, que siempre está bien, y otra, muy distinta, lo que haya hecho él, que me parece fatal.

A punto estaba de llegar a casa cuando le repetí por enésima vez que tuviera mucho cuidadito mañana en la Escuela con decirle algo inapropiado. Aunque dudaba que me hiciera caso, lo último que me dijo, fue:

—No le digas nada a Fernando que se va a poner como una moto.

—¿Por qué?

—Porque te digo yo que se lo va a tomar fatal y como lleguen a las manos, Fernando lleva las de perder.

Por mucho que me lo hubiera explicado toda la noche, no lo iba a entender, así que tampoco lo intenté. Pero al colgar decidí seguir las instrucciones de mi amigo. Yo entiendo poco de la mentalidad masculina. Es más, hay ocasiones en que creo que hombres y mujeres procedemos de planetas diferentes, o hemos sido engendrados por diferentes fuerzas de la naturaleza por lo distintos que somos. Y Álvaro, aún siendo gay, no deja de ser un hombre así que, por una vez en la vida, decidí hacerle caso.

En casa me recibió un angustiado Fernando al que tuve que calmar primero con que yo estaba estupendamente, y luego con que Georg se lo había tomado todo lo bien que cabía esperar. Ante mi estupor reaccionó de la forma que menos podía imaginar:

—Pobre. En el fondo me da pena. Por mucho que yo esté encantado, mi felicidad le ha machacado porque, al final, lo que he hecho, es mangarle la novia y eso no está muy bien.

¿Será acaso esto a lo que se refería Álvaro? Sin darme casi tiempo a quitarme el abrigo, es Anita la que me saluda con un "tener que hablar". Y yo que pensaba que tras unos días sin verme por lo menos me recibiría con un par de besos. Le pregunto a Fernando y sólo me contesta que lleva desde que él a ha llegado murmullando cosas y mirándole mal. ¿Ahora qué?

En la cocina la encuentro dando vueltas como una peonza a la mesa hasta que la consigo sentar y le pregunto qué le pasa.

—No entender. A mi gustar Señorito Georg. Eugenia decir que usted casar y yo muy feliz, pero niña decir que usted casar con señorito Fernando. Yo no entender. Señorita no poder tener dos novios. Señor morir si saber.

De semejante frase deduje que Eugenia no había perdido el tiempo en contarle las novedades y que para Anita que considera que yo debo ser un dechado de virtudes, eso de que tuviera dos novios le parece mal, muy mal. Le parece tan mal que cree que papá se va a revolver en su tumba. Intento explicarle lo que ha pasado y lo de las diferencias culturales. Incluso le digo que Eugenia está muy contenta. Pero ella sigue sin entender, por qué tengo dos novios. Así que, finamente, le aclaro que Georg ha pasado a mejor vida, metafóricamente claro, que sólo tengo un novio y le tiento con lo que me parece que va a ser lo único que le puede calmar.

—Anita, Fernando y yo nos vamos a casar y pensamos vivir en casa de papá. Nos encantaría que tú te quedaras a cuidarnos. Tú entiendes muy bien a la niña y aguantarías que doña Leonor no pare de venir a casa a fisgar todo lo que quiera, que es lo que va a hacer en cuanto nos tenga de vecinos.

He dado en el clavo. La pobre Anita lo que veía es que con Georg, al ser extranjero, seguiríamos en mi casa como hasta ahora y ahora entiende que con Fernando va a haber boda, y lo más importante, que contamos con ella. De todos modos se hace un poco de rogar. Fernando también se lo pide con mucho cariño y ella sigue refunfuñando un poco hasta que por fin Eugenia, que ya ha entrado en la cocina, y sin saber nada le dice:

—Anita, ¿tú te quedarás con nosotros cuando mamá y Fernando se casen, ¿verdad? Porque, ¿sabes?, voy a tener hermanitos y yo no sé cómo cuidarlos y tú me tienes que ayudar.

Si le llego a aleccionar a mi hija para que diga esas palabras, no me hubiera hecho caso y, por supuesto, se hubiera montando un enorme lío respecto de quién debía cuidar a quién. Como ha partido de ella, que da por supuesto que el cambio no va a ser grande y que, por lo que le hemos contado, sólo consiste en algo que le beneficia, que es tener papá y hermanitos, el resto de su mundo ha de mantenerse para ella lo más estable posible. Y parte de su estabilidad se la proporciona Anita, que termina por reconocer:

—Sí, yo quedar, cuidar todos.

XXIII

Hoy comienzan las clases. El segundo trimestre siempre es el mejor. Los chicos saben de qué va el curso, ya han hecho unos exámenes trimestrales y no están tan inquietos por terminar como cuando vuelven de Semana Santa.

Los profesores nos recibimos, como siempre, con un intercambio de besos. Mis noticias parece que se han corrido por todo Madrid, porque unos y otros se afanan por desearme todo tipo de parabienes e interesarse por la fecha de la boda. Aunque yo no he dicho nada, porque ni siquiera he tenido tiempo, es Álvaro el que ha proclamado la noticia. Marion no entiende nada. Antes de Navidad era Georg mi Leopold y ahora parece que ya no lo es. Así que se limita a intentar entender:

—Entonces, ¿Georg ya no es Leopold? ¿Es por Fernando por quién te vas a tirar desde el puente de Brooklyn?

—Eso, Marion. Es Fernando. Georg ya sólo es un buen amigo.

Lo bueno de tener un ex novio sajón, es que ellos las relaciones pasadas las toman con una naturalidad que a los latinos siempre nos sorprenden. Ya quisiera yo mantener, por lo menos, una conversación normal con Enrique, con el que no puedo cruzar ni tan sólo dos palabras sin llegar a los gritos, pero al fin y al cabo somos latinos. Georg me dedica todo tipo de enhorabuenas porque también él está decidiendo planear su propia boda en cuanto vuelva a Munich. Pero mis amigos no son sajones. Cuando se enteran de lo de su Mónica, la mía no puede por menos que soltar un "será cabrón". Inmediatamente le defiendo como hice con Álvaro, pero ahora ambos se han unido y consideran a Georg el rey de los cabrones:

—Y si tú no hubieras encontrado a Fernando, ¿te habrías quedado compuesta y sin novio? —es lo que me dicen. Así mirado no dejan de tener razón, pero hacer elucubraciones sobre algo que no ha pasado, me parece ridículo y se lo hago saber insistiendo en que yo misma rompí las normas de cualquier noviazgo siendo infiel.

—Eso es diferente —consideran unánimemente.

Estoy convencida de que si yo organizara una masacre mundial, me justificarían porque así son mis amigos. Pueden pensar que esté equivocada en muchas cosas, pero a la hora de cuadrar filas, da igual lo que haya hecho; lo mío siempre está bien hecho. No les voy a cambiar, así que tampoco lo intento.

Las clases compartidas son un éxito. Diría que han salido mejor que si las hubiéramos impartido siendo novios. Entonces, nos habríamos dejado distraer, ahora nos limitamos a hacer lo que sabemos: explicar, y como trabajando seguimos respirando en la misma onda, parece que a los chicos les gusta, aunque al final de la clase oímos entre susurros que dos alumnas están comentando:

—No, lo que pasa es que la señorita Grau se lió con otro durante las Navidades y el pobre Dr. von Lichtenfeld se vuelve a Alemania sin novia.

—¡Será puta! Con lo modosita que parecía —contesta la otra.

Los chicos, por su parte, comentan una versión diferente:

—Él se tiró a una finlandesa que estaba buenísima. Porque la señorita Grau será muy mona, pero donde haya un par de buenas tetas…

Georg y yo optamos por reír ante el revuelo que hemos ocasionado y que de boca en boca va aumentando en teatralidad.

De vuelta en la sala de profesores, me encuentro con que Mónica me hace gestos para que acuda a su lado.

—He estado pensando en todo este lío de los novios.

—Que no hay lío, Mónica. Todo está bien clarito: yo con Fernando y Georg con la tal Mónica.

—Bueno, lo que digas. Yo lo que pienso es que no vendría mal confirmar que Fernando es de verdad tu Leopold.

—¿Cómo pretendes que hagamos eso?

—Te lo cuento en secreto, ¿vale?

—Soy todo oídos.

—Nunca os lo he dicho, pero yo tengo una vidente de cabecera que me asesora mucho, y he pensado que no vendría nada mal que ella te confirmara que Fernando es el definitivo.

¿Una vidente de cabecera? Esto sí que es gordo. Tengo amigas que van a terapia, algunas todavía se dejan aconsejar por directores espirituales, pero he de reconocer que esto no lo había oído jamás. Ya me estoy imaginando una señora mayor con nariz aguileña y una verruga junto al labio, larguísimas uñas rojas y mantón de terciopelo sentada ante una inmensa bola de cristal o leyendo el tarot. Creo que mi cara refleja mis pensamientos porque Mónica sigue, sin esperar que yo conteste:

—¿Qué, vamos?

En eso que llega Álvaro y en cuanto se entera de lo de la vidente de cabecera, ha olido un plan perfecto al que se suma.

—Bueno —consiente Mónica—, pero no viene nadie más.

Quedamos en ir los tres y que ella se encargará de pedir cita. No pienso decirle a Fernando lo de la vidente, porque suena a cachondeo, así que le suplico a Mónica que pida la hora, mientras Eugenia sigue en el cole y mi novio en la oficina.

La susodicha vidente vive cerca de la Escuela, en una bocacalle de la Gran Vía. Son las tres y hemos quedado a y media, así que nos da tiempo a tomar un café en el que somos severamente amonestados por Mónica para que nos comportemos adecuadamente. Se está arrepintiendo de habernos hecho partícipes de su secreto. Álvaro no para de tomarle el pelo por tener, como ella dice, una vidente de cabecera, y Mónica, por su parte, que es muy privada para sus cosas, no suelta prenda sobre las veces que viene a verla, sobre si echa las cartas o qué hace. Lo único que repite, una y otra vez, es que es estupenda y que ni tan siquiera voy a tener que preguntarle, que ella sabrá cualquier cosa sobre mí en cuanto me vea.

Nos recibe un señor menudo, del tipo de los hombrecitos grises que vinieron a arreglar a mi padre cuando murió y cuyo mero aspecto me impulsa a salir corriendo. Álvaro me da un empujón en el culo para que avance. El enanito, al que acabo de bautizar así para diferenciarlo de los hombrecitos grises, nos conduce a través de un pasillo que se me antoja eterno y lúgubre hasta un despacho donde, ante una mesa, nos recibe la vidente de Mónica. "¡No parece una bruja!", pienso. Al contrario, tiene una pinta bastante normal. Si me la cruzo por la calle, jamás hubiera pensado que sería vidente; funcionaria o secretaria, sí; pitonisa, no. Ni siquiera lleva gorro de Merlín, ni tampoco veo la bola de cristal. Mónica hace las presentaciones y ella nos invita a que nos sentemos para, sin más preámbulos, empezar a hablarme:

—Vienes acompañada por dos personas.

—Sí, a Mónica ya la conoce y éste es Álvaro, mi amigo de la infancia.

—Quiero decir que vienes acompañada de verdad —continúa, mientras yo pienso que debe ser un poco sorda, así que repito un poco más alto:

—Sí. Ya le digo que a Mónica la conoce y Álvaro ha decidido acompañarnos en el último momento.

—No hablo de los presentes sino de los ausentes. —Me está empezando a dar mal rollo esta mujer—. Ambos te saludan.

Pues, vale. ¿Debo saludar a alguien? Por si acaso, me giro y me inclino hacia un público imaginario.

—Veo en tus ojos una gran alegría y una profunda tristeza.

De momento no se ha mojado para nada, porque cualquiera tiene en su vida grandes alegrías y tristezas, así que no le pienso dar pistas. Pongo mi mejor cara, la que ensayo a menudo ante el espejo, y la miro arrobada para que continúe.

—También veo un gran amor.

Bueno, ¿todo tenemos amores, no? La mayoría de la gente va a que le echen las cartas por cuestiones sentimentales. La que está a punto del éxtasis es Mónica, que mira a su vidente de cabecera como si estuviera hablando el oráculo de Delfos.

—Y veo descendencia.

Aquí se podría columpiar, así que decido hincarle el diente por aquí:

—¿Cuánta descendencia? —pregunto dulcemente.

—Dos, además de la hija que ya tienes.

Me entran sudores, pero rápidamente pienso que Mónica la ha puesto en antecedentes, así que intento pensar con lógica, aunque todo este tema me está empezando a poner nerviosa. Primero los ausentes y ahora ha adivinado que tengo una hija.

—Y oigo campanas de boda. Los que te acompañan, te dan la enhorabuena.

Estoy a punto de salir por piernas cuando sigue:

—Están muy contentos por la elección. El otro te hubiera ocasionado problemas.

Ya estoy convencida de que Mónica ha hablado con ella aunque gesticula haciéndome entender que no ha dicho nada y la vidente quiere seguir hablando cuando la interrumpo sin más:

—¿Quiénes son los que me acompañan?

—Tus padres.

¡Tengo que salir de aquí! Agarro el bolso para levantarme y ella suelta:

—Es la voluntad.

La voluntad ¿de quién? estoy por preguntar, pero Álvaro ya se está echando la mano al bolsillo y saca un billete de veinte euros. Mientras uno paga y la otra se despide cariñosamente, yo ya estoy recorriendo el pasillo para encontrarme con el enanito:

—¿Le han augurado un buen futuro?

Además de enanito, habla como si estuviéramos en el siglo XIX. Como no sé si decirle tranquilamente que los dioses me ofrecerán todo tipo de parabienes, opto por lo que hago siempre en estas ocasiones: callar. Abro la puerta de la casa y corro por las escaleras hasta alcanzar la calle donde espero a mis amigos que salen muy serios.

—¿Cómo estás? —preguntan. Parece que Mónica lee mis pensamientos, porque antes de que pueda contestar, ya está asegurando:

—Yo no le había dicho nada. Te lo juro. Te dije que era buenísima y ya ves cómo ha adivinado toda tu vida. Yo le consulto cada cosa que me preocupa.

—¿Vienes mucho? —Es lo único que se me ocurre, porque todavía siento un escalofrío por los ausentes que ha mencionado la pitonisa.

—Una vez al mes más o menos.

—Ya te vale a ti también. Me podrías haber dicho que tenías una vidente hace años. Así no hubiera perdido el tiempo con tanto lelo.

Esta vez es Álvaro quien se dirige a Mónica, que se acaba de poner a la defensiva:

—Cualquiera te dice algo a ti con lo chismoso que eres. Si te lo hubiera comentado, ya se habría enterado todo Madrid y a mí no me conviene nada que tenga mucho público, porque sería dificilísimo pillar cita.

Yo sigo ensimismada en mis propios pensamientos. ¿Será verdad que en el cuarto estaban mis padres? De jovencita había jugado a la *ouija* en más de una ocasión con Paco, pero siempre supe que él movía el vaso sin que yo me diera cuenta. Además, era distinto. Eso de que los espíritus de mis padres están pululando a mi alrededor tiene su morbo. No sé bien cómo definirlo. Me encantaría creer que fuera cierto, pero, ¡caramba!, podrían hablar conmigo directamente sin necesidad de intermediario. Al fin y al cabo, la vidente no sabe nada de ellos y a mí me quedan muchas preguntas por hacer. Esto no es nada justo, pero que nada justo. Conforme más cerca estamos de nuestro barrio, más enfadada estoy con el tema:

—Me parece fatal que no haya intentado establecer contacto con mis padres si estaban en el cuarto —es lo único que se me ocurre comentar ante la sorprendida mirada de mis amigos.

—Veníamos a saber si Fernando era el bueno o no, y eso ya lo sabemos. ¿Qué más te da el resto? —pregunta Álvaro.

—Pues me da, y mucho. Ya sé que he hecho una buena elección, pero lo de hablar con mis padres, me apetecía un montón.

—¿Quieres que concertemos otra cita? —pregunta solícita Mónica. Medito un rato:

—Sí, creo que sí.

Y ante mi sorpresa, ambos sueltan una carcajada. Así que, ¿todo era un montaje de estos dos imbéciles?

—¿Tú te crees que te ibas a salir de rositas después de la pelmada que nos has soltado estos meses con que si uno era tu Leopold y era perfecto para después liarte con el sobrino de una íntima amiga de tu padre y dejarnos en vela la noche de Reyes? —dice Álvaro sin dejar de reír—. La vidente es prima de la madre de Mónica y se ha prestado a esta broma.

—¿De verdad pensabas que tengo una vidente de cabecera? —pregunta Mónica sorprendida por mi candidez.

—Pues sí. Como eres tan "especialita"...

—Para "especialita" tú, que cuando le contemos a Fernando que quieres hablar con los muertos, a lo mejor se echa a correr y no para hasta llegar a Sevilla —contesta Álvaro. Les suplico y les ruego. Hasta les intento sobornar con comprarles lo que ellos quieran con tal de que no suelten ni prenda, pero no tienen intención de dejarme en paz y amenazan incluso con publicar la noticia en el tablón de anuncios de la Escuela. Me doy por vencida. Voy a ser el hazmerreír de todos. Me quedaré sin novio. Ni alemán ni español. Todos se reirán de mí y seré una solterona toda la vida. Me dedicaré al ganchillo cuando me jubile.

—Anda, boba —Álvaro me da un beso—, la suerte que tiene el Fernandito de las narices contigo. Si por creer, hasta crees en las videntes.

XXIV

Hoy termino las fotos del doctorado. Estoy en la puerta del Convento de las Clarisas, donde he estado trabajando durante los últimos años. Me acompañan mi máquina de fotos, el trípode, el metro, la linterna y todo tipo de camisetas y calcetines porque las monjas no se han enterado todavía de que en el siglo XX se inventó la calefacción. Fernando se ha emperrado en venir. Aunque no me gusta mentir, he tenido que llamar a Sor Inés para preguntar si podía entrar con un asistente que me sostuviera el trípode. Si le ha molestado, no lo demuestra, porque no pone inconveniente alguno. Creo que la pobre me dejaría entrar con séquito, siempre que le asegure que se trata de buena gente. Porque de mí se fía mucho. Al fin y al cabo, he pasado muchísimas horas con ellas. Me llamó en cuanto se enteró de la muerte de papá, aunque no sé muy bien cómo lo supo. La llamada de la Comunidad me enterneció.

Llega Fernando. Le he repetido más de mil veces que viene en calidad de asistente; que ni se le vaya a ocurrir decir que es mi novio ni darme un beso. A las mil veces me responde otras tantas que ya lo sabe, que no me preocupe, que sólo quiere saber, cómo es un convento de clausura por dentro. Viene vestido de lo que él entiende debe ser un investigador y que no deja de ser un disfraz, porque se le ve el plumero de niño bien por todas partes. Ni sabrá éste lo que le dije cuando le sugerí lo que se tenía que poner. ¡Se va a enterar del frío que va a pasar! Eso sí, guapo viene precioso. Les va a encantar a las monjas. ¡Menudo novio tengo! Llamamos al timbre y varios minutos después nos contesta una voz que parece provenir del pasado:

—Ave María Purísima...

Cualquiera que piense que Madrid es una ciudad cosmopolita del siglo XXI, todavía no ha llamado al timbre de ningún convento de clausura.

—Sin pecado concebida —respondo tal y como me habían enseñado las monjas de mi colegio—. Soy Jimena Grau, Madre, vengo a hacer las fotos.

—Sí, cariño, pasa.

Oímos un cerrojo, y después otro, y por fin un tercero, pero sólo se abre la mirilla del portón a través de la que los ojos de la Madre portera confirman que vengo sola.

—Vengo con un ayudante, Madre. ¿Se lo ha dicho Sor Inés?

Supongo que sí, porque tras un último golpe de cerradura oímos el chirrido de la pesadísima puerta del siglo XVII que la Madre empuja con todas sus fuerzas para dejarnos pasar. A mí me da un beso, cosa poco habitual entre las monjas de clausura, pero como me acabo de quedar huérfana la Madre portera no duda en estrecharme contra ella. "¡Se carga el trípode!", es lo único que pienso ante la efusividad de la monja que me pilla por sorpresa. A Fernando se limita a saludarle con una inclinación de cabeza, escondiendo las manos bajo su hábito para que no quede lugar a dudas de que ni tan siquiera le va a estrechar la mano que él le ha tendido y que Fernando se tiene que meter rápidamente en el bolsillo del chaquetón ante la tácita respuesta de la Madre.

—Seguidme, Jimena. La Comunidad te quiere ver.

Bien sé yo que nos lleva al locutorio para que puedan saludarme. Con una mirada advierto a Fernando que no muestre sorpresa alguna por lo que va a ver a continuación, aunque sé que mi novio tiene tablas de sobra para lo que nos espera. A través de una escalera de caracol de difícil acceso para el común de los mortales y que a mí, cargada como voy, me exige plena concentración, accedemos a una sala dividida en dos ambientes por una inmensa reja. Tras ella nos espera la Comunidad. Sólo quedan trece monjas en este Convento que en sus buenos tiempos alojaba a más de cincuenta, y ninguna de sus actuales ocupantes tiene menos de setenta años. Ahí están todas esperándonos. Inmediatamente me asalta una ola de paz que me envuelve, como siempre que he tenido ocasión de ver a la Comunidad al completo. Se las ve tan felices... ¡Cualquiera diría que viven sólo a unos pasos de un cibercafé! Aquí todo acontece a un ritmo distinto. No tienen calefacción, ni tampoco lavadora, ni otros tantos objetos que hoy nos parecen imprescindibles. Pero tienen algo que muchos deseamos: la paz de quien disfruta de una vida tranquila dedicada a la oración. Fernando está estupefacto. Tengo que darle un codazo para que reaccione. Creo que está pensando que ha ingresado en una máquina del tiempo y ha sido transportado de un golpe al siglo XVII. ¡Y yo que pensaba que tenía tablas! Lo importante es que se recompone de inmediato, aunque se limita a sonreír a cada una de las monjas que ve. Nos recibe Sor Inés,

—Niña, ¡qué alegría verte y poderte dar el pésame por la muerte de tu padre en persona! —Hay mucho cariño en la mirada de la Madre Superiora—; hemos rezado mucho por ti y por tu hija para que Dios os de fuerza de entender lo que a nosotros nos parece incomprensible.

¡Qué fácil! Esta monja no empieza a elucubrar sobre el cielo y esas cosas que a todos preocupaba el día que murió papá. Ellas aceptan la muerte con naturalidad; como un paso más en la vida, pero reconocen lo desconcertante que es para los que quedamos en este mundo. ¡Tengo que memorizar estas palabras para comentarlas con Tomás! Ahora es Fernando el que me pega un codazo para que responda porque, una vez más, me he dejado llevar por mi tremendo mundo interior.

—Gracias, Madre. Muchas gracias por rezar por nosotras. Nos hace falta.

¡Vaya si me hace falta! Siempre me ha parecido precioso que alguien rece por ti. Pasa como con lo de los regalos. Se trata de dedicar tiempo, eso que ahora mismo se cotiza por encima de un kilo de angulas. Y si siempre he reconocido que unas oraciones me son útiles, estos últimos meses unas cuantas toneladas de plegarias de todo el coro celestial me habrían venido de perlas, porque, ¡menuda forma de meter la pata!

Comentamos lo avanzado de mi trabajo, que hoy termino con las fotos, pero que volveré siempre que pueda al

Convento a visitarlas y que, por supuesto, les entregaré una copia de mi doctorado en cuanto lo haya defendido.

—Tenemos una cosa para ti —me dice la Madre dirigiéndose hacia un apartado de la sala. Fernando me mira con un interrogante en los ojos. Le entrego mis utensilios y me dirijo a la misma parte a la que acude la Madre. Giro de una palanca y en mi lado se abre un compartimento con un rosario.

—Te lo hemos hecho nosotras, —dice esta vez la Madre Novicia, que apenas ve la pobre, aunque, como no hay ni el menor atisbo de novicias, le han dejado mantener su cargo a perpetuidad:

—Pónselo en la cama a tu hija para que Dios la proteja.

Les prometo que así lo haré y me despido de ellas.

Por la misma empinada escalera bajamos hasta el zaguán de entrada. Mientras esperamos que nos abran otra vez todo tipo de cerraduras, Fernando no puede por menos que exclamar:

—Esto es alucinante. ¿No saben en qué siglo vivimos?

Parece mentira que sea sobrino de Leonor. Me limito a hacerle callar porque ya oigo la puerta que abre Sor Inés. Ella no me besa. Lleva a rajatabla lo del contacto humano. Una cosa que a mí, que voy repartiendo besos y abrazos por todas partes, se me antojaría complicadísima. Bueno, lo de la calefacción tampoco lo llevaría nada bien. Hace un frío de espanto y estas pobres están en sandalias. Siempre he sentido la tentación de tocarles los pies, porque con el frío que llevan pasando tantos años se les debe haber quedado la piel más dura que un cordobán.

Miro los pies enrojecidos de Sor Inés y no puedo menos que compararlos con los míos, enfundados en tres pares de calcetines y unas botas UGG. Parezco un astronauta.

Comento con Sor Inés las zonas que me quedan por fotografiar y ella nos acompaña a las capillas que le he indicado.

—Os dejo que empecéis. Vuelvo en un rato. Así trabajáis tranquilos.

No ha terminado de irse cuando Fernando ya está admirando todas las obras de arte que más le gustan. Es como un niño chico en una juguetería.

—¿Esto qué es? —pregunta sosteniendo un brazo relicario ante mis ojos como si fuera el último *Spiderman*.

—Deja eso donde estaba. Es un relicario.

Lo deposita sobre el altar donde estaba porque ya hay otra cosa que ha acaparado su atención. Esta vez se trata de una pieza de las que he venido a fotografiar:

—¿Esto son huesos de verdad? —pregunta extasiado.

—Fernando, como sigas así, te pongo un bozal. Sí, son huesos. Son reliquias. ¿Ves?, aquí hay una cartela. Son las reliquias de Santa Faustina.

Empieza a sonreírse pícaramente, así que le pregunto:

—¿De qué te ríes?

—¿Huesos de una santa? ¿Les han hecho una prueba de ADN? Porque son pequeñísimos. Parecen más bien los restos de un conejo —comenta sarcástico. Eso sí que no se lo voy a consentir ni a mi novio.

—Oye tú. Que Santa Faustina era una cría cuando la martirizaron. A ver si leemos más, que los de ciencias os pensáis que sólo sirven los números. Además, ¿tú quién te crees que eres para reírte de las creencias de alguien? —Me he puesto tan seria que el pobre se deshace en disculpas—. Y más respeto, que si no, te largas —le espeto mientras monto mi trípode.

Yo ya estoy en plena concentración tomando medidas, y sin darme cuenta estoy comentando conmigo misma algún aspecto del mueble que tengo que apuntar:

—¿Qué dices? —pregunta Fernando.

—Nada —no me he dado cuenta que hablo en voz alta.

—¿Eres sonámbula? —sigue mi novio.

—¿Y eso a qué viene? —pregunto sin dejar de tomar medidas a mi mueble.

—No, como hablas sola, quería saber si también hablas en sueños o te vas de paseo.

Está de coña, pero se calla en cuanto ve que estoy demasiado concentrada para hacerle caso.

En la siguiente capilla continuamos con el trabajo hasta que, después de analizar los últimos muebles, nos sorprende Sor Inés, que quiere saber cómo vamos. Siempre me asusta. Caminan con tanto sigilo para cumplir la regla del silencio que parecen espíritus.

—Ya hemos terminado, Madre.

—Pues venid conmigo, que tengo una sorpresa para vosotros.

"¿Qué será?", me pregunto fascinada. A mí las cosas de las monjas me encantan.

—Acabamos de desmontar el Nacimiento de la Iglesia y quería enseñaros la Divina Guardería.

Me estoy imaginando lo que nos espera, pero Fernando no da crédito. ¿Niños en el convento? Pero como ha prometido no inmutarse, simplemente nos acompaña a un cuarto pensando que, a lo mejor, las monjas se dedican a cuidar niños abandonados o huérfanos. Desde el suelo nos reciben todo tipo de estatuas pequeñas del Niño Jesús y de San Juanito vestidos de pastorcitos, de angelitos, de Reyes Magos, incluso de Clarisas llevando cestitas de huevos al portal de Belén.

—¡Qué monada! —me sale del alma, y ya estoy en el suelo admirando y elogiando los vestiditos que las monjas han cosido para adornar sus tallas religiosas.

—Ya sabía que te iba a gustar, Jimena. Es una cosa excepcional.

Cuando ya nos disponemos a despedirnos, me da que Sor Inés está por preguntar algo, pero que no sabe cómo hacerlo.

—¿Pasa algo, Madre? —me aventuro a ser yo quién le pregunte.

—No, hija, pasar no pasa nada. Es que me ha dicho Sor Lucía, la Madre Novicia, que este chico no es tu asistente, que ella cree que es tu novio.

¡Y yo pensaba que era ciega! Dicen que los invidentes desarrollan otros sentidos, pero, ¿cómo se ha imaginado

Sor Lucía lo de Fernando? Lo malo es que estoy notando que las mejillas se me están tiñendo de rojo. No le quiero mentir a la Madre, pero es que ya le he mentido al decirle que Fernando es mi asistente. ¡Qué razón tenía mi padre! ¡Antes se pilla a un mentiroso que a un cojo! A ver cómo salgo yo de ésta. Me acuerdo lo que decía Paco de los gallegos, que siempre responden con preguntas, así que eso mismo hago yo,

—¿Por qué dice eso Sor Lucía? —Fernando tampoco sabe a qué atenerse y, si en otras ocasiones hubiera salvado el entuerto, en esta ocasión ha enmudecido del todo. Está fuera de juego.

—Porque dice que te mira con amor.

Que eso lo diga una monja medio ciega que lleva más de cincuenta años encerrada en el convento tiene su mérito. Yo siempre había pensado que estaban al margen de estas cosas terrenales, pero resulta que las mujeres seguimos siendo mujeres aunque nos encierren tras los muros de un monasterio durante medio siglo. Nunca perdemos nuestro sexto sentido. No quiero negar lo obvio, así que respondo con una media mentira:

—Sí, Madre. Fernando es mi novio, pero también me está ayudando a terminar el doctorado, y como entiende mucho de fotografía, se ha brindado a ayudarme en esta ocasión.

¿Colará? Parece que sí, porque aparentemente Sor Inés ya está desplegando una enorme sonrisa:

—¿Y cuándo os casáis?

Desde luego, la diplomacia no es su fuerte. Si yo hubiera decidido no casarme, sino sólo convivir, entonces, ¿qué?

Pero, como no es ese el caso, esta vez no tengo que recurrir a más mentiras:

—En septiembre, Madre, si Dios quiere.

Le debe parecer estupendo porque no sólo me abraza a mí, sino que le falta tiempo para plantarle dos besos a Fernando.

—Te llevas una joya —le dice, aunque en ese mismo instante se recompone, porque ha dado rienda suelta a una emoción que no es propia de ella—. ¿Dónde os casáis?

La verdad es que ni lo hemos pensado. Yo he dado por supuesto que será en Santa Isabel y que oficiará Tomás, pero tampoco se lo he preguntado, como tampoco lo había comentado con Fernando, que sigue perplejo ante el beso que le acaban de propinar y sólo farfulla que ya sabe que se lleva una joya.

—Pues no lo sabemos todavía —contesto a Sor Inés, a lo que ella no duda en proponer:

—¿Por qué no os casáis en nuestra Iglesia? Así podríamos verte de novia.

Miro a Fernando, del que diría, por la cara que pone, que la idea le parece brillante. Tampoco yo podría haber imaginando un lugar más adecuado para celebrar mi boda que esta pequeña Iglesia del Convento donde he pasado tantos años.

Ya tengo Iglesia.

En el autobús de vuelta a casa no dejamos de comentar lo bonita que es la Iglesia de las monjas. Estamos entusiasmados de celebrar allí nuestra boda, pero hay un pequeño inconveniente:

XXIV

—A ver, Fernando, ¿tú cuánta gente pensabas que viniera a la boda?

Se detuvo un momento a pensar repasando mentalmente su lista. Estaba tardando mucho. Yo la mía la hago en un momento: Eugenia, Álvaro y Félix, mis compañeros de la Escuela, Sandra y Edu y poco más. Bueno, claro, Paco y Anita tampoco pueden faltar. Como Leonor viene de parte de Fernando, no la incluyo. Pero al resto de conocidos ni se me ocurre incluirlos en un momento tan especial. Y Fernando sigue pensando.

—¿Has acabado con la parentela de Sevilla y cuentas los amigos de Nueva York, o todavía estamos con los de la oficina?

Ni me responde. Tampoco insisto, porque a estas alturas ya me he dado cuenta que mi novio, por muy estupendo que sea, adolece del mismo problema que todos los hombres: es *monotarea*. Hace muchas cosas, y todas bien, pero de una en una. No le pidas que te conteste si está viendo el fútbol porque no sabe mirar un partido y comentar otra cosa al mismo tiempo. Ni hablamos de que se fije en un modelito que vemos en un escaparate si está contando algo del trabajo. Entonces ni siquiera puede mirar. Es más. Cuando me ve a mí preparar un bocadillo a Eugenia al tiempo que hablo por teléfono y le doy por lo bajo instrucciones a Anita sobre alguna cosa urgente, se queda petrificado como si yo fuera *Superwoman*. Está impresionado con mi capacidad de desplegar actividad y, claro, no voy a ser yo la que le diga que eso es algo común a todo el sexo femenino; como lo de las compras. Si quiere vivir en el engaño de que se va a casar con un portento, adelante. Ni siquiera pienso que esto forme parte de la campaña electoral.

Mientras a mí me da tiempo de pensar en todo esto, él todavía barrunta hasta que por fin exclama, orgulloso de su logro:

—237 personas.

Ha calculado mentalmente el número total hasta la última cifra. Ni siquiera redondea. Hay que reconocer que en eso nos dan mil vueltas los hombres. Sólo pensar en tener que sumar algo de más de dos dígitos en la cabeza, me da vértigo, ¡y mi novio suma por cientos! Menudo partidazo me llevo. Pero:

—¿De dónde te sale tanta gente?

Antes de que empiece a contarme uno a uno los 237, le interrumpo. Empecemos por el tamaño de la Iglesia:

—Fernando, no cabemos en la Capilla.

Vuelve a ensimismarse en sus pensamientos. Ahora, en vez de sumar, hay que restar. Como es más complicado, le doy más tiempo, pero me sorprende por su rapidez:

—163 sería entonces el número que se me ocurre a bote pronto, así sin hablar con mamá.

Si llega a ser meditado, afina todavía más el condenado.

—Y tu madre, ¿qué pinta en todo esto? —pregunto.

—Bueno, pues lo normal. No sé a qué amigos suyos querrán invitar.

Ya no es una boda. Vamos a protagonizar un circo. Y ese circo ya lo monté yo la primera vez. No pienso repetirlo, y menos por compromisos de mis suegros. Pero quiero ser sutil y utilizo mis artimañas femeninas, que para algo me las dio Dios.

—Chiquitín, ¿no crees que sería más bonito una boda en la que estuviéramos sólo los que más queremos tú y yo? Imagínate una ceremonia de esas en las que los novios no conocen a los invitados. ¿Te apetece eso? Con lo que hemos tardado en conocernos, deberíamos disfrutar de la boda al máximo.

Ni le llamo normalmente chiquitín, porque me parece un poco ridículo, ni me suelo poner tan tierna con él cuando le pido algo. Pero esta ocasión merece todas las artimañas posibles y yo ya he desplegado toda la artillería femenina de la que dispongo. Así que remato la faena cuchicheándole al oído un montón de cosas bonitas y preguntándole cuándo vamos a tener un ratito solos los dos. Ya lo decía Paco siempre, que tiran dos tetas más que no dos carretas. Y por pequeñas que sean las mías, tienen que tirar de esto que puede convertirse más que en carro en toda una caravana. La sola mención de que disfrutemos de unas horas de sexo, le suena a música celestial, porque ya ha olvidado a su madre y pregunta:

—¿Cuánta gente quieres tú que venga, chiquitina?

Estoy a punto de conseguirlo, pero falta el golpe de gracia. Me pongo de puntillas, le mordisqueo el labio y con un "¿nos escapamos esta noche a tu casa?" le tengo rendido a mis pies. En ese momento le podría pedir la luna, pero me limito a conseguir lo que me he propuesto:

—¿Qué te parece que en total seamos sólo setenta? Piensa que por mi parte vienen quince; otros quince amigos tuyos y el resto para que decida tu madre.

Le parece genial. No sé si mejor lo del plan de esta noche o lo de la boda, pero yo ya tengo el compromiso oficial de una boda de setenta personas, que es lo que puedo manejar, y me parece adecuado porque, al fin y al cabo, yo vengo de un matrimonio anulado y hay que tener un poco de respeto por estas cosas. Si tiro un poquito más de la cuerda, en este mismo momento, lo consigo todo. Así que paso de mordisquear su labio a entretenerme con su oreja. Le pone como una moto:

—¿Y nos casamos por la mañana para que las monjas puedan cantar?

Ya está. Me caso en la Iglesia que yo quiero, el día que yo quiero, a la hora que yo quiero y con el número de invitados que yo quiero. Y todo por un rato a solas con mi novio del que pienso disfrutar tanto o más que él, porque desde Reyes estamos a pan y agua. No sé a quién se le ocurrió lo de que las mujeres negociemos con los hombres de igual a igual. No me convence, y si no que le pregunten a Eva cómo consiguió que Adán mordiera la manzana. Seguro que no fue ante una enorme mesa de despacho y vestida con un traje de chaqueta gris marengo. Me apuesto el cuello.

XXV

¡Soy un monstruo de la negociación! Estoy deseando contárselo a Álvaro, pero no me da tiempo de nada. Esperando lo prometido, nada más descargar mis trastos en casa y disfrutar un rato de Eugenia, mi novio ya me está empujando para que nos vayamos, antes de que Anita se tenga que ir a casa de papá. Desde luego que aprovechamos nuestras dos horitas, ¡vaya si las aprovechamos! Y por si fuera poco, Fernando está entusiasmado con la idea de la boda reducida. Diría que hasta está convencido de que la idea ha partido de él. Parte de la labor de cualquier novia es reforzar el ego de su pareja. Eso lo sé hasta yo. Al fin y al cabo, he conseguido lo que quería, ¿qué más me da que Fernando se apropie la idea? La verdad es que no sé por qué hasta ahora he tenido tan mala suerte con los hombres, porque las reglas básicas me las conozco al dedillo. Podría dar clases de esto. Igual monto una consultoría. Se llamaría "Armas de mujer". Lo pienso hacer.

—Sí, chiquitín, soy muy feliz con tener una ceremonia tan íntima. ¡Qué buena idea has tenido! —le digo, y él tan contento.

Aunque enseguida oteo un nubarrón que adopta la forma de suegra. "Suegra" suena tan mal como "huérfana". No sé por qué pienso semejante sandez, pero en este momento no sé si me aterra más una palabra que la otra. Hasta se parecen fonéticamente, y el mero recuerdo de mi primera suegra todavía me produce mal rollo. Esa sí que era mala, mala, pero que muy mala. Todo lo que hacía su niño era perfecto. Incluso llegó a disculpar sus devaneos intentando convencerme que los hombres eran así y que tenía que ser comprensiva con sus deslices. Menos mal que en ese momento mi padre fue de lo más tajante. En cuanto le puse al tanto de lo ocurrido, tomó cartas en el asunto y no me dejó seguir con esa convivencia que se había convertido en un matrimonio tripartito. Yo a la mía no la conozco. Supongo que siendo hermana de Leonor se parecerá a ella, y Leonor es un encanto. Pero doña Carmen, a la que ni en mis pensamientos he apeado el doña, está casada con un Duque y eso me asusta. ¿Y si el Duque quiere invitar al resto de sus congéneres de la Aristocracia? A lo mejor no les basta con sus cuarenta invitados, esos que tan generosamente les he concedido. Ni siquiera sé cuántos hermanos tiene el Señor Duque y si con esta reducción tan drástica vamos a organizar un conflicto familiar. Le comento mis preocupaciones a Fernando.

—No te preocupes, Jimena. Mi madre es buenísima. Está deseando conocerte. Ayer hablé con ella, y como tía Leonor no ha perdido el tiempo en contarle lo estupenda que eres, creo que se está preguntando cómo semejante dechado de virtudes se ha fijado en su hijo. Por lo que intuí de la conversación parece que se ha enamorado de su nuera. Si te parece bien… —y ahora es él el que me mordisquea el labio con lo que me imagino que se avecina una bomba—, quiero que conozcas a mis padres. Me gustaría que también viniera Eugenia, porque es deliciosa, pero si no ya he hablado con mi tía para que se quede a su cargo durante unos días, siempre que tú estés de acuerdo.

Suspiro porque, quiera o no, va a dar igual. Voy a tener que pasar por el aro de rendir pleitesía a la parentela de mi novio. Si papá viviera, ya conocería de sobras a Fernando, así que yo no me puedo negar a lo que, por otra parte, es lo natural entre todos los novios. Aunque, bien mirado, como no soy una novia normal, me estremece la idea. De sobra sé que tengo una admiradora incondicional en Leonor y que no podría contar con mejor introductor de embajadores. Seguro que ha exagerado mis cualidades. Por otra parte, mi tarjeta de visita no es la más apropiada para una familia tradicional de Andalucía: Jimena Grau, soltera, madre de una niña de siete años. Por mucho que diga Leonor, tengo una cría de un matrimonio anterior anulado que, según la Iglesia, no ha existido. Así que, en definitiva, como el matrimonio era nulo, yo viví en pecado tres años, y por tanto soy madre soltera. A ver como se toma eso el Señor Duque, porque ni yo lo entiendo. Lo único que sé es que Eugenia no va a Sevilla. Por lo menos la primera vez. Si tienen que tomarla con alguien, que lo hagan conmigo.

¡Este fin de semana voy a conocer a mis suegros! He intentado aplazar el viaje aduciendo mi doctorado, pero sé que no es justificación alguna. Mi doctorado ya está en la imprenta y hasta que me toque defenderlo, dispongo de mucho más tiempo. Pero me siento como un carnero que lleven al matadero. Siento el peso de un yugo que me aprisiona el cuello, que me impide moverme y pensar. Ayer se lo conté a Álvaro y hemos organizado una reunión de urgencia en el Starbucks con Félix para que ambos me asesoren debidamente. He traído un cuaderno para apuntar las ideas más brillantes que pretendo memorizar antes de irme.

—Sé tú misma, Jimena. No finjas lo que no eres. Reúnes sobradas cualidades para encandilar a cualquier suegra. Si ella te aprueba, el Duque también. En eso siempre mandáis las mujeres —recomienda Álvaro al tiempo que, mientras yo anoto "ser yo misma", Félix corrobora:

—En eso y en todo. Tú conquista a la madre, que del padre ya nos ocupamos nosotros.

¿Qué pensará mi futuro suegro de mi padrino homosexual? Ya les puedo gustar mucho, porque me acabo de dar cuenta de algo más que hay que añadir a mi tarjeta de visita: padrino e íntimo amigo de la novia homosexuales. Me recorre un escalofrío de pensarlo. Y sin venir a cuento, pregunto a ambos:

—¿Leonor sabe lo vuestro?

Les dejo atónitos.

—Yo no se lo he dicho —dice Félix.

—Ni yo tampoco —replica Álvaro—. ¿Qué puede importar?

—Nada, sólo pensaba que los padres de Fernando van a tener que tener unas tragaderas inmensas con una nuera anulada, una *nietastra*, o como se diga, de siete años y con unas amistades como vosotros, que sois encantadores, pero digamos que diferentes de lo que pueda corresponder a una ex alumna del Sagrado Corazón como soy yo.

—No nos desviemos —Félix toma la palabra, que para eso es el mayor—. Lo nuestro ya vendrá. ¿Quién sabe? A lo mejor el Señor Duque es un "bohemio".

No sé qué me da que no va a ser así, que más bien estará chapado a la antigua usanza, pero mejor callar, porque Álvaro sigue con sus recomendaciones:

—Insisto en que seas lo más natural posible. Así has conquistado al hijo y así conquistarás a la madre. Eso sí, vístete para la ocasión.

—¿De qué quieres que me disfrace? —pregunto.

—No, que te disfraces no, pero, por ejemplo, la diadema de plumas se queda en Madrid. Los Manolos también, porque no sabes andar con tacones. Yo diría que vestiditos y rebequitas. Recatadita, hija, recatadita.

—¿Me pongo gafas? —es lo único que se me ocurre. Llevo gafas para ver de cerca desde hace unos meses porque, con tanto inventario, no sé cuántas dioptrías he perdido. Cuando me miro al espejo me siento satisfecha porque disimulan un poco mi aspecto infantil.

—No —contestan al unísono. Ya me he acostumbrado a que hablen como si fueran una persona. Ni me inmuto. Forma parte del paquete.

—¿Por qué? —insisto, porque me parece una idea brillante.

—Porque de cerca no ves un carajo, pero de lejos sí. Con las gafas lo más probable es que termines mareándote y cayéndote. Es muy habitual en ti eso de caerte, pero esta vez más vale que no lo hagas.

Resulta convincente, así que anoto en mi cuaderno, tras lo de las rebequitas y las faldas, "no llevar gafas" y sigo a ver qué más se les ocurre.

—Tienes que llevarles un regalo —sugiere Álvaro.

—¿Como qué? —pregunta Félix, que asiente ante la idea de su novio.

—Algo de Madrid, ni demasiado personal, ni tampoco algo que parezca que vaya de visita. No sé, déjame que piense.

A mí se me ocurren cosas disparatadas, cómo no. Pienso en una camiseta del Real Madrid para el Duque, aunque si es del Betis me quema viva. ¿Una estatua del oso y el madroño para Doña Carmen? También se me ocurre llevarles una maqueta de la Puerta de Alcalá.

—¡Ya lo tengo! —exclama Álvaro—. Les llevas unos caramelos de violetas de la Pajarita.

Me suena a chiste llevarles caramelos a mis suegros. Como si no tuvieran en Sevilla.

—Los caramelos son una buena opción siempre. Que sean de la Pajarita, es algo muy madrileño. Así verán que te has tomado la molestia de pensar en algo diferente, pero sencillo.

Félix asiente porque la idea le parece buena, y yo anoto en mi bloc lo de los caramelos. Necesitaré dos horas hasta llegar a la tienda, pero si Álvaro piensa que es una idea buena lo será porque, entre sus muchas virtudes, siempre me ha pasmado la maña que se da con las señoras mayores. Las madres de todos sus novios siempre bebían los vientos por él y Álvaro sigue en contacto con "sus chicas", como repite con mucha frecuencia. Menos la madre de Javi, claro, que ni se imaginaba que Álvaro fuera de esa clase de amigos de su perfectísimo Javi.

Álvaro da por zanjada la conversación. Se levanta y con un "nos vamos" ya está en la puerta.

—¿A dónde vamos? —pregunto.

—A hacerte la maleta —es la contestación que recibo.

Esta vez no hay pruebas ni diversiones. Eugenia, que ya se estaba relamiendo por la posibilidad de un nuevo juego de disfraces, es casi ignorada por Álvaro que ni siquiera la deja entrar en mi cuarto. También a mi me echa. Esto es tarea suya y no quiere intervenciones ni distracciones. Así que cojo a la niña y nos vamos con Félix a tomar un café a la cocina, mientras esperamos que el genio de la estética ultime sus preparativos. Cuando nos llama, no doy crédito. Ha desplegado cuatro conjuntos perfectamente organizados, con pañuelos y complementos incluidos encima de mi cama.

—Te he preparado un modelo de día y uno de noche. Como vais dos días, son cuatro. Pero te he apuntado en una lista lo que tienes que combinar con qué. No puedes llevar un baúl. Así que tienes que combinar los zapatos de un día con el pañuelo de otro y un mismo bolso para todo el fin de semana.

Tanta sobriedad me disgusta, así que intento negociar. Como se me da tan bien... Pero esta vez no dispongo de mis armas. Álvaro se muestra inflexible:

—Una cosa es que viajes con tus baúles, que pareces la Chelito, si nos vamos a la playa o de excursión. Otra, bien diferente, es que te presentes con tres bolsas en casa de tus suegros para un fin de semana.

No entiendo semejante austeridad. A mí me gusta viajar, por ejemplo, con casi todos mis zapatos, porque nunca sé cuáles me va a apetecer ponerme. ¿Por qué tengo que llevar sólo dos pares? ¿Y si llueve? ¿Y si piso un charco y se me estropean? ¿Y si se los come el perro de alguien? Intento plantear mis inquietudes a mi amigo, al que lo único que se le ocurre es:

—Si pasan todas esas desgracias, te escapas a Zara y te compras unas bailarinas negras que pegan con todo.

¿A Zara? Ha debido de enloquecer. Como si comprar zapatos fuera tan fácil. Álvaro todavía no se ha enterado de la complejidad de seleccionar un buen par de zapatos, pero ni me deja intervenir. Ya está doblando todo cuidadosamente en una bolsa de deporte enana que compré durante mi campaña electoral con Enrique. Fui a una de esas clases colectivas y jamás volví a pisar el susodicho gimnasio. Todos estaban locos. Corrían y corrían por una cinta en una sala que apestaba a sudor. Y del vestuario ni hablamos. Allá se despelotaban ellas sin el menor pudor, mientras yo intentaba ponerme mis mallas sin soltar la toalla para que no se me vieran las bragas. Lo de los vestuarios del gimnasio tampoco lo entiendo del todo.

XXV

—Ya está —exclama satisfecho Álvaro. Yo contemplo la bolsita y pienso que como no sea el bolso de Mary Poppins y de ahí empiecen a salir todo tipo de objetos, no sé cómo me las voy a arreglar en Sevilla.

Eugenia sigue insistiendo en venir con nosotros. No comprende que vaya yo sola, y explicarle mi complejo razonamiento a la niña no es factible. Es demasiado pequeña. La intentamos tentar con todo tipo de planes maravillosos que va a hacer el fin de semana con Leonor a los que Félix y Álvaro no tardan en sumar diferentes propuestas. Si yo fuera ella, estaría echando a mi madre, pero mi hija está empeñada en venir.

—No lo entiendo mamá. Si te vas a casar con Fernando, sus padres serán mis abuelos y yo les quiero conocer.

Siempre he pensado que la lógica de los niños es aplastante. Son niños e ignoran muchas cosas del mundo de los adultos, pero hay otras que les parecen bien simples. Y en esta ocasión Eugenia no puede llevar más razón. Al fin y al cabo, los padres de Fernando serán sus abuelastros dentro de unos meses. ¿Cómo le explico todo el lío a mi hija para que se quede más conforme? No para de mirarme sujetando a Aurelio en una mano y con Isoldita a sus pies que, si pudiera hablar, ya se habría sumado a las súplicas de su ama. También ella quiere venir a Sevilla.

Por mucho que las mire, no se me ocurre nada. "¡Piensa Jimena, piensa!", ordeno a mi cerebro, que ya se ha eclipsado al ver la pequeñita bolsa con la que tengo que hacer mi aparición estelar en Sevilla. Al final no me queda otra que decir una verdad a medias:

—Eugenia, tú tienes que quedarte a vigilar la casa. Tienes que llamarme cada día y contarme cómo va todo porque los padres de Fernando van a querer venir a visitarnos en breve y si le pasa algo a la casa, ¿qué hacemos?

Es una excusa deplorable, malísima. Ni siquiera sé cómo se me ha ocurrido semejante sandez, pero Eugenia se queda muy pensativa para terminar con otra negociación por su parte:

—¿Pinto un tapiz para tu cuarto para que vean lo bien que dibujo y lo bonita que es nuestra casa?

Mi hija lleva buen camino para ser tanto o más negociante que su madre. Rápidamente ha intercambiado su estancia en Madrid por algo que lleva reclamando hace meses y que siempre ha sido recibido con un no rotundo por mi parte que no quiero terminar el día con una visión infantil de los tapices que Eugenia conoce de sus cuentos de Marion. Ya me estoy imaginando una combinación de temas mitológicos con angelitos por toda la pared de mi cuarto, pero no me queda otra que transigir:

—Sí cielo, pinta un tapiz, pero que sea de ángeles, ¿vale?

Es un último intento por librarme de alguna interpretación personal de Eugenia de cualquiera otra temática que le haya interesado recientemente.

XXVI

Estamos en el AVE. Fernando se ha quedado encantado cuando me ha venido a recoger.

—¡Qué ligerita viajas! —ha comentado con admiración.

Me limito a sonreír, porque esto sí que forma parte de la campaña electoral. Menuda sorpresa se va a llevar cuando en el viaje de novios se enfrente con la realidad. Desde entonces, viajará para siempre con su mujer y un cerro de maletas repletas de cosas que ni me pongo la mayoría de las veces, pero que siempre me parecen fundamentales por si acaso. Y con los "por si acasos" soy capaz de llenar dos maletas para un viaje de cinco días.

Conforme nos acercamos a Santa Justa, se me estrecha el nudo que tengo en el estómago desde que salimos de Madrid, y eso que Fernando está de lo más tranquilo y no deja de asegurarme que le voy a encantar a su madre. "¿Por qué nunca menciona al padre?", me pregunto, aunque no me atrevo a hacerlo en voz alta.

Sevilla es una ciudad preciosa. Hace un sol radiante y la gente me parece encantadora. Todo son piropos y adulaciones. Viven a un ritmo totalmente distinto del de Madrid. Aquí no hay prisas. El taxi nos lleva por unas callejuelas pequeñas, todas blancas, hasta que llegamos a una plaza al lado del Convento de Santa Paula. Aunque con gusto entraría en el Monasterio para fisgar un poco, Fernando ya está llamando al timbre del edificio que hay al otro lado de la plaza. La puerta del siglo XVI que se mantiene muy bien conservada parece dar paso a un edificio de dos o tres plantas.

—¿En qué piso viven tus padres? —pregunto.

—¿Cómo dices?

—Pregunto, que en qué piso viven tus padres.

Fernando me mira como si no entendiera mi pregunta y le estuviera planteando el interrogante del sexo de los ángeles. Estoy por repetírsela cuando finalmente responde:

—Jimena, la casa entera es de mis padres. Este es el palacio de Sevilla. Luego tienen el cortijo en las afueras y un par de casas más por Andalucía. Pero prácticamente todo el año viven aquí. ¿Un palacio? Menos mal que Álvaro no me ha dejado traer los Manolos, porque del susto ya me habría caído. Todavía me siento más pequeñita e insegura. Me aliso el traje de chaqueta y me miro las medias, que seguro que ya se me ha corrido alguna, cuando se abre la puerta y nos saluda un señor de muy buena planta. Antes de que Fernando diga nada, ya le he plantado dos besos a mi futuro suegro, que acompaño con un escueto "soy Jimena. Encantada de conocerte". Cuál no es mi sorpresa cuando el señor me contesta muy digno:

—Igualmente. Yo soy Julio.

¿No me había dicho Fernando que su padre se llamaba Jorge? Y si este no es Jorge, ¿quién es? ¿Un hermano del padre que ha venido a cotillear a la novia de su sobrino? Fernando es muy rápido en sacarme de mi error:

—Hola, Julio —saludo que acompaña con un efusivo abrazo y que recibe por repuesta un caluroso:

—Bienvenido a casa, señorito Fernando.

Le he dado un beso a alguien de servicio. Mi novio me coge de la mano y hace las presentaciones oficiales.

—Julio, esta es mi novia, Jimena Grau.

A mí me explica que Julio lleva toda la vida con sus padres y que le ha criado desde niño. Empezamos bien, pienso al tiempo que, al entrar en el recibidor, me quedo sorprendida ante la visión de mis ojos. Esto es un museo. Ahora comprendo por qué Fernando sabía tanto de arte. Ha vivido rodeado de pinturas, esculturas y muebles antiguos durante toda su vida. A punto estoy de soltar un "ooohh" de admiración cuando Julio, que ya ha cogido nuestras bolsas, le comunica a mi novio que sus padres nos esperan en el salón verde. ¿Será que mis futuros suegros tienen salones de todos los colores? Avanzamos por las escaleras hacia el segundo piso. ¿Qué pinto yo con mi desastrosa vida en este palacio? ¿Cómo no se me ocurrió pedirle a Leonor más explicaciones de lo que me iba a encontrar en casa de su hermana? ¿Y por qué no me ha advertido Fernando nunca sobre su hogar familiar? Su piso de Madrid poco tiene que ver con este despliegue. Al contrario, no puede ser más minimalista. Ni me gusta ya el palacio. ¿Cómo puede alguien vivir en una casa tan grande? Se perderán por las habitaciones ¿Y quién limpia todo esto? Sin darme cuenta, ya estamos ante la puerta de lo que debe ser el salón verde, porque Fernando se está estirando la chaqueta dispuesto a entrar. Me aseguro que la cremallera de mi falda está en su sitio. Esta mañana cuando me he vestido, me he dado cuenta de que, con lo que he adelgazado estos meses, la falda me colgaba como una saya. La pobre Anita ha tenido que hacer milagros con unos imperdibles para ajustarla de la mejor forma posible, pero de quitarme la chaqueta me olvido. Aunque tampoco me la iba a quitar porque, con los nervios, debo tener una mancha de sudor en la camisa que me tiene que llegar ya hasta la cintura. Con un respiro profundo me escondo detrás de Fernando, que ya ha entrado en el salón verde. Miro a mi alrededor y de repente me acuerdo de Georg. Esta habitación tiene el mismo sabor que el salón de casa de mi ex novio, aunque tres veces más grande y con más obras de arte. Veo en una esquina un bargueño alemán de marquetería que me ha cautivado y que me encantaría estudiar. A su lado, una sillería española del siglo XVIII bien rara. Tampoco me importaría echarle un ojo. Pero yo no he venido a estudiar. ¡Ojalá! He venido a que me estudien a mí y, ante mi sorpresa, en cuanto aparezco de detrás de Fernando, me encuentro con un calco de Leonor que avanza con los brazos abiertos:

—¡Por fin te conozco, Jimena! Aunque por lo que me han contado mi hijo y mi hermana, es como si supiera todo de ti.

"¿Todo, todo?", estoy por preguntar, pero me limito a responder al efusivo abrazo con otro, que es lo que a mí se me da bien. No me he liberado del primer arrebato de mi suegra cuando está dispuesta a repetir el abrazo que queda interrumpido ante la visión de mi mano derecha:

—Llevas mi turmalina —comenta con nostalgia—. ¿Te gustó?

Contemplo mi sortija al tiempo que respondo:

—Me encanta. Lamento que tu hijo te haya despojada de una cosa tan bonita para dármela a mí, pero te agradezco mucho el gesto. Es una maravilla. Me tienes que contar cuando te la regaló Jorge.

Ella me agarra del brazo para acompañarme hasta el sofá:

—Sólo si tú me cuentas cuándo te la dio Fernando. Me ha dicho que fue una ocasión muy especial, así que yo también quiero saber.

Ya me estoy inventando algo, porque como le cuente el numerito de Reyes, no hay boda. Me limito a sonreír y como no veo al Duque por ninguna parte, pregunto por él como si fuera lo más normal del mundo.

—Está terminando unas cartas. Enseguida viene. Ven, siéntate a mi lado, que tenemos mucho de qué hablar.

Al pobre de mi novio, ni caso. Esta mujer conoce de sobras a su hijo y lo que quiere ahora, es sonsacarme la mayor información posible. Aunque sutil es un rato. Hay que reconocerlo. Empieza hablando de mi padre y de lo mucho que le quería Leonor. Continúa con la niña, interesándose a qué colegio la llevo. Pregunta por mis clases y mi doctorado. No me deja responder con calma a ninguna de las preguntas para las que había ensayado una contestación apropiada. Casi todas mis respuestas se limitan a un somero "bien, sí, claro", y a veces ni siquiera a eso. Fernando la interrumpe,

—Mamá, estás agobiando a Jimena con tanta pregunta.

¿Cómo le dice eso a su madre? Va a pensar que no quiero hablar con ella y sí quiero. Me parece muy cariñosa, pero como tengo tantas facetas ocultas en mi vida, tampoco puedo bajar la guardia. ¿Y si meto la pata? Menos mal que mi novio se ha relajado y, por fin, empezamos a hablar los tres. Le contamos cómo nos conocimos y una serie de anécdotas de estos meses que saca Fernando y de las que me atrevo a hablar con naturalidad porque, al fin y al cabo, mi novio sabrá lo que se puede contar.

Estamos en una animada charla cuando se abre la puerta y entra un señor. ¡Este tiene que ser el Duque!, porque Fernando ya se ha puesto de pie y acude a darle la mano, "¡qué formal!", pienso. Jamás he dado la mano yo a mi padre a modo de saludo. Como estoy muy nerviosa, sin darme cuenta, no espero a que Fernando me presente y ya estoy yo también de pie, dándole un beso a mi futuro suegro con un mero, "hola, soy Jimena". Me mira de arriba abajo. "¡Se va a dar cuenta de lo de la cremallera!", es lo único que acierto a pensar. Pero, no. No se da cuenta. Con un "hola" bastante distante se limita a preguntarme si hemos tenido buen viaje y sin venir a cuento o, por lo menos a mí no me lo parece, me pregunta:

—¿Cazas?

Ante mi gesto negativo, sigue con el interrogatorio:

—¿Montas a caballo? —Otra negativa—. ¿Juegas al bridge? —estoy por contestarle que si la brisca le parece bien, pero me limito a negar con la cabeza una vez más—. Tal vez al ajedrez —insinúa. Como ya no puedo más, le contesto:

—No, pero el parchís se me da genial. Cuando quieras te echo una partida.

Fernando me mira severamente porque, sin duda, esto no es la respuesta que se espera de mí. Sólo falta que me pregunte si toco el piano y, ante mi sorpresa, era la pregunta que le quedaba en el tintero y, que, una vez más, recibe una contestación negativa por mi parte. He fallado cinco de cinco. Suspenso. Me echan. Pero de repente me asalta una duda. El Duque es el Duque de Abrantera y yo he incluido una cita de un duque de ese nombre en mi doctorado. Me parece remoto, pero a lo mejor cuela,

—¿Estabas recibiendo a la Casa de Borbón?

Por un momento enmudecen todos. Sólo me miran. Me parece que me he equivocado de duque cuando el mío contesta:

—¿Cuándo?

—Ahora. Carmen nos ha dicho que estabas escribiendo unas cartas y yo me preguntaba que si no estarías planteando una bienvenida, como la que redactó otro Duque de Abrantera al embajador francés cuando murió Carlos II.

De perdidos al río. Si no es, me hundo con todo el equipo, pero si acierto, a lo mejor salvo la situación. Ni siquiera Fernando sabe lo de la cita, porque son cosas que he añadido a última hora a mi doctorado. Esta en concreto me pareció adecuada para cerrar un texto sobre un mobiliario que desaparece con la llegada de los Borbón. Espero sin respuesta, así que insisto:

—¿Escribías al embajador francés?

—¿Cómo sabes tú eso?

Le cuento de mi tesis y de la cita. Y, ¡bingo! Acerté. Se le ilumina la cara:

—Así que tú sabes de Historia.

—Bueno, de Historia sé lo justo. Yo soy profesora de Historia del Mueble y sé un poco de Historia de España. Me interesan los Austrias Menores y el cambio de dinastía.

Como en este tema me siento segura, por un momento me olvido de la falda y de mi suspenso en las materias que al Duque le parecían adecuadas para una nuera en condiciones.

—Así que, ¿te gustan los muebles?

—Es una entendida —interviene Fernando. Como recibe una mirada de reprobación de su padre, calla. Mi suegro se dirige a mí. Me parece que me van a hacer un examen.

—¿Cuál te parece el mueble más antiguo y especial de este cuarto?

Como soy una fisgona, mientras hablaba con Carmen me he dedicado a husmear de hurtadillas, y le respondo sin dudar un instante:

—Me interesa mucho ese bargueño alemán que parece ser obra de los talleres de Augsburgo. Una pieza de museo.

Volviéndome hacia el extremo opuesto del cuarto, señalo una mesita pequeña:

—Y me encantaría poder mirar bajo la tapa de esa mesita de cubierta de porcelana a ver si veo la estampilla del ebanista francés Carlin. Las únicas que he visto suyas están en el Louvre y en el MET. Una vez conseguí examinar una en una feria internacional y me encantó.

—¿Qué feria? —es la única respuesta que recibo por parte de mi interlocutor.

—Creo que fue en Maastricht en el 2004. Sí, seguro, el 2004.

Menos mal que tengo memoria fotográfica para esas cosas porque, una vez más, he acertado.

—Fue precisamente en la Feria de Maastricht de ese año cuando la compré.

Con eso ya ha sumado puntos y parece que el Duque se ha olvidado de la caza, del bridge y del piano, porque me coge del brazo para llevarme hacia el sofá. Volviéndose hacia su hijo, comenta:

—¿Dónde has encontrado esta joya, hijo mío?

Fernando está que se sale de orgullo. No sólo me ha aceptado su madre, sino que acabo de conquistar al hueso de la familia. Sólo responde:

—Una joya de verdad, papá. No lo sabes muy bien.

Nuestra animada charla sobre muebles, ferias y mi tesis es interrumpida por Julio, que nos anuncia formalmente que la cena está servida. El duque me ofrece el brazo para acompañarme al comedor. ¡Me encantaría llevar un vestido largo de muselina blanca con tiara de diamantes y guantes de raso hasta el codo! A lo mejor hasta me gusta lo del palacio. La cena transcurre bien. Diría que muy bien, a pesar de que casi tengo que hablar a gritos porque nos han sentado en cuatro extremos de una mesa larguísima. ¿Sabrán lo que es una comida familiar? Si vienen a mi casa, tendrán que cenar en la cocina y eso no le gustará al Señor Duque, seguro.

Aceptan encantados una boda en Madrid y les entusiasma la idea del Convento donde he trabajado:

—Así me gusta. Que se cuiden las tradiciones —es el comentario que hace Jorge. Ya no le llamo el Duque. Me parece muy formal.

—¿Quién va a ser tu padrino?

Esto sí que me sorprende porque ni yo misma me he planteado semejante dilema. Como falta papá, no considero a nadie apto para ocupar su lugar, pero todavía no he tomado una decisión final. Tengo que pensarlo más, pero como intuyo que Jorge se va a brindar y antes de tener que rechazar su oferta, contesto sin más:

—Mi padrino.

Fernando no dice nada. Si le ha sorprendido la respuesta, no lo dice. Tal vez pensara en su padre, pero, ¡ni lo sueñe! Tantos políticos en el altar me producen vértigo. Ya está Jorge con el siguiente tema, el de la negociación colectiva:

—Tendremos que hacer la lista de invitados.

Antes de que se embale, es su hijo el que le interrumpe esta vez:

—Un máximo de cuarenta, papá. Jimena y yo queremos una boda pequeña.

Esto no le gusta nada a mi suegro:

—¿Por qué quieres esconder a esta jovencita?

Aunque Carmen intenta templar a su marido con que las bodas a lo grande ya no se llevan y que la Iglesia es pequeñita, no termina de convencerle, porque insiste:

—Cuando yo me casé con tu madre estaba tan orgulloso que invité a toda Sevilla para que el mundo supiera que me llevaba lo mejor de la tierra.

Así mirado, no deja de tener razón, pero eso ya se ha descartado. Me toca hablar a mí, y voy a ser muy clarita, le guste al Duque o no. Ya no es Jorge. Vuelve a ser el Duque y, como se distraiga, le trato de usted.

—Como os habrá dicho Leonor, yo soy separada, bueno, mejor dicho, anulada. No me parece adecuada una boda por todo lo alto. A nosotros lo que nos importa es la ceremonia y queremos compartirla con los más allegados.

Incluso el pobre Julio se encoge porque le he llevado la contraria a su señor. Derrama un poco de vino en la copa de Carmen y me lanza una mirada rarísima que yo interpreto como una reprimenda. ¡Sólo faltaba que aquí me regañara hasta el mayordomo! Menos mal que no he traído a Eugenia. Ya siento el clavo en la cabeza anunciando un dolor que va a ser supino. Cada vez que me pongo nerviosa, siento el clavo. Este me va a trepanar el tímpano como no me tome una aspirina ya mismo, pero ni la tengo a mano ni me puedo levantar. Mis futuros suegros siguen mirándome esperando que continúe. Fernando me anima con la mirada. Digan lo que digan sus padres, él está de mi parte, pero también me conoce lo suficiente como para dejar que hable yo que, reforzada por su mirada, sigo con mi discurso al Duque.

—Creo que una ceremonia íntima es más respetuoso. Además, tengo una hija pequeña y quiero que se eduque pensando que los matrimonios pueden ir mal, pero siempre son algo muy serio. Ya lo he dicho. Acabo de presentar mi tarjeta de visita. No sé si atreverme a mirar al Duque. De momento, bebo un sorbo de agua y, por fin, le lanzo una mirada. Hablamos de tú a tú aunque no decimos nada. Carmen también calla. Ella ya se ha formado una opinión de mí porque ha debido estar sonsacando a Leonor desde que su hijo le pidió la turmalina. Pero en esta casa el que manda es el Duque y todos le miran a él. Carraspea y finalmente dice:

—Sí, ya sabemos que eres anulada.

Calla en lo que a mí me parece un silencio eterno. ¡Que hable ya, hombre! Si no le gusto que lo diga. Nos vamos y en paz. Si no quieren venir a la boda, que no vengan. Estoy cabreándome yo solita, pero al mismo tiempo me vuelve a invadir la soledad que sentí el día de la muerte de papá. Si él estuviera aquí, ya le habría parado los pies a este maldito Duque. Por mucho que sea Duque, no deja de ser el padre de mi novio y si él ha elegido una anulada, pues que se fastidie. Estoy empezando a acordarme de que Álvaro me dijo que fuera yo misma. Y voy a ser yo misma. Como no me conteste en dos segundos, me levanto y me voy. Aquí se quedan con su palacio, su mayordomo y su mesa gigantesca que cada vez me parece más absurda para los tiempos en que vivimos. Parece que el Duque se está dando cuenta de mi cambio de humor, por lo que finalmente dice:

—Es un inconveniente, no cabe duda.

¡Ahora me oye! ¿Qué se piensa este imbécil? ¿Cómo que un inconveniente? Será un inconveniente para mí, que lo pasé fatal. Vaya y que se imagine que es fácil obtener una nulidad matrimonial. La Rota entra en entresijos maritales que quedan al margen de un tribunal civil. Pero yo lo tuve muy claro. Si no me anulaba, no podría rehacer mi vida; y me sometí al procedimiento canónico. Y ahora viene este cretino y dice que es un inconveniente. Me voy. Estoy empezando a levantarme cuando me interrumpe de nuevo el Duque, al que ya jamás creo que vuelva a llamar ni Jorge, ni de tú. Ha cruzado una mirada con su mujer y también con su hijo. No sé de qué van, pero me oyen, vaya que si me oyen.

—Quiero decir, que lo has tenido que pasar muy mal. Leonor ya nos contó en Navidad lo que sufriste y el apoyo que te demostró vuestro párroco durante todo el proceso en el que no dudó en testificar él mismo. A nosotros nos vale más que de sobra, Jimena. Tengo que reconocerte que en principio no eras el ideal que hubiera escogido para mi hijo porque, al fin y al cabo, tú también heredarás el título, pero después de haberte conocido personalmente, entiendo perfectamente a Fernando. Estás hecha para mi hijo. Así que, por nosotros no hay problema. Al contrario, estamos encantados de recibirte en la familia, pero ya te advierto, porque soy tan claro como tú, que algunos de mis parientes no van a ver nada bien tu situación. Pero yo ya soy mayor y quiero disfrutar de los últimos años que me quedan rodeado de nietos a los que enseñar a cazar y a montar a caballo. La educación artística te la dejo a ti. No me cabe duda que la financiera correrá de cargo de Fernando, pero hay cosas que un nieto del Duque de Abrantera tendrá que saber hacer y de eso me encargo yo.

Bueno, no va mal la cosa, pero si me acepta a mí, también va a tener que aceptar a mi hija. Somos un paquete.

Ahora es Fernando el que se ve en la necesidad de intervenir, porque tan sólo hace unos días que me planteó la posibilidad de acudir a un abogado para adoptar él a Eugenia. Ya le dije que eso era imposible, que Eugenia tiene padre y que mientras viva, le guste o no, será su único padre, por lo menos legalmente.

—Papá, te estás olvidando de Eugenia, la hija de Jimena. Jimena no va a ninguna parte sin ella —dice Fernando. Nuevo silencio, que sólo interrumpen las campanadas de un reloj monstruoso que hay sobre una consola coronando todo el salón. Como todas las obras de arte, hay algunas maravillosas y otras dantescas. Ésta es de las dantescas. ¡Ding dong, ding dong!. Ya me estoy hartando de esta comida. Ahora incluso Julio mira a su dueño con reproche en los ojos. Sabe que está en juego la felicidad de su señorito y parece que eso de que le haya plantado cara al Duque le ha gustado. Por lo menos, no he quedado impactada por todo el lujo de este palacio-museo en el que viven. Creo que Julio es el que mejor me ha calado. Si no aprueban a mi hija, se quedan con el palacio, porque conmigo que no cuenten.

—Eugenia es una niña deliciosa —continúa Fernando—, que ha sufrido mucho desde la muerte de su abuelo. Su vida se reduce a su madre y a la estabilidad que le proporcionan los amigos de Jimena. Ni sueñes con ningunearla porque yo quiero mucho a esa niña, que es una delicia.

El Duque se queda perplejo una vez más. Parece que los hados se han alzado hoy contra él, porque aquí le está plantando cara hasta el tato. Aunque su silencio lo estamos interpretando mal.

—“Pues claro que Eugenia será mi nieta. Eso ni qué decir tiene. Lo que pasa es que a Eugenia quiero enseñarle muchas más cosas. Por lo lista que dicen que es, seguro que congeniamos bien. Seguro que ella aprende a jugar al bridge y al ajedrez enseguida.

Y en eso propone un brindis por nuestra boda, tras el cual me guiña un ojo el muy pícaro para decirme galante, “si es como la madre, no podría haber tenido más suerte con mi primera nieta”.

Está bien. Volverá a llamarse Jorge y le trataré de tú.

XXVII

El resto de la estancia en Sevilla transcurrió con relativa normalidad, aunque ni decir tiene que fue agotador. Carmen se volcó en enseñarnos manteles y juegos de sábanas de hilo y encaje de sus antepasados. Tiró abajo dos armarios. Me parecían una preciosidad, pero ¿quién utiliza hoy todavía hilo? Parece que mi suegra viva en otra época, como mis monjas. Aunque, claro, a lo mejor es que ni sabe el esfuerzo que supone mantener estas delicias. Tiene servicio para prácticamente todas las tareas de la casa. Es Fernando quien insiste que nosotros preferimos el edredón nórdico. Como me da pena, elijo dos manteles que casi no utilizaré, pero ella está encantada en dármelos. Jorge, por su parte, había decidido que recorriera con él todo su palacio evaluando sus muebles en lo que invertí toda la tarde del sábado. No contento con ello, insistió en mostrarme su biblioteca, su "sancta sanctórum".

—Es un privilegio —me comentó Fernando, por lo que no dudé en alabar cada uno de los tomos que me enseñaba, en muchas ocasiones con verdadero entusiasmo porque mi suegro tiene algunas primeras ediciones muy interesantes.

Por supuesto, no todo fueron mieles. El sábado había planeada una pequeña reunión familiar, supuestamente de los más allegados. Elegí uno de los dos conjuntos que Álvaro había preparado. Con mi pantalón negro y camisa blanca parecía una cría, pero si mi amigo lo había elegido, por algo sería. Descarté cualquier otra joya y me limité a lucir la sortija de mi suegra. Fernando me recogió en la habitación puntualmente a las ocho de la tarde.

—Estás preciosa.

A estas alturas estoy por pensar que si me coloco un tiesto en la cabeza, mi novio seguirá considerándome preciosa. Seguro que si hago que se dé la vuelta y que repita lo que llevo puesto, no sabría hacerlo. Siempre se limita a decir que estoy preciosa. Menos mal que dispongo de un asesor de imagen personal porque Fernando poco me va a ayudar en este aspecto.

—¿Voy bien? —intento no obstante.

—Te digo que estás preciosa.

No voy a sacar nada más de él, así que le doy un beso y nos dirigimos hacia el salón amarillo donde se va a celebrar la reunión. Bajando por las escaleras me inquieto:

—¿Habrá mucha gente?

Me estoy imaginando la sala repleta de aristócratas del tipo de Jorge, todos talluditos. Ellos no me dan miedo, las que me aterrorizan son ellas. No sé por qué me acuerdo en este momento de las tías de Javi, el ex de Álvaro, y las miradas inquisitoriales que me lanzaron toda la tarde desde que se enteraron de que tenía una niña.

—No, Jimena, no muchos. Hermanos y primos de papá con sus mujeres, alguna tía soltera que tengo y poco más. También estará mi prima Victoria, pero esa te va a encantar. Como no concreta más, imagino que serán unos ocho en total, pero, cuando abrimos la puerta, cuál no es mi sorpresa al encontrarme unas cincuenta personas. Lo malo no es la cifra. Lo malo es que ellas vienen con galas propias de una cena de estado y aquí estoy yo con mi camisita blanca y pantalón negro.

—¿Y si no entramos? —sugiero a mi novio que ya casi ni me escucha porque Jorge acaba de vernos.

—Aquí están los novios.

Uno a uno me va presentando a zutanito de cual, Duque de no sé qué, fulanita de tal, Marquesa de tal y cual. Todos los nombres van acompañados de un correspondiente título nobiliario que sólo reciben por mi parte un "Hola, ¿qué tal? Soy Jimena Grau". Fernando saluda a todos muy cariñosamente, recibiendo mil enhorabuenas por nuestra boda. Él sí que está en su salsa. Yo no hago más que pensar que voy mal vestida. Eso es lo peor que puede pasarle a una mujer, sentirse poco arreglada en una reunión en la que el resto de mujeres han sacado sus mejores galas. El complejo de inferioridad es tremendo. ¡Lo que daría yo por haber traído mis Manolos! Por lo menos algo que me ponga a la altura de las circunstancias, porque con mis bailarinas me encuentro muy, pero que muy por debajo de ellas. Menos mal que en ese momento encuentro un aliado:

—Tú debes ser Jimena. Hola, soy Victoria.

Ante mi se acaba de presentar una chica más o menos de mi edad, de pelo rojizo y muchas pecas. Lleva unos vaqueros y un jersey de pico negro. No sé cómo será, pero ya me cae bien. Enseguida me toma del brazo y me cuchichea:

—Ni caso a todos estos. La mayoría se cree que descienden de la pata del Cid. Como no les guste o no les suene tu apellido, te van a ignorar. Verás lo que te digo —comenta maliciosa mientras me conduce hacia una señora que todavía no me habían presentado.

—Tía Mamen, te presento a la novia de Fernando, Jimena.

Antes de ni tan siquiera darme un beso, me pregunta:

—Jimena ¿qué? No he entendido tu apellido.

—Soy Jimena Grau, encantada.

—Grau, Grau... Déjame que piense... ¿Eres de los Grau de Tarragona?

—Pues, no —replico, pero ella ya está recorriendo el mapa español para ubicarme dentro de una familia que conozca y le guste:

—Entonces serás de los Grau de S´Agaró —propone.

—Pues tampoco —contesto. No me atrevo a mirar a Victoria, que me está haciendo todo tipo de muecas. De repente, se pone muy seria y le dice a su tía:

—No, tía. Es de los Grau de Barcelona. ¿No te acuerdas? Me sorprende que te hayas olvidado de los más importantes.

—Ah, claro, claro. ¡Qué cabeza tengo! Perdóname hija, son los años. Déjame que te mire.

Posa sus anteojos sobre su nariz y me contempla de arriba abajo. Me siento como un monigote de feria hasta que ella emite su juicio,

—Muy mona. Sí, señor, muy mona, aunque un poco flacucha. A ver si comes un poco más. Serán los nervios de la boda. Cuando yo me casé con mi querido Guillermo...

Antes de que se enfrasque en una larguísima batalla histórica, Victoria le interrumpe:

—Perdona tía. Me llevo a Jimena que le tengo que presentar a los demás.

—¿Qué tramáis? —dice Fernando, que acaba de superar el último saludo y se ha reunido con nosotras.

—Le estoy enseñando a Jimena la realidad de los duques para que sepa dónde se mete —contesta su prima—. ¿A quién se le ha ocurrido esta merienda?

—A mamá, Victoria. ¿A quién va a ser? —murmura Fernando mirando por encima de su copa, por si alguien nos escucha.

—Pues vamos a tener que sacarla rápidamente de aquí, ¿no te parece? Si sólo ve esto de Sevilla seguro que no vuelve. He quedado con los primos en la tasca de la Giralda dentro de una hora. Así que, empezad a despediros que nos vamos.

Mi nueva prima ya ha urdido un plan para que nos escapemos a la mínima oportunidad, aunque se va retrasar un poco porque ahora es Jorge el que viene en mi búsqueda.

—Jimena, ven que te quiero presentar a mi hermano Jaime. Le he dicho que eres historiadora y está deseando charlar contigo.

Ante mi asombro, el tal Jaime que acaba de llegar me da dos besos sin más y deja de lado su título, aunque seguro que lo tiene. Enseguida se interesa por mi trabajo y empezamos una animada charla con Jorge, quien le comenta orgulloso que he estado valorando sus muebles durante la tarde. La mujer de Jaime, Ana, se une a nosotros. De inmediato siento vibraciones negativas. Pasa entre muchas mujeres. Estás tan tranquila en una reunión y sin saber por qué ni cómo, de repente se produce un choque mudo, pero muy estrepitoso entre dos mujeres. Generalmente, empieza con que una mira de arriba a abajo a la otra con cierto desdén mostrando su desaprobación. Eso mismo es lo que hace Ana. Me mira con descaro deteniéndose en mis pantalones y, por supuesto, en mis bailarinas. Ella, por el contrario, parece un anuncio de una revista de moda. No hay prenda que no sea de marca. Sólo le falta llevar un gran logo impreso sobre el pecho para que conste que sólo compra en las tiendas más caras. Tras su concienzudo análisis, lo único que pregunta, es:

—¿No ha venido tu hija? Tengo entendido que tienes una niña.

Fernando, que debe conocer muy bien a su tía, ha acudido a mi lado en cuanto ha visto que se acercaba a nosotros.

—Sí, Ana. Se llama Eugenia y es una niña deliciosa. Esta vez no ha venido, pero papá y mamá tienen muchas ganas de conocer a su nueva nieta —a lo que Jorge no duda en añadir:

—Sí, así es. Vamos a ir a Madrid en cuanto Jimena nos lo diga. Estoy deseando conocer a esa niña que, según Leonor, es un dechado de virtudes.

Jaime se mantiene ajeno a esta conversación. Supongo que no quiere tener ningún enfrentamiento con su mujer y, en el fondo, como a todos los hombres, estas maldades gratuitas le parecen ridículas. Porque los hombres serán más simples que nosotras, pero también mucho más honestos. No tienen nuestra retranca. Yo asisto impasible a este diálogo porque estoy anticipando la siguiente frase de Ana. Y si dice lo que me imagino que va a decir, ya tengo la respuesta preparada. Y, cómo no, tengo razón.

—Fernando, te hará mucha ilusión ser papá. Mira qué bien, tendrás una niña ya criadita.

Es *Cruela de Vil*, la de la peli de Walt Disney que quería convertir a los dálmatas en abrigos de piel. La acabo de bautizar, pero no sabe quién soy yo, así que se va a enterar:

—No, Ana. Eso no es así. Eugenia tiene padre porque yo soy anulada, no viuda. —Si quiere bronca, la va a tener. Acabo de declarar la guerra—. Fernando nunca podrá ser el padre de Eugenia. Será el padre de los hijos que nos mande Dios, que espero que sean muchos —digo acaramelándome con mi novio.

Jorge, que debe de odiar a su cuñada, no puede más que sonreír, porque Ana, que no esperaba semejante respuesta por mi parte, ya está dirigiendo sus dardos venenosos hacia otra persona.

—Muy bien, Jimena. Pero que muy bien. Es una bruja. Le está bien merecido. Tú y yo nos vamos a llevar estupendamente —alaba mi futuro suegro.

Si los mayores me parecieron estirados, no puedo decir lo mismo de los primos de Fernando que estaban ansiosamente esperando en la tasca:

—¿Cómo ha ido el tribunal? —me pregunta una nada más entrar—. No veas lo que lloré yo cuando me los presentaron a todos. Luego se tranquilizan, pero la primera vez es tipo encuentros en la tercera fase, ¿verdad?

Todos los políticos habían recibido acogidas semejantes a la mía y se regodeaban en contarme pelos y señales. Los familiares directos callaban y reían ante las peripecias de lo que ellos llaman el "clan Abrantera". Serán hijos de o futuros marqueses y duques, pero a mí me parecieron de lo más normales.

En el AVE de vuelta estaba rendida. Me acurruqué contra Fernando y pasé casi dos horas durmiendo de un tirón.

—¿Qué te han parecido? —preguntó mi novio cuando por fin desperté y liberé su brazo, que había mantenido aprisionado durante mi sueño.

—Tus padres me han encantado. Tus primos también, pero tu tía Ana es una bruja —dije sinceramente—. Ya te vale a ti —continué—, podías haberme dicho que vivías en un palacio y haberme advertido sobre el despliegue que nos íbamos a encontrar.

A lo que él, que ya debía tener preparada la respuesta, enseguida comentó:

—Jimena, el palacio y todo eso es de mis padres. Ya sabes cómo vivo yo, y así es como viviremos nosotros. Si te cuento lo que te esperaba, no hubieras venido. Mis padres son buenísimos, pero el paquete incluye cosas que al común de los mortales o no le gustan nada, o les deslumbra. Yo sabía que tú no te ibas a dejar deslumbrar, pero podía no gustarte nada y no me podía arriesgar a que me rechazaras por eso.

Todo el mundo hubiera fardado de su casa-palacio. Incluso conozco gente que se atribuye antecesores con los que, en el mejor de los casos, les une un vínculo tan remoto que parece que han removido Roma con Santiago para encontrarlo, o hasta han pagado por ello. Hay quien se pone un "de" ante el apellido venga o no venga a cuento y resulta que mi novio, que es todo eso y mucho más, es de los pocos en toda España que no se pavonean de ello. Cada vez estoy más segura de mi elección, aunque también estoy deseando contarle todo a Álvaro.

¿Qué le voy a hacer si en el fondo soy una cotilla?

XXVIII

La vuelta de Sevilla es un ajetreo. Me quedan tres semanas para defender mi doctorado. Fernando me ayuda a diario entreteniendo a Eugenia cuando sale de la oficina para que yo prepare mi presentación. Juego con las fotos, escojo las más adecuadas para ubicarlas en el Power Point que, no sin gran esfuerzo por su parte, me intenta enseñar Álvaro.

—Mira que eres bestia. Hasta tu hija lo haría mejor —me increpa cada vez que le doy a la tecla equivocada. Estoy al borde de la desesperación.

—¿Qué quieres que le haga si esto no es lo mío? —respondo angustiada.

—Que te fijes, coño. Tan lista para unas cosas y tan boba para otras.

Es cierto. No entiendo este programa que sólo utilizo para pasar imágenes en clase, pero lo tengo que dominar. Si me hacen hablar durante cuarenta y cinco minutos sin el apoyo de las fotos, me voy a quedar en blanco ante el tribunal, así que continuo con un esfuerzo titánico de concentración. Todo va más o menos bien hasta que a Álvaro se le ocurre:

—Ahora los efectos especiales.

¿De qué me habla? Pongo cara de ignorante absoluta y mi amigo se ve en la necesidad de sugerir:

—Tendrás que crear efectos en la presentación para que sea más amena, ¿no?

Pues, la verdad, pensaba que no, pero me parece una buena idea. Acabo de recordar el último seminario al que asistí en el que las charlas iban acompañadas de todo tipo de imágenes que aparecían y desaparecían a modo de abanico, de rueda y de no sé cuántas otras formas que me encantó. Sí, definitivamente, quiero efectos especiales. Pongo mis cinco sentidos en lo que me va explicando Álvaro. Tampoco parece tan complicado hasta que me toca hacerlo a mi solita y, entonces, ¡sorpresa!, la imagen desaparece del todo. ¿Dónde está? Empiezo a toquetear todas las teclas, pero no la encuentro.

—¿Qué haces? —me increpa Álvaro, que está perdiendo los nervios. En ese momento se asoma Fernando a la cocina, a quien han asustado nuestros gritos.

—¿Tenéis algún problema? —pregunta solícito.

—¿Problemas, dices? —replica Álvaro—, que tienes una novia tonta, eso es el problema. Acaba de mandar una de sus fotos al ciberespacio y a ver cómo la encontramos ahora. No me atrevo ni a moverme. A lo mejor, si me quedo quieta, vuelve la foto. También se me ocurre rezar. Si prometo algo a San Antonio, seguro que me devuelve la foto. Leonor siempre que pierde algo se lo encomienda a este santo y sus cosas extraviadas aparecen. ¿Qué más da que sea un llavero que una foto en el ciberespacio? Seguro que San Antonio también ha extendido sus redes por ahí, al fin y al cabo, ¿no es santo? Pero Fernando no pierde la calma y se sienta a nuestro lado. Coge las riendas del programa y por arte de magia reaparece la imagen. Acaba de convertirse no ya sólo en mi novio, sino en mi caballero andante. Él sabe de informática y yo sé cómo engatusarle para que mi presentación tenga efectos sin tener que aguantar al petardo de mi amigo que acaba de irse a jugar con Eugenia, a la que en este momento encuentra mucho más inteligente que a mí.

—Chiquitín, ¡cuánto sabes!

Esa es otra de las cosas que les gustan a los hombres: que les adules sobre sus cualidades. Fernando sigue muy serio ante el ordenador repasando nuestros adelantos, pero se deja querer.

—¿Te imaginas lo bien que quedaría la presentación con efectos? Que aparezcan desde la izquierda unos muebles y se esfumen por la derecha. Eso seguro que le gusta al Tribunal.

Ataco directamente su cuello y le susurro un "anda, ayúdame; que tú sí que sabes. Si me ayudas, te dejo venir a oírme." Como le tenía totalmente prohibido a toda persona de mi entorno que acudiera a la sesión pública de la defensa, es una concesión muy importante por mi parte, que Fernando aprovecha enseguida:

—¿Me dejas ir? —contesta estrechándome entre sus brazos antes de que cambie de opinión.

—Sí, mi vida, pero sólo tú.

Con eso ya le he elevado de categoría, aunque reconozco que tampoco me va a venir mal su fuente de sabiduría por si ocurre algo cuando enchufe mi ordenador al cañón de la Facultad. Mientras dedica las siguientes dos horas a ajustar los efectos que le sugiero y que cada vez son aclamados con grandes elogios y besos por mi parte, no puedo por menos que dirigirme a mi amigo, que acaba de volver a la cocina, y soltarle por lo bajo un "¡chínchate!" como cuando éramos críos.

La presentación es todo un éxito.

En la puerta de la Facultad me esperan Álvaro, Félix y el resto de mis compañeros de la Escuela. También ha venido Georg, que me anima con un beso muy cariñoso. Eugenia se ha despedido esta mañana prometiendo rezar por el examen de mamá. Yo estoy hecha un mar nervios. Me he tenido que tomar un *valium* que me dio ayer Mónica por si acaso, pero de momento no paro de temblar y, además, me sudan los pies. No entiendo cómo en pleno mes de marzo me pueden sudar los pies, pero sudan. Noto las gotas entre mis dedos y como siga así, no voy a poder ni andar, porque se me están pegando las medias al zapato. Junto a mí están Sonsoles, que me acompañará por ser mi directora de tesis y Fernando, el elegido entre los dioses. Quedan cinco minutos para que el bedel anuncie mi nombre y sólo se me ocurre una cosa:

—Fernando, si me va mal, ¿con qué cara como yo con el tribunal después?

Con esa costumbre de invitar al tribunal tras la defensa, no saben la angustia que generan a priori en los doctorandos, que con el pesimismo del momento sienten escalofríos de tener que compartir dos horas o más con quien tanto les puede hacer sufrir.

—No te va a ir mal —me consuela Sonsoles—. Si hay algún problema gordo, siempre puedo intervenir yo, así que estate tranquila.

No ha terminado su frase cuando oímos al bedel:

—Señorita Jimena Grau. Lectura de Tesis Doctoral.

Ya me han llamado. Agarrada a mi ordenador, me despido de mis amigos, que no dejan de animarme y desearme suerte. En mi interior no puedo por menos que sentir que me voy a la guerra, donde moriré en el frente de batalla. Entro en el salón de actos y me encuentro al tribunal en lo alto de un podio ante una mesa larga. Nos saludamos con un "buenos días" y el bedel me conduce hasta mi asiento para conectar el ordenador. Pero ahora que lo pienso, yo estoy a ras de suelo. Voy a tener que defender desde otra altura que, de por sí, ya me crea una gran sensación de inferioridad. "¿Lo harán aposta?", me pregunto. Sé que no puedo pedir un cojín ni nada semejante con el que incrementar mi altura, así que suspiro, saco mis papeles y enchufo el ordenador. Me presento y comienzo a hablar. En cuanto han pasado los primeros minutos, me relajo. Hablo más despacio y como el tema me encanta, muestro gran entusiasmo cada vez que cambio de tema o proyecto unas imágenes distintas. Los efectos son la bomba. Por lo menos, si meto la pata, a lo mejor no se fijan tanto porque les veo muy concentrados en ver mis muebles. Y llega la última, que termino con una cita y un "muchas gracias". Ya está. Ahora viene lo gordo.

No he terminado casi de hablar cuando mi novio irrumpe en aplausos. Creo que piensa que es una actuación de circo, y yo soy Pinito del Oro y acabo de realizar una acrobacia. Como Sonsoles está a su lado, le pega un codazo para que se esté quieto y por lo bajo le recrimina. A mí no deja de hacerme gracia este arranque de espontaneidad y, por lo que estoy observando, un miembro del tribunal también acaba de soltar la carcajada, aunque los demás están de lo más serio. Uno a uno, comentan el tema. Sé que su función consiste en criticar los aspectos del texto que se pueden mejorar de cara a una publicación, pero de verdad que hay cosas que ni me esperaba. ¿A qué santo viene reparar tanto en las notas a pie de página? Seguro que ni se las han leído. Sólo hay una mujer en el tribunal y cuando toma la palabra, empieza a preguntar por qué no he consultado tal archivo; que si he podido leer el inventario de no sé qué duque y que si conozco de la existencia de tal otro protocolo. Me dan ganas de pegarle un guantazo y decirle que he manejado tantos documentos que son más que suficientes para hacer dos tesis. Pero Sonsoles me ha proporcionado una serie de respuestas con que salvar estas situaciones y ésta es una de ellas, porque me siento acosada y acorralada.

—Son muy interesantes sus indicaciones, pero al tratarse de un trabajo pionero, mi intención era abarcar un número lo más variado posible de documentación de diferentes clases sociales. No quería concentrarme sólo en la Realeza y la Nobleza. Pero tengo intención de consultar todos esos archivos que me sugiere de cara a un estudio más particular.

La contestación sale de mi boca suavemente. Respondo serena pero segura, aunque por dentro piense que ésta se queda sin comida. Le tiraré miguitas de pan. Que se siente al lado de Sonsoles en la comida, que yo no la quiero ni ver. Parece que queda satisfecha con mi contestación, porque ya da paso al siguiente miembro. Éste es compañero de Sonsoles, así que se deshace en elogios y apenas sugiere modificaciones, que son más estéticas que otra cosa. Algo tenía que decir el pobre. Finalmente, interviene Sonsoles. Da gusto. Soy su cachorro y se nota. Muestra un semblante muy profesional, pero no deja de insistir en la peculiaridad de este doctorado y en el esfuerzo que subyace en él. Me dan ganas de grabarla. Así podría escucharla cada vez que necesite una sesión de autoestima, porque oyéndola parece que haya descubierto la piedra filosofal. Tras ella, se levanta el tribunal para deliberar. Nosotros tenemos que salir de la sala. Fernando me colma a besos.

—Has estado genial, chiquitina.

Claro, que eso no tiene ningún mérito. Si llego a decir que el cielo es verde, hubiera aplaudido de igual forma mis conclusiones. Es Sonsoles la que asegura que ya ha pasado todo, que en diez minutos volvemos. En la puerta espera el resto de la tropa. Por su cara diría que están en una sala de maternidad queriendo saber si el bebé ha sido niño o niña. Mónica no para de fumar. Como la vean, la echan. Félix se ajusta la corbata y carraspea cada dos por tres. Álvaro va de aquí para allá y Marion le sigue de cerca. Georg no deja de pasarse la mano por el pelo. En cuanto me ven, se quedan petrificados. Debo de tener una cara horrible, porque no me preguntan a mí, sino a Sonsoles. La verdad es que en este momento siento los efectos del *valium* y estoy como en una nube. Además, ya ha terminado todo. Sólo falta el veredicto. Sonsoles tranquiliza a todos con que la presentación ha quedado espectacular y que el tribunal ha hecho meras observaciones formales. "¿Y la bruja qué ha hecho?", me pregunto, pero apenas me quedan fuerzas. Sólo quiero que me den la nota y tomarme un buen café porque como siga así, no llego a la comida.

—Señorita Jimena Grau.

De nuevo, es el bedel quien anuncia que debemos volver a la sala. Esta vez entran todos. Ya no se lo puedo impedir. Ocupan sus puestos y yo me dirijo con Sonsoles a mi asiento. El tribunal se ha puesto de pie y el presidente toma la palabra. Tras las formalidades de rigor, resuelve:

—Este tribunal ha decidido calificar su trabajo con un sobresaliente cum laude por unanimidad. Enhorabuena. Magnífico trabajo.

Ahora son ellos los que irrumpen en aplausos a los que no dudan en sumarse mis amigos. Y yo sólo me siento y escondo mi cabeza entre mis manos. No quiero que vean que me he echado a llorar. Tanta tensión, tanto trabajo y, por fin, he terminado y lo he hecho bien. Sólo puedo pensar lo que me gustaría que mi padre estuviera aquí. Sonsoles es la primera en abrazarme y decirme que tengo que saludar al tribunal. Uno a uno les extiendo la mano y meramente balbuceo algo sin sentido. Cuando me vuelvo hacia "mi" público, los aplausos van a más hasta que Fernando me toma en sus brazos y me hace girar repitiéndome que soy un crack. Sólo para cuando intuye que mis amigos también quieren besarme y abrazarme.

XXVIII

Me siento en una nube. Hasta seré buena con la bruja. No le tiraré miguitas de pan. Pero la comida transcurre entre tinieblas y, si no fuera por Fernando y por Sonsoles, no articularía ni media palabra. Los nervios me han vencido. Llevan razón al decir que la pareja del doctorando debe acudir a la comida. En él recae el peso de la conversación. Yo sólo quiero dormir veinticuatro horas seguidas.

XXIX

Lo malo es que no puedo dormir; apenas dos horitas antes de que llegue Eugenia, que no duda en despertarme. Salta sobre mi cama con Aurelio de la mano. Fernando ya le ha adelantado la buena noticia y mi hija no para de darme besos y de exclamar: "¡te han puesto un amarillo!". A su edad todavía le califican por colores y ese es el que se corresponde con la más alta y que le digo siempre que es la mejor. Así que he sacado un amarillo y mi hija me recompensa con todo tipo de besos y abrazos, como hago yo cuando llegan sus notas.

Anita ha preparado un festín. Ha debido de estar, también ella, muy nerviosa, porque hay comida para todo un batallón. Estoy muerta de hambre. Casi no he probado bocado durante la comida, pero ahora, tras la siesta, siento que no pararía de comer en años. Como y como. Intento recuperar meses de ayuno en los que apenas he podido ingerir algún alimento. Hasta Fernando lo nota:

—Chiquitina, come despacio. Te va a sentar mal.

Nunca me había visto devorar con esta ansiedad, aunque me imagino que tras el empacho habrán de pasar meses antes de que vuelva a engullir de este modo. Félix y Álvaro también han venido a festejar mi examen y participan con entusiasmo de las delicias que ha preparado Anita. Es Félix el que cambia de tema:

—Jimena, ahora que ya has terminado va siendo hora de que hagas algo con la casa de tu padre.

—Sí —respondo—. No te lo había dicho, pero Fernando y yo pensamos vivir ahí. Ya hemos hablado con Anita, que se queda —farfullo mientras sigo masticando.

—Yo quedar, cuidar Eugenia —dice Anita en cuanto oye mis planes.

—Me parece una idea extraordinaria —comenta con entusiasmo Félix—. ¿Y cuándo empezáis la obra?, porque algo de obra haréis, ¿no?

Es Fernando el que contesta:

—Sí. Pero todavía lo tenemos que decidir. Yo ni tan siquiera conozco la casa más que por las explicaciones que me ha dado Jimena.

Félix no está muy contento con esta respuesta:

—Jimena, no has vuelto, ¿verdad?

—No —es mi escueta contestación. Me dan ganas de añadir que me deje, al menos, disfrutar del momento. No tengo fuerzas para pensar en otra cosa. Mañana será otro día, pero parece que Félix ha decidido que hoy no descanso porque continúa:

—Tienes que ir. Tienes que recoger las cosas de tu padre.

Ya está. Ya me ha fastidiado. Hay gente así. Apenas has terminado con una cosa difícil, están insistiendo en que acometas la siguiente que, generalmente, es mucho peor que la anterior. No dan tregua, y parece que Félix es uno de ellos, es un "hombrecito de las obligaciones".

—No soy un robot, Félix —me excuso.

Fernando desconoce lo que me está empezando a cabrear. Sólo ve una expresión de disgusto que ignora. Álvaro opta por callar. Aunque él mismo se ha ofrecido en múltiples ocasiones a realizar lo que tanto temo, no ha conseguido ni tan siquiera que me acercara a la esquina de la casa de papá. Yo sé que Anita tiene todo en orden. Eso me basta.

—Pero es que ahora, Jimena, lo vamos a tener que hacer. Por lo menos tendréis que pintar y cambiar algo de la cocina o algún baño. A lo mejor incluso quieres tirar tabiques. Para eso necesitas que la casa esté vacía. Si no lo haces, los obreros estropearán todo. ¿No querrás eso?

Es Álvaro quien me entra por la parte sensible del asunto, intentando que mire hacia el futuro. Mi novio se ha mantenido callado hasta ahora, pero en este momento se decide a intervenir:

—Sí, Jimena. Me gustaría que me enseñaras la casa. Si nos casamos en septiembre, no nos queda mucho tiempo. ¿Cuándo quieres que vayamos?

Esto es la conjura de los "hombrecitos de las obligaciones". Los tres se han unido en un frente común. Miro a Isoldita, pero ella se ha pasado al enemigo. Se ha sentado junto a Félix. Intento coger a Aurelio al que Eugenia ha dejado tirado antes de ir a marear a la pobre Anita, pero ni tan siquiera le alcanzo. Está más cerca de Álvaro que de mí y todos me miran fijamente, sabedores que la unión hace la fuerza y a punto de reclamar juntitos: "¿Cuándo vas?"

Atrás ha quedado el doctorado. Tengo una nueva meta: afrontar mis fantasmas.

El sábado quedamos a las diez ante el portal de casa de papá. Anita entretendrá a Eugenia, a quien hemos dicho que dedicaríamos el día a hacer cosas de mayores. Félix ha decidido convocar también a Leonor por si, con sus innumerables conocimientos, pudiera serme de ayuda. Cuando llego con Fernando, ya están esperándonos. "Me miran raro", pienso. Álvaro está inquieto y Félix muestra un semblante tenso. Sólo Leonor sonríe como es habitual en ella. Es la primera en hablar:

—He traído mi libreta de direcciones, por si necesitas que llamemos a alguien. También he traído *post-it* de colores para que puedas marcar lo que te quedas y lo que no.

La miro anonadada, porque Leonor no ha utilizado *post-it* en su vida. Seguro que es idea de Álvaro. Incluso pienso que esta organización tan perfecta la ha podido sugerir mi amiga Sandra. Han debido de hablar entre ellos y, como están convencidos de que no voy a aguantar más de un día, Sandra ha encomendado diferentes tareas a cada uno de mis acompañantes.

—¿Tú sabes algo de esto? —pregunto a Fernando, que se limita a encoger los hombros agachando la cabeza como si le hubiera pillado en una mentira. Así que sabe. "¿Cuál será su función?", me pregunto mientras subimos en el ascensor.

Al abrir la casa, nos recibe un olor horroroso a productos de limpieza. Anita se ha pasado con el Pronto y la lejía. Aquí no hay quien respire. Es Álvaro el que, sin dudar un instante, recorre toda la casa abriendo las persianas y quitando las sábanas blancas con las que Anita protegía los muebles. Esta es la función de Álvaro, porque nadie se ha brindado a ayudarle. Félix debe tener asignada la misión de guía porque ha acaparado a Fernando para enseñarle las diferentes habitaciones. Va acompañado de una especie de plano que ha sacado de la chaqueta y que no duda en mostrarle a mi novio.

—Así podemos hacernos una primera idea de las reformas que luego comentaréis Jimena y tú.

A mí me han dejado con Leonor, a la que parece haber tocado bailar con la más fea porque me mira con dulzura antes de decir:

—Vamos, Jimena. Anita ha sacado las maletas de tu padre para que podamos recoger la ropa que espera Tomás. Hay gente muy necesitada en la parroquia.

¿También Tomás está al cabo de la calle? Estoy por dar media vuelta y echarme a correr, pero Leonor ha bloqueado el pasillo.

Hace meses que no entro en el cuarto de mi padre y me sorprende que Anita no haya cubierto los muebles de esta habitación. Todo sigue intacto. La cama, el galán, las butacas, el rosario, la foto de mi madre y la Virgen de cabecera de papá; todo en su acostumbrado orden. Sólo falta él. Me dirijo hacia su armario, pero me vuelvo porque, a pesar de mi primera impresión, advierto un cambio. No sé que es, pero no es la habitación de siempre. Recorro con la mirada todas las esquinas por si faltara algo. Pero, no, no son las cosas lo que han cambiado. La diferencia es que estas paredes ya no encierran el olor de papá. La última vez que pisé esta habitación todavía olía a él; ahora no. Me recorre un escalofrío. Recuerdo su olor en mi mente, pero ni tan siquiera podría describirlo. Era muy personal; muy suyo. Respiro profundamente, pero nada. No recupero el tan conocido aroma que acompañaba a mi padre. Con este pensamiento me decido a abrir el armario. ¡Qué frío! Parece que hubiera abierto la ventana. Sus trajes, pantalones y camisas están en perfecto orden. También los cajones han sido mantenidos; los calcetines en uno de ellos, otro para sus calzoncillos y un último para pañuelos y cosas varias. Acaricio mi cara con sus corbatas. Prácticamente conozco la vida de cada una de ellas y me recreo en mis recuerdos hasta que siento la cariñosa presencia de Leonor que sólo murmulla:

—¿Empezamos?.

Pero esto es muy privado. No quiero que Leonor me ayude. Yo quiero hacer estas maletas, como he hecho tantas veces en mi vida cuando salía papá de viaje, aunque ahora se trata de una travesía sin retorno. Devuelvo una sonrisa a Leonor y le pido que me deje sola sugiriéndole que se una a Félix en el recorrido que está haciendo con mi novio. Y con todas sus cosas, Leonor, que es una persona de exquisita educación, me deja sola con mis recuerdos y mis maletas.

Dos horas más tarde reaparezco en el salón. Allí me esperan los demás. Félix, Álvaro y Fernando están dibujando diferentes planos con los que seguro que quieren distraer mi atención en cuanto me una a ellos. Leonor, por su parte, admira las fotografías que papá mantenía sobre su mesa de despacho. Levantan sus ojos hacia mí. Parece que estén esperando que me desplome aunque yo ya he llorado. He cerrado la última maleta y besado cada una de ellas. Sólo puedo desear que los nuevos propietarios de la ropa de papá sepan apreciar lo que tienen. Tampoco quiero que nadie sufra por mí. En este momento recuerdo que en el entierro, cuando estuve a punto de escaparme, Álvaro no dejaba de insistir, "siempre *pa'lante*, cielo". Eso es, precisamente, lo que voy a hacer ahora. Seguir para delante. Miro con cariño a mi novio y le pregunto curiosa:

—¿Ya habéis elucubrado sobre las obras?

Él lo toma como lo que es: una invitación a planear nuestro nuevo hogar. Así que, ahí sentados, todos ponemos nuestros cinco sentidos en planear la reforma. Tiraremos dos tabiques, haremos obra en la cocina y en los baños y uniremos un cuartito que hay junto al dormitorio principal para convertirlo en mi vestidor:

—Tendrás zapatero —me tienta Álvaro, que conoce de sobras mi deseo más ancestral. Le aseguro que sí, que lo voy a tener, aunque ni imagina el coste emocional que supone materializar unos de los sueños de cualquier mujer. Es Leonor la que nos recuerda que queda una importante tarea pendiente, seleccionar los muebles. Tomo de sus manos los *post-it* y pido a Fernando que me acompañe. Prácticamente se quedan todos. Tapizaremos de nuevo sofás y butacas, compraremos algo moderno que rompa con el clasicismo de la casa y añadiremos los muebles que mi novio necesite para su despacho, así como una cama para nosotros y diferentes accesorios para el cuarto de Eugenia. Apenas hemos pegado algún que otro *post-it* rojo que, cómo no, será tarea de Leonor retirar de la casa. Ya está echando mano a su libreta de direcciones sopesando las posibilidades que tiene. También nos quedaremos las fotos y los objetos a los que papá profesaba más cariño. Elijo algún cuadro para Félix y para Álvaro, así como la Virgen que colgaba sobre la chimenea para Tomás. Del mismo modo, sugiero que Leonor mantenga un recuerdo de papá con un bodegón de flores que ha admirado toda su vida.

En un día he completado mi misión. La semana que viene vendrán los primeros contratistas y yo estaré más tranquila. Con todo, hay algo que nadie podrá retirar de estas paredes, por mucho que las pinten o empapelen, ni tampoco por mucho ventanal que se rasgue. Siempre será la casa de mi padre. Aquí crecí y fui feliz. Espero que la vida, con sus cosas, aprisione entre estas habitaciones esa felicidad y me permita disfrutarla en adelante con mi nueva familia.

XXX

Nunca imaginé que contratar una obra fuera tan complicado. Casi es tan complicado como morirse. En una semana hemos visto tres contratistas. El que me gustaba a mí, le parecía un caradura a Fernando. El que prefería mi novio, tenía, en mi opinión, cara de malo. El último de los tres nos pareció a ambos un loco que como experiencia profesional sólo podía acreditar el alicatado de algún baño. Preguntamos a todas nuestras amistades, que nos desaconsejaban cualquier opción que ellos mismos hubieran empleado en el pasado. Nadie parecía haber acabado bien con su contratista. Finalmente, es Leonor la que extrae de su lista de contactos el nombre de una pareja joven que le acaba de reformar el piso a la hija de su amiga Teresa, la de Valencia, que se casó con un capitán general del ejército y tiene cuatro niños y tres nietos. Estoy por contestarle que no recuerdo a ningún conocido de ese nombre, pero como lo haga, me arriesgo a que me cuente la vida y milagros de cada uno de los hijos y nietos del militar para mejorar mi memoria, así que, ante la estupefacta mirada de Fernando, le digo que sí, que me acuerdo perfectamente.

—Pues la hija de Teresa, Chiquita, tuvo que acudir a estos chicos que te digo porque no encontró en toda Valencia nadie del que se fiara.

Me parece un poco *snob* por parte de la tal Teresa. En mi opinión sería igual de exótico que yo recurriera a mis primas de Barcelona para peguntarles por algún obrero adecuado, pero me callo. Además, llamándose Chiquita, la chica debe ser fina. También sé cómo es Leonor. Seguro que exagera y que, como tantas otras cosas en la vida, estos dos ayudaron a la tal Chiquita por pura casualidad. Leonor sigue con una larguísima explicación, mientras sostiene el ansiado número de teléfono en la mano, que no está dispuesta a entregarnos hasta que no complete el último comentario que sabe de la vida de su amiga y de su marido. Estoy por arrancarle el papel de la mano y darme a la fuga, pero mi novio escucha pacientemente las explicaciones de su tía interesándose por diferentes relatos de la vida de esos amigos. ¿Habrá enloquecido? O peor todavía, ¿es igual que Leonor? Tras unos minutos más, en los que yo he repasado mentalmente la lista de la compra, los deberes de Eugenia y las diapositivas que elegiré para los últimos parciales, veo que Leonor se va, no sin antes darme dos besos.

—¿Por qué le has dado tanta cancha? ¿De qué hablaba? —increpo a mi novio.

—Porque quería saber, qué tipo de reforma hizo la tal Cosita.

—Chiquita, se llama Chiquita.

—Bueno como se llame. Lo que pretendía, era sonsacarle a la tía si la obra fue total o parcial, si alcanzó baños y cocina y si también tiraron tabiques. Si hubiera sido algo menor, ni siquiera la consideramos.

¿Tanta información ha conseguido Fernando por escuchar pacientemente a Leonor? Menos mal que uno de los dos la tiene porque, desde luego, la paciencia no es mi fuerte, y últimamente menos. Debo estar haciéndome mayor, pero Fernando ya ha sacado su móvil y ha contactado con esta pareja de contratistas, concertando una entrevista para mañana a las seis de la tarde. Le pido a Fernando que deje venir a Álvaro, que tanto sabe de estética:

—Con la condición de que no me pinte la casa de lila —concede risueño Fernando, que ya considera a mi amigo de la infancia como propio, aunque teme sus excentricidades.

A las seis estamos como un reloj en casa de papá. Leonor ha mandado retirar los muebles que pensamos conservar a un guardamuebles y ha conseguido que no sé qué organización se quede con los que no vamos a utilizar. Sigo pensando que papá debería haber considerado más seriamente los deseos matrimoniales de mi futura tía. Bueno, bien mirado, tal y como van a ser las cosas, tanto da. Ahora será tía y vecina, así que disfrutaré de su sabiduría incondicionalmente. Estamos desplegando los planos que Fernando ha dibujado minuciosamente sobre el suelo del salón, mientras Álvaro pasea por toda la casa con un pantón en la mano eligiendo colores para las diferentes habitaciones en función de la luz que tenga cada una.

—Que no va a ser un arco iris —le increpo —. Y del lila ni hablamos. Olvídate.

—Está súper de moda. ¿No sabéis nada, o qué?

—Sí, claro que lo sé, pero si está de moda también quiere decir que dentro de unos años nos habremos cansado y la casa no se va a estar pintando y decorando cada año bisiesto —opino tranquilamente.

—¡Pues vaya rollo! —comenta Álvaro decantándose ahora por los colores vainilla.

—Tampoco es eso, hombre —sugiero.

Álvaro nunca ha entendido el término intermedio. Pasa de la tendencia más extrema a la mayor sobriedad.

—Déjame, que ya lo hago yo —pero antes de que me pueda apoderar del pantón han llamado al timbre. Son los contratistas.

Hacemos las oportunas presentaciones y de Álvaro sólo añadimos que es un amigo común. Como les diga que uno es mi novio y el otro mi amigo, me toca desenredar el miso entuerto de las amistades una vez más. Así que, amigo de los dos y en paz.

Parecen despiertos. Es cierto que son jóvenes, pero también desprenden entusiasmo cuando ven el piso y las posibilidades que ofrece. Están de acuerdo con nuestras ideas, pero no dudan en hacer alguna sugerencia adicional para agrandar los dormitorios, ante lo que ella, Ana, se ve en la necesidad de justificar:

—Los dormitorios son siempre enanos. No sé para qué queréis tanto pasillo si luego los niños no van a poder ni tan siquiera estudiar en su propio cuarto.

Antes de acabar, se está sonrojando. Ha dado por supuesto que vamos a tener niños y los comentarios personales son algo que no encajan con un profesional. Enseguida intenta rectificar, pero yo ya le he cogido cariño. Está tan espontánea como yo, así que no dudo en cogerla del brazo, sentarla en el suelo y empezar a dibujar sobre el plano de Fernando. Los hombres se quedan de pie. Saben que entrometerse les acarrearía un rebuzno por nuestra parte, que estamos inmersas en pleno proceso creativo. Luego ya tendrán ellos tiempo para racionalizar nuestra peculiar interpretación del espacio. Para eso hay un ingeniero y un arquitecto entre ellos, porque Álvaro no ha perdido el tiempo en unirse a nosotras y completar el plano con todo tipo de dibujos. Media hora después exclamo:

—¡Ya está! —y le enseño orgullosa el plano a Fernando, que rompe a reír.

—¿De qué te ríes? —pregunto. No entiendo nada. Hago una cosa perfecta y se ríe de mí.

—Jimena, ¿has visto el plano?

Me detengo a contemplar nuestra obra y desde luego, tengo que compartir las risas. Del esquema original, tan limpio y clarito que había preparado Fernando, queda poco. Todo se esconde bajo un siniestro y deforme conjunto de garabatos de diferentes lápices y bolígrafos. Entenderlo sería un milagro. Pero como Ana, además de creativa, es profesional, no tarda más de cinco minutos en rehacer el plano con nuestros añadidos, que son recibidos de manera entusiasta por Fernando, que sólo dice:

—¿Cuándo empezamos?

Quedan en pasarnos un presupuesto esta misma tarde y, si se acepta, estarían listos para comenzar enseguida. Las obras durarían dos meses, lo que nos da tiempo de sobra para tener la casa dispuesta antes de la boda.

Decidimos celebrar el éxito, por lo que nos dirigimos al Starbucks de al lado de casa desde donde llamamos a Félix para que acuda. Estamos en animada charla cuando suena el móvil de Fernando:

—Hola, mamá, ¡qué alegría oírte! Pensaba llamarte esta noche. Ya tenemos contratista. Sí, ah bien, suena genial. Vale guapa. Dale un beso a papá.

—¿Pasa algo? —pregunto por preguntar. Parece que la conversación no ha tenido tanto de especial, pero Fernando sonríe de oreja a oreja.

—Mis padres vienen este fin de semana.

—Así conozco a los Duques —suelta Álvaro al tiempo que yo pienso cómo ordenar mi casa para tan ilustres huéspedes que, desde luego, van a encontrar un ligero cambio entre su casa-palacio y mi hogar.

XXXI

Mis suegros se van a tener que contentar con lo que hay. La cena se servirá en la cocina. Tendrán que compartir mesa con Eugenia. No hay bajoplatos ni candelabros de plata, y mi vajilla es un todoterreno a prueba de niños. Lo único diferente respecto de otros días son las flores. He comprado unos centros muy monos que decoran el salón y poco más. Anita le ha hecho a Eugenia unos lazos soberbios y mi hija está nerviosísima:

—¿Cómo tengo que llamar a los padres de Fernando? —parece ser su máxima preocupación, porque ya me lo ha repetido dos veces desde que ha llegado del colegio.

—¿Cómo les quieres llamar? —me intereso porque a estas alturas ya intuyo que el comentario de Eugenia lleva segundas.

—No, sólo quería saber si les llamo abuelos o no —pregunta candorosamente.

—Haz lo que te salga del corazón.

Es lo que pienso. No quiero imponerle a mi hija unos abuelos que ni tan siquiera conoce. Dejemos que pase el tiempo.

Son puntualísimos. No he terminado de atarle las merceditas a Eugenia y ya llaman al timbre. Un último vistazo al espejo del recibidor y con mi mayor sonrisa abro la puerta. Carmen me estrecha inmediatamente entre sus brazos, seguida de Jorge, que no pierde el tiempo en apartar a su mujer y propinarme, también él, un buen abrazo.

—Pasad, pasad.

Con tanto achuchón siguen todos en el descansillo.

—Dejadme que os presente a Eugenia.

Los ojos de los adultos se vuelven hacia mi hija, que inspecciona desde su altura a los que van a ser sus abuelos. Antes que nada, saluda a Fernando que ya la ha cogido de la mano:

—Eugenia, quiero que conozcas a mis padres.

La niña está muy modosita. Sin soltar a Aurelio, le da un beso a Carmen, con quien congenia de inmediato. Supongo que su parecido con Leonor le da confianza. No duda en presentarle a Aurelio.

—Este es Aurelio. Me lo regaló el abuelo —dice dulcemente. Por muy niña que sea, debe estar haciendo sus propias comparaciones mentales, porque no deja de mirar de soslayo a Jorge, que, finalmente, se inclina hacia ella:

—Hola, Eugenia. ¿Me das un beso también a mí? —pregunta para recibir un ligero roce de mejilla por parte de mi hija, que sigue de cerca a Carmen hacia el salón, dejando al pobre Jorge un poco desconcertado.

—Todo se andará —le susurro. Asiente y nos acompaña a tomar una copa.

Ambos alaban nuestra casa. No se puede comparar con su palacio, pero acogedora lo es mucho. Fernando les ofrece algo de beber y Eugenia sigue cotorreando con Carmen. Ha encontrado un objetivo fácil que le permite hablar todo lo que quiera y mi hija no desaprovecha la oportunidad. Estoy por darle al "off" cuando se me ocurre una forma de que haga partícipe de su charla también a mi suegro:

—Eugenia, ¿no quieres que Jorge conozca a Isoldita?

—Sí, estoy deseando conocerla. ¿Es una muñeca?

Vaya, Fernando no le ha hablado a sus padres de mi perra. Como no le gusten, la tenemos buena, porque la pobre está ahora mismo encerrada en la terraza, pero desde que ha oído voces, no ha dejado de rascar la puerta.

—No es una muñeca. Es una perra que me regaló mi abuelo —contesta Eugenia muy seria al tiempo que se levanta para abrir a su mascota. Isoldita sale de la terraza como un Mihura. Corre de un lado a otro de la casa.

—Es el "tele-tele" —explico, y ante la curiosidad de los presentes me veo forzada a añadir que esa es la expresión que utilizamos cuando, tras unas horas, liberamos a la perra de su cautiverio. Suele durar un rato; el tiempo que el animal necesita para desfogarse. Hoy parece que no dura mucho, porque ya ha vuelto con nosotros y saluda a los presentes con todo tipo de brincos. Mis suegros me deben de querer mucho, o también ellos están de campaña electoral, porque consienten que Isoldita les lama los zapatos y salte sobre ellos. Eugenia parece que también sufre del "tele-tele", porque ha estado corriendo tras su perra todo el tiempo hasta que recibe una severa mirada por mi parte para que se esté quieta. Jorge sigue intentando acaparar la atención de Eugenia y alaba a Isoldita. Tampoco duda en sugerir en un último afán por congeniarse con ella:

—¿Me enseñas tus muñecas?

Eugenia le contempla como si estuviera hablando con un androide:

—No tengo muñecas.

Hay que reconocer que muy fácil no se lo estamos poniendo a Jorge. Todos sus esfuerzos se van a estrellar contra un muro, porque mi hija es todo lo contrario a lo que pueda esperarse de una cría de siete años. Por un segundo se miran perplejos, hasta que ahora le toca preguntar a Eugenia:

—¿Juegas al golf? —La niña está sopesando si este adulto merece la pena o si va a ser otro de tantos que la aburren.

—No —contesta escuetamente Jorge—, pero monto a caballo.

Parece una negociación. Los demás asistimos a este vaivén de preguntas en el que Jorge tiene las de perder. Eugenia le está comparando con papá y, desde el luego, el parecido no puede ser más remoto.

—¿Cenamos? —sugiero en un intento por romper el hielo. La propuesta es acogida con entusiasmo por todos. Jorge parece hasta respirar ante la propuesta.

—¿Le está comparando con tu padre? —me pregunta Fernando en un aparte, que acaba de calar a la niña.

XXXI

—Me temo que sí. Va a ser muy difícil. Eugenia está acostumbrada a tratar con adultos y tu padre la trata como a una cría.

Lo digo con suavidad, intentando que sea Fernando quien le explique a su padre las peculiaridades de mi hija, que ignora a Jorge durante toda la cena aunque no para de hablar con Carmen. Mi suegra también trata a Eugenia como a una cría, pero ella no tiene que superar ningún listón como el pobre Jorge, que se está entristeciendo por mucho que Fernando y yo intentamos desviar su atención contando de las obras. Hasta intento hacerle sonreír hablándole de lo mal que lo pasé durante el doctorado y cómo Fernando irrumpió en aplausos tras mi presentación. Ni eso le anima. La cosa tiene chiste. ¿Se pensaría que Eugenia le iba a recibir con los brazos abiertos y colgarse de su cuello sin más? Será muy duque, pero de psicología infantil entiende más bien poco. Eugenia se está debatiendo entre su lealtad hacia su abuelo y este señor que, por muy padre de Fernando que sea, acaba de conocer.

—Lo siento —es lo único que acierto a decir cuando nos despedimos.

—Tranquila —asegura Jorge.

A solas me atrevo a preguntarle a Eugenia, qué le han parecido los padres de mi novio. Eugenia es muy directa y no duda en contestar:

—Ella me gusta. Es igual que tía Leonor.

—Es que son hermanas —le explico—; y Jorge, ¿qué tal? —tanteo. Procuro no darle excesiva importancia a la pregunta para que conteste sinceramente.

—Me trata como si fuera una niña. ¿Has visto que me ha estirado de la mejilla?

No le ha gustado nada. De niña yo también odiaba esos adultos que me agarraban de la cara repitiendo, una y otra vez, lo mucho que había crecido. Me parecían imbéciles. ¡Cómo no iba a estar más alta! Crecer es lo que hacen todos los niños. Recuerdo especialmente un amigo de papá que venía a Madrid cada año y que se recreaba en soltarme todo tipo de halagos manteniendo mi cara bien amarrada sin darse cuenta que me hacía daño y que me asustaba con su elocuencia. Y Eugenia es muy cariñosa, pero esas "cosas de mayores" no le gustan nada y, desde luego, tratar a un niño como si fuera más tonto que niño, es algo muy habitual entre los adultos que carecen de contacto con la infancia.

Antes de irme a dormir, llamo a Fernando. Les ha encantado la casa y Carmen está entusiasmada con todo, pero su padre se ha quedado muy triste, por lo que le sugiero:

—Dile a tu padre que tenga paciencia, que trate a Eugenia como a una adulta.

—Pero es que es una niña. —Mi novio acude en defensa de su padre.

—Tú tampoco tratas a Eugenia como si fuera mema. Es una cría, pero de tonta no tiene un pelo. Sabe más de la vida que muchos que yo conozco.

—Vale, lo capto. Déjame que hable con él y a ver qué se nos ocurre.

El sábado por la mañana enseñamos a mis suegros la casa. La obra ha empezado y, aunque todo está hecho un desastre, se deshacen en elogios. A mi suegra todo le parece perfecto. "¡Esta sí que sabe!", pienso. Alaba todas mis decisiones y hasta le gustan los papeles que he escogido para algunos cuartos que pretendo combinar con diferentes tonos grises y tierras. Es un poco arriesgado, pero yo estoy entusiasmada. Aprovechando que estamos en la casa, hacemos un recorrido con el jefe de obras. Avanzan a buen ritmo, hasta que llegamos a nuestro baño. Fernando había escogido unos azulejos blancos y quería que los dispusieran en rombos, pero el fontanero está situándolos a lo largo.

—Oiga, los azulejos no van así —le comento. Sólo ha colocado una hilera, así que no veo problema en que los cambie. Me contesta no sé qué de los tubos de la pared y yo insisto en lo mío—: No me refiero a los tubos, hablo de los azulejos.

Debe de pensar que estoy sorda porque repite la misma cantinela de la tubería, aunque elevando un poco la voz. Apenas me dirige la mirada. Aunque soy yo la que hablo, él se dirige a Fernando o a mi suegro. Le tiro del mono:

—Que le estoy hablando de los azulejos —insisto por tercera vez. Una vez más, se limita a repetir, todavía más alto, que los tubos de la pared están por no sé dónde. ¡A mí qué me importan los tubos! Yo lo que quiero es que los azulejos se pongan como le gustan a Fernando, así que no me voy a mover de aquí hasta que los cambie. Vuelvo a repetir lo mismo, pero esta vez también chillo yo:

—Los azulejos, estamos hablando de los azulejos.

Mis suegros no dan crédito a este diálogo de merluzos que mantenemos el fontanero y yo. Cada uno habla de una cosa distinta y él ni tan siquiera me mira a los ojos. Estoy por zarandearle para que espabile. ¿Por qué no me habla? ¿Pensará que soy tonta? Pero yo no me voy a dejar amedrentar, así que ya, a voz en grito, reclamo la disposición de mis azulejos. He asustado a todos, incluso al fontanero, que se vuelve hacia mí y contesta:

—Señora, no estoy sordo. —"¡Cualquiera lo diría!", estoy por responderle, pero no me da tiempo a meter baza—. Le estoy diciendo al señor que la primera fila tiene que ir apaisada porque no quiero dañar las tuberías. Luego ya vendrá la disposición en rombos.

¿Tan difícil era explicármelo? Pero Fernando ya me ha cogido del brazo. Está visto que el fontanero y yo no nos vamos a entender. Él sólo habla con Fernando. Mi suegra intenta consolarme añadiendo que todos son igual, que sólo hablan con los hombres porque se piensan que nosotras no entendemos.

En el parque hemos quedado con Álvaro, Félix y Leonor, que nos esperan con la niña. Yo no quería reunir a todos, pero Leonor ha insistido en que su hermana quería conocer a Félix, del que tanto ha oído hablar y, por supuesto, mi amigo no ha perdido el tiempo para sumarse al plan. Él quiere conocer al Duque. Conforme nos acercamos, me entran palpitaciones. ¿Cómo los presento? ¿Destapo el pastel? ¿Y si a Leonor le da un síncope? Ya me están sudando otra vez los pies. Mil veces prefiero otro doctorado que pasar por esto otra vez. Con una inmensa sonrisa le sugiero a Fernando que haga él las presentaciones, pero esta vez se adelanta Leonor, que ya ha soltado dos besos a su hermana y a su cuñado:

—Os voy a presentar a las dos personas que más quiere Jimena. Bueno, después de Fernando y Eugenia, claro —le noto un toque histriónico en la voz. A ver si está intentando pillar a Félix.

—Félix de Sandoval es el padrino de Jimena y Álvaro de Hinojosa su mejor amigo.

¡Buf! ¡Qué descanso, ha quedado bien! No termino de suspirar con alivio cuando Leonor añade por lo bajo, para que no se entere Eugenia, "son novios". Me muero. Pondrán en la lápida que fallecí por culpa de los parentescos. Miro atónita a Leonor, que no duda en añadir:

—A ver si te crees que nací ayer, guapa. Sé lo de estos dos desde hace meses. Ya me he cansado de jugar a que no sé lo que sé y mis hermanos tampoco se han caído de un guindo. Aunque no te lo puedas imaginar, también hay homosexuales en Sevilla.

La carcajada es general. Leonor tiene unas ocurrencias únicas.

Nos sentamos a tomar algo. Álvaro ya ha acaparado a Jorge acribillándole a preguntas sobre su colección de porcelana oriental. No sé cómo se ha enterado mi amigo de eso. Seguro que ha hecho una búsqueda por Internet. Mi suegro parece disfrutar de la conversación, pero no le quita a Eugenia ojo de encima. Mi novio también les observa. Carmen, Leonor y Félix comentan las obras, pero ellas están más interesadas ahora en hablar del ajuar que yo he delegado totalmente en Leonor.

Jorge interrumpe a Álvaro con un "¿juegas al ajedrez?" que nos sorprende a todos. Sin esperar a la respuesta, ya está sacando un tablero y unas fichas de una bolsa que lleva paseando toda la mañana y que monta encima de la mesa.

Álvaro no ha jugado al ajedrez en su vida. Creo que ni tan siquiera distingue la torre del alfil, y como se ve en un apuro, recurre a Félix, que también declina la partida alegando que lo suyo son las damas. Me estoy viendo jugando a la memez esta, yo que apenas sé los movimientos de cada una de las fichas que componen esta afición de mi suegro. Pero, ante mi asombro, no es a mí a quien invita Jorge, sino a Eugenia:

—¿Sabes jugar? —se limita a preguntar.

—Es un juego muy difícil y de mayores —se excusa la cría, aunque por su cara parece que le encantan esos muñequitos negros y blancos que Jorge está ordenando en filas opuestas.

—Sí, es muy difícil, pero yo conozco niños que juegan. Si quieres te enseño —y mi hija acepta el desafío. Jorge ha encontrado una forma de suscitar el interés de Eugenia, que ya atiende a las primeras instrucciones ordenando incluso a Isoldita que se siente, que tiene que aprender una cosa muy complicada.

Poco a poco, pienso. Todo a su tiempo. Fernando me da la mano y ambos contemplamos a nuestros respectivos seres con cariño. A pesar de sus múltiples diferencias, parecen haberse aceptado.

XXXII

Mis suegros vuelven a Sevilla encantados de su visita, prometiendo regresar en breve. Seguro que lo hacen porque Carmen ya ha elaborado con Leonor la lista de imprescindibles de la perfecta casada. Eugenia se despide de todos con cariño. Incluso de Jorge, en quien ha encontrado un aliado para aprender a jugar al ajedrez y con el que ha intercambiado sus clases por sus propias enseñanzas de golf. No le llama abuelo y sé que nunca lo hará. Nadie podría competir en el corazón de mi hija con su estrella.

Las semanas vuelan. Se acerca el final de curso, los exámenes y, por supuesto, están las obras. Tengo la sensación de necesitar unas cinco horas más al día para cumplir con todo lo que me he impuesto. Menos mal que Fernando es un novio que ayuda y, sobre todo, que se comunica con fontaneros y albañiles. Yo he claudicado. Lo que les tengo que decir, lo pongo en boca de mi novio y así no hay más gritos ni caras largas. Pero entre nosotros sí que surge alguna discusión que otra cuando elegimos los muebles. Dicen

Marion y Sandra, mis modelos de parejas ejemplares, que a ellas también les pasó; que nunca habían discutido tanto con sus respectivos novios como cuando tuvieron que elegir la decoración de la casa. Yo no entiendo por qué quiere Fernando una butaca de metacrilato o una mesa de Ikea para su despacho. Me espanta Ikea. Recorres kilómetros y kilómetros para llegar extenuada ante unas mesas cuya sencillez me parece insultante que, además, pretenden que monte uno mismo. Si tengo que dedicar no sé cuantas horas a montar muebles, me suicido. Con mis manitas seguro que en vez de mesa, sale librería. Álvaro, que es más práctico, no deja de repetirme:

—¿Por qué te metes en el despacho de Fernando? Si lo quiere de Ikea, pues que lo tenga. Déjale que elija los muebles que le gusten. Tampoco es que nadie los vaya a ver, ¿no?

Con ese simple razonamiento me ha convencido. Llegamos a un equilibrio; más bien gano una negociación que a mí me interesa más: yo elijo los muebles que faltan en la casa y él hace de su despacho lo que se le antoje.

Más difícil lo tengo cuando me toca ir de compras con Carmen y Leonor. Mis suegros vienen casi todos los fines de semana a Madrid. Con la excusa del ajuar han encontrado un motivo estupendo para participar de la locura de estos meses. La verdad, es que estoy encantada de que vengan. Aunque duermen en casa de su hijo, pasan más tiempo en la mía. Si mi casita siempre ha parecido una inclusa, ahora vamos a tener que coger número para entrar. Muchas tardes nos tenemos que repartir entre la cocina y el salón porque no cabemos todos juntos en una misma habitación. Cada uno parece haber encontrado su espacio.

Jorge y Eugenia se aposentan en la cocina ante el tablero de ajedrez. Félix comparte mesa con ellos dedicándose al periódico. Leonor y mi suegra ocupan con Álvaro toda la sala desplegando y comentando las revistas de novias que uno u otras han encontrado. Fernando y yo optamos por refugiarnos en mi cuarto para respirar un momento de tranquilidad.

—¿Cuándo pasará todo? —pregunto lastimera.

—No queda nada, Jimena. Dentro de tres meses estamos casados.

Me gusta la idea. Seré respetable, llevaré alianza, dejaré de ser "señorita" y seré "señora de".

—Yo os cuidaré toda la vida —dice Fernando.

Estoy segura de que lo hará, pero tres meses se me antoja una eternidad.

Vamos de compras. Carmen y Leonor se han propuesto supervisar mis camisones y ropa interior. Según sus cuentas, necesito de todo porque tras repasar mi armario, han quedado horrorizadas por mi atuendo nocturno.

—Así no duerme nadie, Jimena. Te vas a casar y tienes que estar resplandeciente para Fernando —es el comentario que me dedica Carmen. ¡Si ella supiera! Estoy por contarle los detalles de los escarceos que mantengo con su hijo, pero ni me atrevo. Ante la severa mirada de Leonor, concedo en ir a los comercios que me sugieren. Intento que en la ruta nos detengamos en Women´s Secret, pero lo descartan de inmediato.

—Nadie que se precie puede dormir con esos pijamas tan horribles.

—Pues si son de lo más cómodo, y además son muy calentitos —intento.

—Ya estarás calentita, hija —contesta Carmen sin pensar lo que dice y enrojeciendo al mismo tiempo.

¿Así que el señor Duque era todo un campeón? Ante mi socarrona mirada baja la suya y repasa en voz alta nuestras tareas. Estas compras no me gustan. Normalmente, cuando salgo de tiendas con mis amigas, soy yo la que elijo mis cosas y luego las someto a aprobación de las demás, aunque mi gusto es el que se impone siempre. Ahora no. Yo me tengo que desvestir en el probador y las dos quedan poseídas por sus impulsos compulsivos, de los que me mantienen alejada. Son ellas las que abarrotan el probador con todo tipo de camisones de encajes y puntillas. Eso sí, todos son blancos y, como mucho, color crema. Una mera sugerencia a algo rojo provoca su desaprobación más enérgica. Por supuesto que todos van acompañados de unas batas majestuosas que arrastran una cola con la que seguro tropezaré cuando vaya a tomar café. Me pruebo todos ellos y, aunque tengo que reconocer que son preciosos, no son lo mío.

—Voy a pasar frío —reitero una vez más.

—Toma esta mañanita tan mona —me intenta convencer Leonor alcanzándome apenas medio metro de tejido tricotado. Ni siquiera tiene mangas. Es una especie de capita que sólo cubre mis hombros.

—Leonor, quiero una chaqueta.

La dependienta intenta echarme un cable:

—Las jóvenes de hoy son más prácticas. Tenemos alguna chaquetita si lo prefiere —al tiempo que me acerca algo cuajado de lazos.

—Parezco un pastel. Además, necesito calcetines.

Este último comentario casi provoca el desmayo de mi futura suegra, que no entiende que ninguna señorita pueda dormir con calcetines. Para suavizar un poco las cosas, propongo:

—Carmen, que Madrid no es Sevilla. Aquí hace mucho frío.

—Ahí lleva razón.

Esta vez es Leonor la que se pone de mi parte. Estamos ante una encrucijada, hasta que se me ocurre:

—Puedo encargar dos camisones de verano y dos pijamas de felpa para invierno.

—Si son blancos, vale.

Es la última concesión de Carmen. La dependienta respira aliviada. Tienen de esos pijamas, pensados, según ella, para las nuevas generaciones. He de reconocer que no están mal. Un poco cursis sí son, pero por lo menos abrigan. Los calcetines ya los añadiré yo por mi cuenta.

—Falta el camisón de boda —exclama Leonor como si hubiéramos pasado por alto lo más importante. Por sus caras más bien parece que se nos ha olvidado solucionar un conflicto bélico.

—Ese tiene que ser muy especial.

"¡Para lo que va a durar puesto!", pienso yo, pero me tengo que someter a las tradiciones. Un camisón de novia forma parte de todo ajuar. Me lo ha advertido Sandra, que tuvo que asistir a un derroche ingente de dinero en una pieza que sólo se puso durante la luna de miel porque luego le daba una pereza inmensa tener que llevar al tinte cada vez que lo usara. Y es que yo no recordaba que las prendas de esos días son de las más finas y delicadas telas. ¡Menudo gasto inútil! Pero Leonor y Carmen se comportan ante el ajuar como yo ante los zapatos. Es, sin duda, lo más importante, y como ambas han encontrado en mí una muñeca que vestir y adornar, no escatiman en sugerencias y propuestas. Finalmente, coincidimos en uno que nos gusta a las tres. De gasa blanca, largo hasta los pies y sin mangas, está cerrado por delante hasta el cuello donde se remata por una puntilla. La espalda queda prácticamente entera al aire, casi hasta donde la espalda pierde su casto nombre, vaya, hasta el culo. ¡Me encanta! Y mis dos consejeras no pueden estar más de acuerdo conmigo.

Hemos superado el primer embiste, aunque sé que me queda lo peor: el traje de novia. Fernando y Álvaro, que nos esperan en casa, se parten con mi relato.

—No le veo la gracia —les increpo, pero Fernando ya está urdiendo algo, porque inmediatamente me pregunta:

—¿Cómo es el camisón de boda?

Sí que entiende mi novio. Tan ingeniero y austero como yo lo imaginaba con sus muebles de Ikea, y está perfectamente al tanto de esta tradición. Estoy dispuesta a contárselo con pelos y señales. Hasta saco un bloc para dibujarlo cuando me interrumpe Álvaro:

—Jimena, que eso no se cuenta. Es una sorpresa.

Tiene razón. Forma parte del encanto de la noche de bodas, así que, a pesar de sus ruegos y súplicas, Fernando va a tener que esperar unas cuantas semanas para deleitarse en mi camisón. Además, Álvaro que se ha visto excluido de este festival de compras, está impaciente ante lo que de verdad importa.

—Y el vestido, ¿qué?

—Mañana, después de clase, me llevan a ver a no sé quién, que es la mejor —suspiro. Yo no quiero un vestido recargado y Álvaro lo sabe. Esta vez piensa acompañarnos. Ya se lo ha dicho a Leonor.

La mañana ha sido un desastre. Estoy tan nerviosa con lo del vestido, que he estado a punto de perder la paciencia con un alumno que me preguntaba cuál era el color del ébano. A punto he estado de suspenderle todo el curso. Menos mal que han sido sus propios compañeros los que le han aclarado la tontería de la pregunta. Otras veces les hubiera mandado callar. Esta vez me recreo ante los insultos que propinan a este idiota que pregunta sandeces. También Georg me ve alterada.

—¿Pasa algo, Jimena?

No quiero confesarle que mi suegra y futura tía van a hacer que pierda los nervios, pero reconozco el pavor que siento ante la sesión que me espera. Georg se muestra comprensivo:

—Déjalas que opinen. No discutas y en el último momento dices que todos son preciosos, pero que tú quieres otra cosa.

Éste no sabe lo que es una boda tradicional española. Poco entiende él que, si por mis parientas fuera, voy a llevar hasta tul, pero le agradezco su gesto con una pegunta:

—¿Vendréis a la boda?

Fernando, que a estas alturas sabe que mi ex tiene nueva novia, ha insistido que le invitemos.

—Claro, Jimena, ¿cómo nos la íbamos a perder? Mónica está muy ilusionada.

Bueno, por lo menos alguien mantiene la ilusión.

Antes de salir hacia casa, recibo una llamada de Fernando.

—Suerte, chiquitina —me anima. Su voz no puede ser más consoladora—. Seguro que elegís un traje precioso. Cuando acabéis, pasa por la obra. Tenemos que concretar los últimos detalles.

—¿Qué día es hoy? —es lo único que se me ocurre preguntar. Si la obra está tan avanzada, es muy, pero que muy mala señal. Se me ha echado el tiempo encima sin darme cuenta.

—Estamos a trece de junio, Jimena. ¿No lo recuerdas?

Debe pensar que estoy sufriendo una amnesia momentánea por la tensión. ¡Trece de junio y tantas cosas por hacer!

—No llego —es lo único que se me ocurre.

—Sí, chiquitina, llegamos de sobra. Tú tranquila. Escoge el vestido y esta tarde trazamos una lista de pendientes. Ya verás como tenemos tiempo de sobra.

La sesión de la tarde es todavía peor de lo que imaginaba. Ni siquiera Álvaro puede evitar mi desesperación. La señora costurera, que habla con acento francés, pero que seguro que es del mismo Murcia, me mira con detenimiento alabando mi figura. Debe ser la única en todo Madrid que no me considera una flacucha. Me hace girar y girar hasta que empieza a proponer todo tipo de telas rígidas y vestidos de princesa con escotes palabra de honor que marquen mis clavículas. Y, por supuesto, están los metros y metros de tul que pretende colgarme de la cabeza. Yo apenas me atrevo a meter baza. Carmen y Leonor alaban todas las propuestas. Álvaro, sin embargo, calla. Es Leonor la que le pregunta y él no duda en contestar:

—Estamos disfrazando a Jimena de lo que no es —dice tajante. Volviéndose a Leonor, le pregunta—: Tú la conoces bien, ¿crees que todo esto es propio de ella?

Menos mal que alguien mantiene la cordura. Le pienso comprar el helado más grande que vendan en el Häägen Dazs. Mi amigo se acaba de ganar un premio de los gordos, de los que sólo nos obsequiamos en las mejores ocasiones.

—¡Cómo te quiero!

Es lo único que se me ocurre decirle, quitándome de encima ese pesado tul que ya me está dando jaqueca. Álvaro recibe mis muestras de cariño como un consentimiento para hacer su propia sugerencia.

—Conozco una tienda donde vamos a encontrar precisamente lo que Jimena necesita.

Bastante le importa a Álvaro que esté delante la propietaria, a la que lleva ignorando más de una hora. Carmen ni siquiera intenta contradecir a Álvaro. A estas alturas mi suegra se ha convertido en la nueva “chica de oro” de mi amigo y aplaude cualquiera de sus propuestas. Así que no duda ni un instante. Con un “nos vamos” ya está en la calle parando un taxi.

Desde luego, la zona no puede ser más remota. Es una tienda que hay en el Rastro. Yo también conozco al dueño, porque su hija mayor ha sido alumna mía. El padre se dedica al comercio de tejidos y vestidos antiguos. Nos recibe cordialmente y es Álvaro el que toma la palabra:

—Queremos un traje de novia para Jimena. Había pensado en algo de corte imperio muy sencillo que le llegue hasta los tobillos. Un poquito de manga, pero muy vaporoso.

Sin darle opción a contestar, ya le ha mostrado la portada de un libro de Jane Austen añadiendo "algo semejante a esto". El anticuario cavila unos instantes hasta que, invitándonos a tomar asiento, se retira al almacén.

—¿Qué irá a traer? —pregunta Leonor.

—¿No será algo viejo y usado? —dice Carmen angustiada.

—Nuevo, desde luego, no va a ser —contesta Álvaro—. Al fin y al cabo, estamos en un anticuario de telas.

No duda en completar su última frase con un "no te preocupes Carmen, que aunque sea viejo, estará en perfecto estado. Este señor es muy serio". Parece que ha calmado a mi suegra, que no terminaba de entender que su nuera tuviera que lucir un traje de segunda mano.

Al cabo de un rato vuelve el comerciante con un traje que sostiene entre sus brazos como si del más delicado tesoro se tratara. Me indica dónde está el probador, pero él no suelta el vestido. Ni tan siquiera me lo ha enseñado. Esta vez no dudo en quitarme la ropa, aunque sólo sea por curiosidad. Tardo unos momentos en vestirme y las propuestas solícitas de ayudarme que recibo por parte de Carmen y Leonor son rechazadas por el anticuario, que les contesta con un tajante pero educado "me ocupo yo". Álvaro tiene que suavizar de nuevo a las chicas, que ahora están escandalizadas de que sea un hombre el que me vista:

—Es homosexual —les susurra a modo de disculpa, lo que es recibido con un "oh" por parte de mi suegra y un "ah" por parte de Leonor, como si eso justificara cualquier cosa. Aunque lo ha dicho muy bajito, yo lo he oído y me sonrío ante la imaginación de Álvaro. Habiendo sido profesora de la hija del anticuario, o le da a las dos cosas, o mi amigo tiene una inventiva que te mueres.

—¿Sales o qué? —es lo que oigo desde la tienda. Los últimos detalles son cosa mía y Gerardo, que así se llama el dueño, ha dejado que sea yo misma la que me termine de colocar el traje. Por fin salgo para recibir una callada por respuesta.

—¿No vais a decir nada? —pregunto girándome para que den su visto bueno a lo que a mí me parece el vestido de mi vida. Es exactamente lo que había sugerido Álvaro. El color vainilla no puede ser más apropiado para una novia que, como yo, ya he pasado por el altar. Es muy sobrio, pero diferente y elegante al mismo tiempo. Gerardo me ha dejado, incluso, unas medias de época y unas bailarinas para que vea el efecto total y yo no he dudado en ponerme una cinta en el pelo que he anudado tras la nuca.

—Bueno, ¿qué os parece? —pregunto por segunda vez. Es Álvaro quien se levanta y tras mirarme detenidamente, manifiesta su juicio:

—Es perfecto.

Leonor y Carmen están totalmente de acuerdo. Ya tengo traje.

XXXIII

El vestido es un sueño. Está ya colgado en el armario de mi cuarto. También hemos comprado las medias y las bailarinas. Lo de la cinta en el pelo también pienso repetirlo. Lo más importante es que en la misma tienda hemos encontrado un vestido para Eugenia, que será mi dama de honor. Es perfecto para ella y cuando se lo he probado en casa la niña estaba extasiada. No sé si por el traje o por el hecho de ser mi dama de honor, aunque no duda en plantear:

—¿Aurelio también viene?

—Creo que no —respondo. Ante el mohín de la niña, le propongo otra cosa—. Si quieres, lo llevamos en el coche, pero tú tienes que entrar la primera en la Iglesia y llevar un ramito de flores. Va a quedar muy raro que lleves a Aurelio.

De un plumazo me he sacudido a Aurelio de en medio, porque a Eugenia lo que le encanta es lo de entrar la primera.

—¿Voy delante de ti? —pregunta para asegurarse de haber oído bien.

—Pues claro, eres mi dama de honor.

En la Escuela reina una crisis de locura colectiva. No es diferente de otros finales de curso, pero mis compañeros están rarísimos. No sólo nerviosos o agotados, sino que parece que me eviten. En cuanto entro en la sala de profesores, se disuelven los grupos. Marion me asegura que no pasa nada. Mónica, por su parte, me increpa que con lo de la boda estoy de los nervios. Tal vez tengan razón, pero yo diría que traman algo porque hasta Georg se ríe cada vez que me mira. Serán cosas mías, y no le doy mayor importancia. Aprovecho esas horas muertas para rellenar las invitaciones y terminar de escoger las telas de las tapicerías de la casa entre los múltiples retales que he ido seleccionado por todas las tiendas de Madrid. Esto es lo único que hace que, aunque sólo brevemente, mis amigos se reúnan en torno a mí para opinar cuál es la mejor.

El día de la graduación es siempre de lo más solemne. Más que una escuela de Madrid, parece una universidad americana. Sonsoles hace desmontar todo el salón de profesores y el aula más próxima para instalar sillas y una especie de podio desde el que ella misma entregará los diplomas a los chicos. Junto a ella estaremos todos los profesores y, como Sonsoles es tan tradicional para estas cosas, nos hace ensayar el "Gaudeamus Igitur" en repetidas ocasiones, a pesar de que le digamos que lo recordamos del año pasado.

—Da igual. Lo quiero oír —es lo único que nos ordena una y otra vez hasta que se da por satisfecha.

Ha llegado el gran día. Se despiden quince chicos. Con alguna excepción, les auguro un buen futuro a todos ellos. Han sido buenos estudiantes. Me da pena verles marchar. Aunque lleve ya más de diez años en esto, siempre me pregunto qué será de ellos. El acto es, como cada año, muy solemne. Sonsoles les dirige unas palabras, entrega los diplomas y al final, todos juntos, entonamos el "Gaudeamus Igitur". Menos mal que nadie ha desafinado ni se ha olvidado de la letra. Tras ello se sirve un aperitivo en el que mantenemos animadas charlas con nuestros ya ex alumnos. Poco a poco se van yendo. El que más o el que menos quiere enseñar su diploma a sus familiares y amigos. Prometen volver y mantenernos al tanto de sus logros profesionales y, como cada año, verlos partir nos produce a todos una infinita tristeza. Otra promoción más.

Estamos ya sólo los profesores. Es el momento de quitarse la chaqueta y tomar una copa relajada. Aprovechar para hacer a Georg un regalo de despedida que, evidentemente, me toca entregar a mí. Le dedico unas palabras muy cariñosas, ofreciéndole la amistad de toda la escuela. Él responde también con mucho cariño, agradeciendo lo mucho que ha aprendido y que ha amado en Madrid. ¿Será capaz de haber dicho lo que he oído que ha dicho? Es capaz, muy capaz, porque todos irrumpen en aplausos ante su gracia, aunque yo no se la vea. Las risas y burlas de mis compañeros son interrumpidas por un ruido estrepitoso. Parece que se ha hundido parte del techo de la entrada.

—¿Qué pasa? —nos preguntamos. Sonsoles está de camino hacia la puerta cuando ésta se abre y entra un bombero.

—Tranquilos. Está todo controlado.

Debemos de tener una cara de susto tremenda, porque el pobre bombero ni se mueve. A ver si nos va echar un chorro de agua a nosotros para que espabilemos y salgamos del cuarto. ¡Tenemos que salir! Ya estoy pensando en inundaciones y escombros. ¡Ay madre, que no me caso! Me apresuro a recoger mi bolso cuando el ruido de la entrada da paso a una canción que me suena. Tardo en reconocerla. No es posible. ¿Qué hacen los bomberos con el "*It´s raining men*" de las *Weather Girls*? Pero sí. Es posible. Es esa canción. Me vuelvo hacia mis compañeros, que están empezando a bailar mirándome jocosos.

—¿De qué va esto? —pregunto sorprendida. Mi sorpresa es mucho mayor cuando tras el primer bombero entran otros cuatro y se ponen a bailar. Vienen hacia mí. No es posible que estos bestias hayan tramado lo que estoy imaginando. No sólo es que los bomberos avanzan hacia mí, sino que, animados por el resto, empiezan a contornearse y, ante mi sorpresa, empiezan a quitase la ropa.

—¡Guapo, guapo! —grita Mónica, que baila frenéticamente.

—¡Así se hace! —corea a su vez Sonsoles.

—Bailad conmigo —suplica Álvaro, que parece hallarse en el cielo de la belleza masculina. Y siguen quitándose la ropa hasta que se quedan en un mero tanga. ¡Qué vergüenza! No sé dónde dirigir mi mirada. Sólo veo hombres guapos con cuerpos esculturales. Termina la canción y el primer bombero me toma entre sus brazos.

—¡No, no! Que tengo novio. Que me caso en dos meses!.

XXXIII

Valiente memez. Cuanto más me resista, peor. El bombero me sube encima de una silla y en un segundo tengo a todos ellos postrados a mis pies.

—Tenemos un regalo para ti —me dice uno de ellos, mientras mis amigos siguen coreando, esta vez dirigiéndose a mí, "guapa, guapa". Yo no sé qué hacer, ni dónde meter las manos. Cuando estoy nerviosa, busco dónde esconderlas. Siempre me sobran. Estoy por saludar, como hacen las princesas, pero el bombero mayor me acaba de solucionar el problema poniendo entre mis manos un enorme paquete.

—¡Que lo abra, que lo abra! —cantan mis amigos. Con cuidado de no caerme de la silla, y con un cerro de macizos a mis pies, retiro los papeles del inmenso paquete para encontrarme con una maqueta del puente de Brooklyn.

—¡Que salte, que salte! —repiten ahora. Les miro a todos y, riendo, salto de la silla. Pues claro que salto. Tengo a Leopold.

XXXIV

Ha llegado el gran día. Hoy me caso. Eugenia se ha despertado a las siete y lleva reclamando que Anita le ayude a vestirse desde que, a fuerza de mucha paciencia, ésta ha conseguido que tome su Cola Cao. Yo todavía estoy dándole vueltas a mi segundo café, mientras pienso en el día que tengo por delante y lo mucho que echo de menos a mi padre. Hace ya un año que se fue. Parece mentira la de cosas que me han pasado en este tiempo. Mis pensamientos quedan interrumpidos por el timbre. Es mi vecina, Leonor. Hace una semana que Eugenia y yo nos hemos mudado. Yo quería salir desde casa de papá y hemos tenido que correr para que todo estuviera a punto. Además, no quiero que Eugenia y Anita se queden solas durante la semana que Fernando y yo nos vamos de luna de miel. Así que aquí estoy en mi nueva cocina.

—¿Todavía estás así? —pregunta una alteradísima Leonor—. No vas a tener tiempo. No sé a quién se le ha ocurrido esto de la boda a las doce de la mañana. Me he tenido que despertar a las seis para arreglarme.

Me levanto a darle un beso y asegurarle lo guapa que está. Esta vez ni eso consigue apaciguar a Leonor, que está como una moto. En ella ha caído la responsabilidad de vestir a la novia y piensa cumplir con su cometido a costa de lo que sea.

—Déjate de monsergas, Jimena. Hoy la que tiene que estar guapa eres tú.

Ya me está mandando. A Anita también le ordena que vista a la niña y que se arregle ella misma.

Los coches llegan a las once y media. Félix y Álvaro son los encargados de llevarnos a la Iglesia. Félix recogerá a Fernando y a Carmen. Álvaro conducirá a Leonor y a Anita. A Eugenia y a mí nos llevará Paco, que se emocionó cuando le llamé para pedirle este favor.

—Por supuesto que os llevo —fue la escueta respuesta que recibí antes de que se echara a llorar.

Apenas tardo media hora en arreglarme después de pegarme una ducha. No he querido ni que me peinen ni que me pinten, porque no quiero ser de esas novias que nadie reconoce cuando entran en la Iglesia. Leonor me ayuda con la cinta y cuando me vuelvo para recibir su aprobación, se echa a llorar.

—¿Por qué lloras? —pregunto.

—Estás tan guapa, Jimena... Lo que hubiera disfrutado tu padre hoy.

Ya sabía yo, porqué no quería que vinieran a maquillarme. Se me saltan las lágrimas, que sólo reprimo ante la expresión de Eugenia.

—Mami, ¡qué guapa!

Ella sí que está monísima. Suena el timbre.

—Han llegado los coches —exclama Leonor, pero a mí me resulta un poco temprano.

—Seguro que son los de las fotos —sugiero. Pero es Álvaro.

—¿Ya nos vamos? —pregunta Leonor.

—No, tranquila. Tenemos que esperar al fotógrafo. Yo he venido un poco antes a ver cómo va todo.

Ya me extrañaba que no hubiera venido a desayunar. Está impecable con su chaqué aunque él sólo tiene ojos para mí.

—¡Estás preciosa! —alaba. Intuyo su siguiente comentario, así que me adelanto a sus palabras:

—No lo digas, Álvaro.

Con eso sabe que no debe mencionar a papá, si no quiere que me emocione. Y él entiende. Además, hay otra cosa que tiene en mente.

—Tengo una cosa para ti —dice mientras me entrega un paquete.

—Ya me habéis hecho un regalazo —le regaño.

—No es nuestro, es de Jorge. Lo acabo de recoger.

¿A qué viene ahora un regalo de mi suegro si nos vimos ayer? Deshago el paquete para encontrarme con una nota suya y un estuche. En la nota dice: "Sería un honor para mí que la futura Duquesa de Abrantera se case con esta gargantilla. Perteneció a otra Duquesa a la que quise mucho, mi madre". La gargantilla es una preciosidad, una cadenita de brillantes con un camafeo enmarcado por otros tantos brillantes. Ya siento las lágrimas. Está visto que hoy todo me va hacer llorar. Tardo medio minuto en ponérmela.

—¿Qué tal voy? —pregunto.

—Pareces una princesa —exclama Eugenia. Al volverme hacia los demás, veo que también Leonor y Álvaro están a punto de echarse a llorar. Menos mal que en ese momento entra la fotógrafa:

—A ver qué pasa aquí. Que vamos de boda, no de funeral.

Me hacen posar de todas las formas posibles y con todos y cada uno de ellos hasta que, por fin, es Álvaro el que interrumpe la sesión porque llegamos tarde. Estamos a punto de salir cuando me alcanza nuestros ramos; el de Eugenia y el mío. ¡Son gardenias! Ha conseguido gardenias.

—Aunque hubieran tenido que venir de Sudamérica, tú no te ibas a casar sin gardenias —dice dándome un último abrazo. Toma mi ramo, coge una de las flores para su solapa y pregunta:

—¿Vamos?

La Iglesia está preciosa. Álvaro ha debido de encargar un camión de gardenias porque son las únicas flores que veo y parece un jardín.

—Te espero arriba —dice mi amigo. He estado pensando mucho quién debía conducirme hasta el altar. Por edad debería haberlo hecho Félix, que declinó en favor de su novio, y mi amigo fue el que intuyó mis dudas.

—No puedo reemplazar a tu padre.

Álvaro estaba confirmando mis propias dudas, motivadas porque ninguno de ellos, ni tan siquiera él, podía sustituir en esta tarea a papá. Álvaro entendió que actuaría como padrino acompañando a Carmen, pero que la entrada la haría sola.

Me estiro el traje. Miro a Eugenia, que está muy compuesta delante de mí y en cuanto oímos las primeras notas del "Veni Creator" que entonan las monjas, empezamos a caminar hacia el altar. Conforme pasamos por los bancos todo son sonrisas. Eso es lo maravilloso de las bodas. Aunque sea por unas horas, la gente arrincona sus problemas diarios para compartir este momento con los novios. Si, como en nuestro caso, sólo hemos hecho partícipes del evento a los más allegados, el calor de la gente se respira doblemente. Están todos. Ellos elegantísimos con sus chaqués, ellas guapísimas con sus diferentes trajes. Georg señala orgulloso a su Mónica, que me saluda cariñosamente con la mano.

Pero el más guapo es Fernando. Me espera ansioso sin dejar de mirarme. Sus ojos no pueden ser más elocuentes. Con un guiño me hace un gesto hacia su cuello. No lleva corbata. Se ha acordado. Le ha debido de costar una buena bronca con su madre, pero así es mi futuro marido: si en algo me puede complacer, lo hace. Eugenia toma asiento entre mis testigos. Por mi parte son todo mujeres. Los hombres se reúnen entre los de mi novio. Nos ha parecido más bonito. Fernando me coge de la mano y juntos nos dirigimos hacia Tomás.

La ceremonia es larga. Yo lo había advertido a todos los invitados. Para nosotros esto es lo importante. Hemos dedicado muchas horas con las monjas a escoger las canciones, a elegir las lecturas con Tomás, a hacer nuestros propios votos. Disfrutamos de cada instante riendo incluso de las preces que habíamos encomendado a Eugenia, que no ha dudado en pedir muchos hermanitos. También nos emocionamos con las palabras con las que Tomás ha recordado a papá.

La comida es más tranquila. Reina un ambiente de felicidad en toda la sala. Eugenia reparte puros a los señores y flores a las mujeres. Es muy consciente del importante papel que tiene que desempeñar y, desde luego, no defrauda a nadie.

Suenan las primeras notas. Todos esperan que Fernando y yo abramos el baile con un vals. Hemos acudido a clases de baile, pero en el último momento y, a pesar de que ya lo dominábamos, hemos cambiado de parecer. Lo del vals me parecía demasiado tradicional. Así que en secreto hemos inventado un baile de cuatro pasos muy sencillos a ritmo de una rumba. Los invitados no dan crédito. No sólo es que muestren su sorpresa por el tema, sino que se regocijan al ver que nos acompaña Eugenia con la que llevamos ensayando varias noches. Así que somos tres en abrir el baile. El entusiasmo de Eugenia pronto contagia a los asistentes, que no dudan en sumarse a nosotros. Hasta mi suegro sale a bailar y, por supuesto, tampoco Tomás se queda en su asiento. El disc jockey se ve obligado a repetir la canción otra vez, mientras, al volverme hacia la sala, creo estar viendo una visión. Me froto los ojos porque estoy teniendo una alucinación. Veo a mis padres en la mesa presidencial con las manos entrelazadas sonriéndome y alzando sus copas hacia mí, gesto al que respondo en un acto reflejo.

—¿Con quién brindas? —pregunta mi marido. Apoyándome sobre su hombro, contesto:

—Con mis padres.

Y él, tras darme un beso, se suma al brindis.

EPÍLOGO

Desde entonces han pasado cinco años. Fernando y yo somos muy felices. Mis suegros ya han comprado casa en Madrid y pasan más tiempo aquí que en Sevilla. Félix y Álvaro comparten piso desde hace tres años. Mónica ha sentado la cabeza con un antiguo amigo de la infancia. Y nosotros tenemos dos niños. El pequeño Jaime va a cumplir cuatro añitos y Alvarito, tres. Estoy embarazada otra vez y Eugenia desea que esta vez venga una niña. Voy a tener que dejar de dar clases durante unos años. Ayer me reuní con mis compañeros de escuela para celebrar otro final de curso y planear el verano que pasaremos todos juntos. En la nostalgia por verme partir, hemos pasado horas recordando cómo nos conocimos y nuestros años de facultad, esas otras cosas de la vida que siempre arrancan nuestras sonrisas.